说不尽的孙绍振

李治莹 ◎ 著

海峡出版发行集团
福建教育出版社

图书在版编目（CIP）数据

说不尽的孙绍振/李治莹著. —福州：福建教育出版社，2025.7. —ISBN 978-7-5758-0435-6

Ⅰ.K825.6

中国国家版本馆 CIP 数据核字第 20251KW452 号

Shuobujin De Sunshaozhen

说不尽的孙绍振

李治莹　著

出版发行	福建教育出版社
	（福州市梦山路 27 号　邮编：350025　网址：www.fep.com.cn
	编辑部电话：0591-83779650
	发行部电话：0591-83721876　87115073　010-62024258）
出 版 人	江金辉
印　　刷	福建省地质印刷厂
	（福州市金山工业区　邮编：350011）
开　　本	710 毫米×1000 毫米　1/16
印　　张	18.5
字　　数	283 千字
插　　页	2
版　　次	2025 年 7 月第 1 版　2025 年 7 月第 1 次印刷
书　　号	ISBN 978-7-5758-0435-6
定　　价	56.00 元

如发现本书印装质量问题，请向本社出版科（电话：0591-83726019）调换。

目 录

绪言 …………………………………………………………………… 1

第一章　天生一个孙绍振

第一节　孙氏家族 …………………………………………… 9
第二节　磨砺心志 …………………………………………… 12
第三节　求学之路 …………………………………………… 18
第四节　才华渐露 …………………………………………… 28
第五节　无法忘却的北大 …………………………………… 33
第六节　悲喜交加的闽南 …………………………………… 52

第二章　辗转诗书

第一节　重返学府 …………………………………………… 69
第二节　《新的美学原则在崛起》问世 …………………… 80
第三节　为朦胧诗呐喊 ……………………………………… 84
第四节　《文学创作论》降生 ……………………………… 93
第五节　《文学创作论》的特殊影响 ……………………… 103
第六节　"聚讼"纷然辩是非 ……………………………… 109
第七节　笔耕不辍　丰收绵绵 ……………………………… 114

第三章　耕耘教坛

第一节　致力于"写作教学" ············· 135
第二节　文本与审美 ················· 138
第三节　古典散文与古典诗歌解读精粹 ······· 144
第四节　倾心演讲、幽默与教学 ··········· 154
第五节　"炮轰"高考和英语考级 ·········· 163
第六节　始创"课标试验教材" ··········· 177

第四章　为人为师为友

第一节　对话与争鸣 ················· 189
第二节　幽默大师与幽默散文 ············ 208
第三节　访问学者之路 ················ 228
第四节　眷顾无言 ·················· 244
第五节　八方高评 ·················· 264

跋 ··························· 290

绪 言

福建师范大学文学院教授委员会主任、博士生导师、文科资深教授，曾任中国文艺理论学会副会长、省作家协会副主席……作为当代文学批评界标志性的人物，孙绍振先生享有许许多多头衔。他的名头甚至已然成为一种品牌，例如，教育部批准的福建师范大学"孙绍振中国语言文学拔尖学生培养基地"，尤为令人瞩目，因为这是全国十余所高校重点建设的文科基地中唯一以生者姓名冠名的。

孙绍振先生以其在当代诗歌史上的开创之功为起点，学术声名卓著，社会影响深远。他著述不辍，著作等身，以《文学创作论》为代表作的数十卷大著已为广大读者奉为经典，他的成名作《新的美学原则在崛起》的手书原稿，则已珍藏于中国现代文学馆。

他是一位学术地位崇高的学者，也是一位知行果决的中学语文改革推动者。他先是发文"炮轰"高考体制，又向教育部建言高考方向，后来干脆担纲主编起了初中语文课标实验教材，这部教材使用于全国七个省市。他以文本细读为核心，发表了一系列的论文，出版了十二部文本解读专著，其中解读语文经典课文的《名作细读》，就重印了二十六次，影响了无数的中小学教师。孙绍振不再是一位深锁重阁的学院派学者，而是走出书斋，将自己高深的文学理论服务于语文教学一线，令人想起了当年的叶圣陶老先生，可谓功德无量。不止于此，孙绍振还牵头组织两岸合编教材项目，出版了一千多万字的语文教材，深受台湾地区师生们的欢迎。

孙绍振更是一位高徒辈出的教育家。他的从教生涯长达六十三年，仅仅学术论文就发表了三百多篇，还在全国各地巡回讲学了六七百场。直至今日，他仍以米寿高龄活跃在杏坛上，课堂是他迷恋的圣地。他曾掷地有声地表态："战士牺牲在战场上，教师就要倒在讲台上。"他是当代作家和学者队伍中诸多名人的老师，比如恭恭敬敬为孙绍振题写"师恩武夷山，教德闽江水"、文学批评界知名学者的谢有顺先生。

孙绍振不仅在自己任职的福建师大桃李成行，且还频频登临祖国大江南北包括香港、台湾地区，甚至德国、美国的讲台。例如，位于北京的中国人民解放军艺术学院，孙绍振在这里的讲台上持续执教了五年。

创建于1960年的解放军艺术学院，担负着为全军培养文学艺术人才的重任。20世纪80年代中期，该艺术学院文学系恢复，全军顶级的文学人才济济一堂。诸如，后来获得诺贝尔文学奖的莫言就敬称孙绍振为"恩师"，还撰文表达自己对老师的情感。其缘由就是当年的孙绍振在解放军艺术学院文学系的讲台上尽显风采，而莫言是讲台下洗耳恭听的一位学员。又如因《高山下的花环》蜚声文坛的李存葆，当年只要是孙绍振的课，总是凝神聆听。写作风格神秘、小说情节常常让读者惊心动魄的麦家，也在侧耳聆听……这样一批批声名鹊起，后来更名满天下的军旅作家群星，都曾在解放军艺术学院文学系，倾听孙绍振的精彩演讲。作家宋学武还直接用孙绍振的"心口误差"理论发表了同题的小说。著名军旅作家朱向前将军说，当年的许多学员"都曾著文忆及听孙先生讲课时所受到的震撼和启发"。

身在福建的孙绍振怎么就北上为名家们演讲了？这里头不乏故事。

上世纪80年代，刚创建的解放军艺术学院文学系是名副其实的"一张白纸"，最缺乏的就是教师队伍。学员入校了，总得让他们有课上，在全国各地聘请教师，特别是聘请名师就成了文学系的当务之急。评论家朱向前特别向文学系系主任徐怀中将军推荐了福建师范大学中文系的孙绍振。作为中国文艺评论界魁星级别的人物，朱向前当然明了在中国叫得响的文学评论家的成色。尽管当时孙绍振的第一本学术著作《文学创作论》还只是油印本，却没有妨碍他不胫而走的知名度。开明的徐怀中本身就是知名的作家，其代表作《黄河》《西线轶事》《我们播种爱情》等广受读者青睐，因此特别爱才惜才。朱向前的推荐让徐怀中眼前一亮，聘请书很快从京城飞往长安山的师大校园。

光荣受聘的孙绍振站在文学系的讲台上，上课时间到了，课堂里却不像往常自己的教室一样早已高徒满座、掌声四起。全班三十五位学员，落座的竟只有八九位。他尽管在不无惊诧中小有失落，却在分秒之间就让自己镇静了下来，从容自若地开讲。这第一堂课就像一发杀伤力巨大的炮弹，受益匪浅的作家们步出教室后，奔走相告于同窗，兴奋地说道："这个孙绍振讲的课有料，很是精彩，讲出来的句句都是学问，又都是艺术奥秘。"借用伟人的"星星之火，可以燎原"这句话形容此后在解放军艺术学院文学系课堂上的风景，那是十分恰当的。由于每一堂课都叫座，每一批学员都喝彩，那叫一个众星捧月。孙绍振在这所军队学院的文学系课堂上竟然能够连续五年为军旅作家们讲课，对讲演效果并不意外的孙绍振，还是被蝉联为客座教授而感到"意外"了。

这就是真正的"魅力孙绍振"。

怪不得著名文学评论家谢冕教授这样评价孙绍振："对于中学语文的积弊，他是英勇的炮手；对于文本分析，从操作性系统方法来说，他堪称工程师。"

当代中国文学和文学理论研究的著名学者南帆先生熟知孙先生的学术价值，感叹孙绍振是"一位坚定的审美主义卫士"。

至于与贾平凹、余光中面对面地平等对话所产生的有趣情节与故事，也堪称文学界的珍闻。

孙绍振一生与书为伍，为友，为臣，为仆，为命。既是读书人，又是教书人，更是写书人。无论对自己还是对他人，他都如是说："日日读书，享人生之至乐，饮生命之醍醐。"自撰的格言曰：读书之乐胜于当大官。是否可以为"孙大帅"再加上这一句：读书之乐亦胜于赚大钱。

如此名满天下的孙绍振，有幅涂鸦式的自画像。有人说孙教授本人诚如这幅画：要看清不容易，要读懂更不容易，要写其传，就必定难上加难。孙教授在这幅自画像中留下了一行字："那个被谢冕认为向来自我感觉良好的人。"同样，字如其画，既看不清也读不懂。到底是"向来自我良好"呢，还是并不觉得"自我良好"？既让他人去猜，又似乎很直白，这就是孙大教授。

在孙宅客厅上还摆着一尊他自己的塑像，有人说塑像一直居高临下地看着家中进进出出的文人书客，脸上一副大慈大悲的表情。无论自画像还是塑像，其仪表姿态总是从容不迫、泰然自若。当然，大多数学生比较一致的意见，是觉得老师自画像和塑像的神态，更多的似乎是在诘问他的学生们："今天你读书了吗？"读过的心中坦然，还来不及翻书的就赶紧回去捧起书本。因为他的弟子们牢牢记住老师的这几句话：读书，能使浮躁的心灵变得宁静；读书，能使干枯的心灵变得滋润；读书，能使贫瘠的心灵变得丰富。

孙绍振到底是怎样成为中国教育界、文学界、理论界泰斗的？回望八十多年前，他是怎样来到这个世界，又是怎样一步一跟跄地登上人杰之巅的？其中的故事很多且很长。但凡久读中外名著的文人们都知道莎士比亚，这位英国文学史上最杰出的戏剧家，也是欧洲文艺复兴时期最重要、最卓越的文学家。德国哲学家康德评价他："说不尽的莎士比亚。"那么，这部撰写孙绍振的传记，同样是"说不尽"的。但凡睿智、勤勉、德高望重之人，都有说不尽的故事。

古今中外，概莫能外。

其实，真正要撰写"说不尽的孙绍振"，还必须要由拔尖的人才去说，这里所说的只是普通人所知道的一二三。权当给拥有无限故事的孙绍振之"故事集"开个头，如同一场大型交响乐的序曲……

第一章 天生一个孙绍振

第一节 孙氏家族

孙绍振的降临于世，前前后后都充满着悲喜剧。

上世纪 30 年代中期，乱世出妖孽，英雄无出处。全因日寇已经在中国大地上横行多年，多行不义，中国亿万民众财殚力尽，民不聊生。把入侵者赶出去的呼声在中国的大江南北此起彼落。就在这个混乱与饥饿交织在一起的、人们避之唯恐不及的年月，有一个勇敢的男孩却迎着飘摇在四面八方的疾风恶雨，未知深浅地出生了。

那是 1936 年春夏交接的一天，在历史文化古镇朱家角的一座院子里，母亲薛余英生下了她的第四个孩子。初降人世的哭声惊天动地，仿佛在向那漫天的黑暗发出抨击。

他的名字，不是父亲孙玉泉给取的，而是一位叫作节大爷爷的长者拍板的。原来敲定的是"绍镇"，后来他升学到五年级，嫌这个名字笔画太多，于是自作主张，想要改为"少正"。或许父亲觉得这名字缺了辈分，后来明确为"绍振"。

那年头的孙玉泉，面对这个乱世，常常会念想自己的祖辈，想起祖上说过自己的祖籍地在东南福建，一个紧邻福州城称为长乐的地方。这个县份靠海，不仅鱼丰米盛，就是地名也都是那么的吉祥。然而，长乐长乐，却在那风云多变的年月常常不乐。在太平天国军队四次进入福建之时，长乐更是"乐"不起来。孙绍振的曾祖父因此卷进了刀枪剑戟的战斗之中，从此，孙氏的一支告别了祖籍地长乐，远离了东南闽省这方福地。

曾经威风凛凛的太平军终于不敌朝廷，孙绍振的曾祖父命大福大造化大，虽几经征战却能幸存。在树倒猢狲散之后，又几经辗转落脚于苏州与盐城一带经商。落地了就要生根，生根了必定会开枝散叶，但外国人持续的入侵，让纷纭万变的世道风雨飘摇。毕竟曾祖父是一位不服输的人，虽然世风诡诈莫测，依然奔波于江苏、上海两地做买卖。尽管处处风声鹤唳，但苦心经营，也能拨云见日,从商之道日广,业绩斐然。到了孙玉泉这一代,又有五兄弟继承了祖业。

在孙玉泉那个年代,金银市场上曾经一反常态地出现了"金贱银贵"的怪诞现象。一时间,上海城银楼蜂起。孙玉泉几兄弟亦卷入其中,几爿银楼同时鼎立。由于孙氏兄弟银楼都在同一地段上,时间长了,明里暗中的竞争也就难以避免。孙玉泉是位睿智之人,手足相争,耗费兄弟们的心神,实是不该。倘若继续各自死守着自己的地盘,必将伤了兄弟之间的和气,这不是孙氏家族的家风。三思之下,他决定关闭自己的银楼,把创造财富的空间让给兄弟们。

经一些日子的思忖,孙玉泉决定来个一百八十度的转型:从高端金银行业转身投资农业,先后购置了二百亩水田,建起了五部荷兰式风车,提水灌溉,润田翠苗,期待丰收。孙玉泉雇请耕种的大多是农家老把式,加上使用的肥料是榨油之后的豆饼花生饼,那二百亩水田也就年年丰产,粮谷盈余,颇有积蓄。在自己那一大片良田周边村庄的乡亲们眼里,孙家就是大户人家。又由于孙家从不以拥有财富而欺人,租赁给农民的田地承诺"四六分成",从不向分得六成的佃农多要一粒粮食,因此,土地的主人孙玉泉在乡亲们眼里是慈善的好人,赢得良好的口碑。

当时的孙玉泉住着自己父辈留下来的房屋,那是座宽宅大院。院落一进三重,各有天地,五兄弟各有居所,还有富余的房间。孙玉泉日积月累,从不无端花费,当手头积攒有一笔资财后,就决定去上海自购一座房屋,这样在上海也有了自己的安身立命之地。

孙玉泉在谈婚论嫁的青年时期,幸运地迎娶了贤淑的女子薛余英。她不但为孙家撑起半边天,还生儿育女,龙凤呈祥。这一年,取名为"绍振"的四儿,成长到一周岁左右正蹒跚学步时,母亲或许是由于长年辛劳,原本就体弱的她患上了疾病。祸不单行的是,就在母亲患病的时候,让中国人蒙羞受辱的"七七事变"爆发了,整个中国,长城内外,东南沿海,到处是血雨腥风。覆巢之下,岂有完卵?孙氏家族的实业也因此遭到重创,何去何从,一筹莫展。

国难当头之时,父母亲顾不得殷实的家产,在百般无奈之下,身边只牵上了孙绍振的大哥。毕竟是老大，比弟妹们都大，大了孙绍振足足六岁，能奔善跑，更扛得住路上的颠簸、三餐的饥饿。那弟弟妹妹们咋办呢？孙玉泉、薛余英夫妇几经商议，决定把大姐送给了当时尚未有子女的大姨，把二哥送给了二舅母。孙绍振才一岁出头，实在太小，收养的责任重大，没有亲友愿意收留。后来，终于有位住在海边滩涂的（大概属于今天的盐城市大丰区）远房亲戚大婶娘，慷慨承担起养育重任。孙绍振就这样到了荒凉贫困、只有十几间茅草屋的一个海滨小村，等到他学会说话的时候，就叫这位大字不识一个的婶娘为"妈妈"。其实，小绍振心目中的这位"妈妈"，只是自己大伯母的一位远房亲戚。

那个立于海边的小村庄，前后左右只有十几座破败的民房，七零八落地散落于高低不平的山坡上。尽管家家各有院落，但频仍的天灾人祸，让这十几户人家只能抱团度日。但凡一家来了位亲戚，那就是全村人的亲戚。有一人叫嫂子，全村人都跟着嫂子长嫂子短；有一人叫舅舅，那这位外边来的舅舅就是大家的舅舅。

在那打下粮食要先奉送给日本人的岁月里，村子里家家户户都在挨饿。最好的吃食就是大麦稀饭，那种稀饭不但清汤寡水，味道还很奇异，难以下咽。特别是大麦干饭，扒拉入口了，却很难吞下去。所幸那时的小孙绍振还少不更事，以为天下的人都是吃这种饭的，也就不觉得有多苦。他甚至还记得当时有一种大麦茶，多少还有点岁月的茶香。日子就这样不咸不淡地，黑夜过了，白天来了，一天又一天。村里人的苦日子变不了，有变化的只是哗啦啦哗啦啦的海浪，每年总会荡漾出大约两百平方米的一片滩涂来。这个似乎很有趣的变化，给幼小的孙绍振留下了很深刻的印象。

大概在绍振落户大丰海边后年余，薛余英的病体终于得以康复。后来，在东跑西颠中她又生下两个女儿，苦于生在乱世，扛不住那磨难之中的风刀霜剑，先后都在两三岁时夭折了。令孙绍振日后叹息的是，他只能当三个哥哥姐姐的弟弟，无缘做两个妹妹的哥哥。

在他的记忆中，每一年田地里的庄稼青黄不接的春荒之日，正是家中以清汤寡水充作一日三餐之时。当然，在他儿时的印象中，还是有一段难以忘怀的美好时光。那就是每到四五月份时，冬季种上的小麦正值灌浆期，为了补充餐桌上的饭食，村民就迫不及待地从还未成熟的麦穗上搓下麦粒。炒熟去除麦芒麦壳，再用石磨磨制成一种名为"冷蒸"的条形食物。它不但能够当成果腹的主食，还是那时小绍振一种最爱的小吃，吃起来味道清甜、口感软糯又不失韧劲。时至如今，已是大教授的孙绍振，"冷蒸"的情结还在，每每回忆起非常时期之中的儿童时代，总会记挂着这个民间时令小食，念念不忘。

第二节　磨砺心志

　　小绍振在海边小村的生活直到五岁多才结束，终于被父母接回城了。那种习惯当农民孩子的时光，陡然消失了，生活的变化可说是翻天覆地。回城的那一天，小绍振从乡下人摇身一变，重新成为城里人了。当时让父母心疼的是，他们的四儿由于营养不良，精瘦精瘦的，满头癞痢，浑身疥疮。那种模样，说有多难看就有多难看。不无欣慰的是，四儿仍然聪慧得精灵一般。

　　回到城里，有了一个对小绍振来说全新的家。同时让他高兴的是，当年送给二舅母和大姨的二哥和大姐命运也有了变化：因为舅舅娶了小老婆，生了孩子，有了子嗣，就把二哥给退了回来；在这之前，寄养在大姨家的大姐也回来了。家中再度空前地热闹起来，小绍振为此而欢天喜地。

　　回到父母身边后，当天就吃上了大米饭，小绍振觉得香极了，与那小村里难咽的大麦干饭一比较，真是相差太远了。这时候他才明白小村的日子是多么的苦，自己居然能坚持那么长时间。那时候，他脑袋里闪闪烁烁地觉得自己是个很坚忍，甚至很勇敢的小孩。

　　虽然能吃上大米饭了，但那时物质生活的贫乏处处可见。比方妈妈洗衣服，根本不可能用上肥皂。怎么办呢？那就去采摘皂荚，它是皂树结的果实，形状像镰刀，其中含有皂苷成分。妈妈采摘来皂荚后，就将皂荚放入水中泡软泡烂。这时，水中就能冒出许多泡泡，然后就用皂荚在衣服脏的地方进行搓洗，去油又去污。洗头发呢，哪有什么洗发液，又见妈妈取来草木灰，放在水里搅拌。沉淀之后用纱布过滤，然后就用其溶液洗头发，本来非常油腻的头发立刻就会变得很清爽。

家里的田用的是花生粕和豆粕做肥料。有一次，父亲收购了一批磨盘一般大小的花生粕，因为想知道这批花生粕的质量，于是选出一块用斧头劈开。一斧头下去，那块花生粕一分为二，一旁观看的小绍振哥仨当即叫嚷道："香，真香!"小绍振忍不住偷偷捡起一小粒碎片，扔进嘴里咀嚼起来，觉得香不可耐。于是就想，这么香的花生饼，怎么不摆上饭桌？至少可以当零食哇，撒在稻田里，真可惜。直至如今，孙绍振依然忘不了当时"偷"吃花生饼的那种香。

小绍振还有一个很深的记忆，那就是吃过半颗糖果。吃糖果怎么只吃半颗呢？原来，有一天，小绍振见大哥嘴里在吃着什么，于是就一直追问。大哥只好坦白说：是糖果。刚从海边小村落回来的小绍振，还不知糖果是什么，于是就很想尝一尝。但大哥说这是最后一颗，没有了。但小绍振缠着不放，大哥抵挡不住，很不舍地把含在嘴里的半颗吐了出来，又塞进小绍振嘴里。当时的小绍振觉得这糖果奇香无比，甜美无比，永远忘不了。至于水果，当时也是稀罕之物，那就用萝卜充当水果。要是得了发热出汗一类的病，买不到药就弄根萝卜啃，既当作水果也当作药。有一回，小绍振的大伯父用一个装高档香烟的硬纸盒，把两根上好的萝卜装在里头，捎给小绍振吃。啃着那水分充盈的新鲜萝卜，小绍振喜不自禁。

可怜小绍振脑顶上长着既叫癞痢又称秃疮的疾病，头皮多处有黄癣痂，毛发由于脱落而变得稀疏。身上的疥疮，又让小绍振瘙痒难忍，不是挠头就是搔身。脚跟处长疮疖多日后虽然周边结疤了，但中间的脓包还在，时不时会渗出脓液。有一天，那脓包被一只苍蝇叮咬了，它是来吸脓液的。小绍振不但不觉得有什么疼痛，反而有一种说不出的奇异感觉，于是就没有去驱赶它。只见那苍蝇一动不动地吸吮着它觉得可口的脓液，一会儿的时间，这贪婪的苍蝇竟然肚子吸得圆滚滚的，颜色都变红了。或许是再也撑不下了，它挺着已经由于过饱而笨重的肚子，"嗡"的一声飞走了。后来，不知道那苍蝇是不是被撑死了，因为小绍振再也没见它飞回来。

得了这皮肤病，当时找不到也买不到药治疗。于是亲友邻居就纷纷出主意，说可以用老人家抽水烟时沾在烟斗边上的油渍涂抹。要么就去房前屋后或野外草地里，拔一些叫车前子或牛耳朵的草药，捣碎后敷于患处，能好。后来到底是哪种药治愈的，小绍振想不起来了。记得当时也有些长辈对妈妈说：这孩子头上长了秃疮，身上又长着疥疮，全身的毒素都散发出去了，日后就没灾没病，一准长命百岁。

小绍振记得回城后，自己家里是雇了一位佣人的，这是个尚未嫁人的姑娘。她梳着两根大辫子，很中看，人也乖巧。她在孙家就如同自家人一样，没有主仆之分，小绍振一口一声"大银子"地叫她，很是亲近。或许是自己头上长了癞痢，没几根头发，这姑娘也就善意亲和地叫他"大秃子"。但这很不文雅的叫法，很有点伤了小绍振的自尊心，于是就当面对她提出意见，要求她叫自己"绍振"。这大辫子立即知错改错，不但废弃了原来不礼貌的叫法，还不敢直呼其名，笑嘻嘻地"一次到位"，叫小绍振为"三少爷"。

但有一天，这大辫子姑娘突然不见了，小绍振很是失落。从大人口中知道她是嫁人去了，当时不知嫁人含意的小绍振，在怅然若失中想：大银子为什么要嫁人呢？半年多后，又听说她怀上孩子了。再后来，她传来的消息是：流产了，孩子还没出生就"丢失"了。原因是她怀孕后，为了躲避日本兵的追赶，不是东奔就是西走，太过劳累最终把孩子跑没了。听到这大辫子姑娘的不幸，小绍振在同情中仇恨那些追赶大银子的日本人。这仇恨的种子，从此埋藏在小绍振的心里，由着它生根发芽。

后来，长大了的孙绍振去电影院看《白毛女》的电影，一看到银幕上的喜儿，就觉得特别像曾经在自己家的大银子。于是，在又一次想念她的同时咬牙切齿地恨那侵犯中国的日本人。因为如果不是日本人加害于她，她那流产的孩子一定是长大了，如果面对面站在一起了，一定会叫自己一声"绍振哥哥"。

祸不单行的是，小绍振的癞痢和疥疮刚好转，又不幸患上了伤寒病。这种病在那个年代是很难治的病，动辄丢了性命。果然凶险，没太长时间小绍振就奄奄一息了。日夜守护他的妈妈，眼瞅着儿子的病一天天沉重，在当时那缺医少药，尤其是没有特效药的年代里，只能以泪洗面。到后来，家里人都以为小绍振不会有什么希望了，只好把他放在一个草堆上。舅舅看看好像没什么气息了，就去买了一个小盒子，准备让这孩子躺在里面好上天堂。伤心欲绝的妈妈心有不甘，仍然到处求助怎样才能救自己的儿子。当时有位年岁比母亲大的妇女来到家里，说上辈人一看有小孩伤寒病昏迷不醒的，就狠狠地咬一下脚后跟，或许能苏醒过来。妈妈一听，双眼亮了，决心来个死马当活马医，立刻抱起小绍振，张开嘴就在儿子脚后跟咬了一下。这一咬，竟然咬出了奇迹，小绍振一个惊觉，醒过来了。这一醒也就让他活过来了，小绍振的"起死回生"，让妈妈一时间喜极而泣。舅舅见小外甥有救了，赶忙从草堆上取回那小盒子扔掉了。

很有造化的小绍振，就此捡回了一条小命。但为了怕再度反复，病还得治，该吃的药还得吃。小绍振记得那时的郎中，不知是一种习惯还是为了节约纸张，写病状和开药方都在同一张纸上。上半截记录病情，下半截开的是药方。药疗和食养的双管齐下，小绍振一天天康复了，阎罗王大大方方地让他回到了人间。

但那时，正是抗战时期，生活动荡的阴影拂之不去。生活上所需要的物品奇缺，日子很是难挨。后来回忆起来，才真正理解了民不聊生这四个字的悲凉含义。敌寇的狂轰滥炸，导致废墟处处、满目疮痍。在日军疯狂轰炸上海时，黄浦江两岸以及周边的县市已无立足之地，于是，再次逃难成了孙绍振与家人的唯一选择。

逃难途中，日本鬼子和汪伪军队总是盯住老百姓不放，端着枪在后面追。全家怕被追上丢了性命，只能竭尽全力不停步地逃呀跑呀，常常是一天要被追着跑好几个地方。记得有一天，已是傍晚了，以为可以躲过去了，但很不幸，还是被追上了。记得那块地上有一个打谷场，小绍振已经筋疲力尽，就倚着个草垛软瘫着，抬头望着只有在平原上才能感受到的低垂的星空，边看边喘气。那时年岁尚小的孙绍振就已经深深领悟到了什么叫逃难，以及逃难途中的仓皇之苦，渐渐明白了"国之不存，何以为家"的深重含义。

有一天，逃难的人群被"和平军"（汪精卫的汉奸队伍）这支不伦不类的"军队"追上了。他们耀武扬威地拿着枪对着人群喊叫："城里人，跪下来，把口袋翻过来。"于是，手无寸铁的人们就跪成一排。这时候保命是第一要事，妈妈、舅妈也就顾不得心疼，把藏掖在身上的金银首饰等一应细软放在地上。正当想破财消灾保住命的时候，一串尖利的枪声传来，那子弹好像是从耳朵边上擦过去似的，吓死人了。

后来听说这是从邻近打谷场的草垛上打过来的，是新四军过来救百姓了，那时那刻，真有一种救命神仙从天而降的感觉。原本就机灵的妈妈、舅妈，此时的敏捷超过任何时候，迅速把地上的首饰收回来揣进口袋，分秒间又把一个硬东西塞进小绍振的怀里，让他抱着。之后，趁着混乱牵拉着小绍振，高一脚低一脚地往黄豆地里奔跑。那时候的小绍振个头小，脸颊就被田地里的豆荚划得一横一竖的，成花脸了。那天晚上就躺在豆荚地的畦沟里歇着，除了母亲和舅妈，还有一丛丛的豆荚陪伴着。夜深了，头上、身上愣是被露水打湿了，就这样，撑持到第二天早晨。这时候的小绍振，在豆荚地里睡了一个整觉，逃难时丢失的精气神似乎又回来了。此时已没有追兵，心中平静了许多，小绍振想起母亲塞给自己的物件，就好奇地捧在手里看看。这才发现原来自己紧紧抱着的是一只自鸣钟，但钟摆已经不见了。在那八十多年前，一般的钟已是百姓罕有的家当，且不说能够自鸣的钟了，所以，就算已经掉了钟摆，也舍不得扔。

在小绍振最初的记忆里，那一个村子又一个村子的逃跑，是那时候的家常便饭。常常是刚刚安定下来，端起了饭碗，突然有人说"来了，来了"，于是恐怖感又袭上心头，立刻丢下饭碗，又接着跑。那时候，中国的老百姓无论过桥还是过路，见到日本人是要弯腰鞠躬的，倔犟的小绍振就是不低头，昂着头过桥过路。

有一天，妈妈带着小绍振逃难到一艘轮船上，等不及开船，就被一支日本军队和伪军给拦截了。凶神恶煞的日本兵和伪军登上船后，见小绍振的妈妈颇有姿色，于是就嬉皮笑脸地围拢过来。这时的小绍振张开双臂，无比勇敢地挡在妈妈前面，瞪圆双眼保护着妈妈。

正当危急关头，有一个日本兵的头目喝令全船人必须接受检查，特别是船上的所有男人。日本兵和伪军逼着他们走回岸上，统统脱下上衣，逐个地查验。日本人要查什么呢？首要查的是男人们的额头，一旦发现额头上有戴过帽子的印痕，就怀疑其戴过军帽当过兵，当即被拉到一边候审；再就是要查验肩膀，如果肩膀上有扛过枪的痕迹，也要被列为当兵抗日的嫌疑犯。要是被发现戴过军帽扛过枪，不死也得脱重皮，那时，对于男人们来说，真是危机四伏。

在被查的男人队伍中，有一对父子或许在穿戴上与一般平民不尽相同，说白了就是生活上比较富足的，于是在日本人军刀的逼迫下，站到了待查对象的队伍里。老先生五六十岁了，先不查是否当过兵抗日，而是通过翻译要查他年轻的儿子。他儿子说家里人都叫他"二小儿"，大名叫"树枝"。或许是日本人想看看这后生仔有多少文化，就命令他蹲下来在地上写字，于是这年轻人就蹲着在地上写了三个字："开小店。"日本人发现这年轻人能写会画，就产生了怀疑，又把"开小店"这三个字错判为"小队长"，以为他当过抗日队伍中的小队长，当即用枪对着这年轻人的额头，并扣动了扳机。随着"叭叭"两声枪响，那年轻人轰然倒地，一个年轻且无辜的生命就这样消失了。他那位站在一旁的父亲，哪里能够承受这样的灾祸，当场晕厥，一时间"死"了过去。

把日本兵的恶行看得真切的小绍振，在惊恐中万分愤怒，把上下牙咬得嘎嘣响，瞪圆的双眼似乎要喷出仇恨的火焰来。就一路逃难的所见所闻和一幕幕恐怖的场景，小绍振在自己童年时代的心灵上对入侵者镌刻着抹不去的仇恨。那时候，他就在想，自己的国家何时才能把这些坏人赶出去，中国的老百姓几时才能不被外国强盗欺负？一种天然的家国情怀，就在小绍振小小心田里滋生了。虽然那时他还说不出家国情怀的道理来，但却明白只有自身强大了，才不会被外人欺辱。

四方奔波的逃难告一段落后，或许小绍振的父亲有较好的文化，又是拥有田产的知名乡绅，当时的国民党当局就请父亲出任县党部的科长。但父亲看到国民党唯日本人之命是从，去国民党那里做官无异于当亡国奴，作为抗日强硬派的一位义士，有着"民族大义，舍我其谁"之骨气的父亲就断然拒绝了。担心当局的威逼和利诱，他就逃到兴化与高邮一带躲藏，让当局无从寻找。如果父亲不是死守民族气节，担任那个时候的科长，是很有诱惑力的。一个县党部只配置最多三四个科长，且先不说有丰厚的利益，就是那耀武扬威的派头，也足以让不少软骨头垂涎。

由于抗日之声日烈，讨伐国民党投降派的责骂声也就风行于民众之间。

那时流行着这么一首民谣,大半个世纪后的孙绍振还记得真切:

> 天上有个扫帚星,
> 地上有个韩德勤(时任江苏省主席)。
> 不打鬼子害百姓,
> 枪杆子专打新四军,
> 他是人民的对头星。
> 送夫参军,
> 锣鼓打得闹盈盈。
> 我送丈夫去当兵,
> 当兵要当新四军……

后来,在黄桥战役中,韩德勤部1.1万余人被新四军击败,光是被俘的就多达3800余名。这样被百姓唾弃的国民党机构,小绍振的父亲哪里肯去?当时要是俯首听命去上任了,盐城的那座古色古香的大院子也许就不会被那些敌对的人烧毁。然而,外表文弱、内心却刚直的父亲宁可玉碎、不愿瓦全,就是不从。父亲这种宁折不弯的刚烈性格,给童年时代的孙绍振留下了难以磨灭的印象。这对于他后来"心怀爱国之情,笃行报国之志"提供了强大的精神动力。

日子就这样在屈辱和抗争中一天天地过着,小绍振也就在那种生活状态中一天天长大,同时在乱世中坚韧地磨砺着自己的心志。

第三节　求学之路

但凡说到上海,人们很自然地会联想到黄浦江,"上海人"的孙绍振,后来从课本中知道它是上海境内的一条长江支流,从清代起始称黄浦江。后来建立起来的行政区域黄浦区,就因为这条黄浦江而得名,无论黄浦江或黄浦区都名声在外。在上海市西部，太湖下游，黄浦江的上游还有个青浦区，孙绍振生活的朱家角镇就在这个区。百姓每年在陈粮告罄又未见新粮上市的时节，谓之青黄不接，但黄浦与青浦的江水却是青黄相接的。孙绍振从灵动的江水中获得了灵气，一天天地衍化为独有的聪明与智慧。这种明显超越同龄人的灵气最早表现在语言上，他在咿呀学语中就能嘴不停、话不休，创造了不少自己独有的词汇。

有一段时间，父母搬到了乡下，乡下地方不可能有公立学校，启蒙教育很不正规，又遇到战乱，孙绍振四个姐弟哪里还能奢谈上学的事。但是，父母双亲都有共识，那就是"唯有读书高"，让孩子念书的信念是坚定不移的。父亲很是执着，逃难到乡下后，每到一地都不懈地寻找着学校，没有学校就找私塾。倘若连私塾先生都一师难求，那就自己言传身教。

记得那时父亲只是责成大哥二哥先学宣扬孝道的通俗读物《二十四孝》，还有一种读物《二十四孝图》，也是一本讲中国古代二十四个孝子故事的书，配有图画。之后，父亲找到一册《论说法程》，都是文言文的，第一课就是"人为万物之灵"。反反复复地念，念了多遍就得背诵，背得滚瓜烂熟了，似乎就有学问了。有时连较普通的《论说法程》都没有了，那就随便弄一本《四书白话句解》（《大学》《中庸》《论语》《孟子》的白话解释）。教法很简单，就是第一天把生字讲一讲，把那些没有标点的句子用红笔点断。课本是很枯燥的，但是把古文朗诵出一种调皮的腔调（用当时小绍振母亲的话来说，就是"洋花唱曲"），那种拿腔作调地念书，唱歌似的，小绍振觉得很好玩。打下一定的基础后，父亲就让大哥跟随一位姓印的老先生学《古文观止》一类较深的学问，二哥就念白话四书。

无论他的哥哥姐姐学什么，只要他们在家里背书，小绍振就在他们背后听。因为他们背诵的课文都朗朗上口，只要听那么几遍，小绍振就记下了。有一天父亲还没有起身，就让大哥二哥和姐姐轮流在他床前背诵学过的课文。小绍振还是躲在背后听，当哥哥姐姐背不出来时，小绍振还能给他们作提示。父亲发现小儿子还没上过一天学，也尚未识字，居然有此过人的"功夫"，于是就让小儿子与他哥哥姐姐同学，从此不再旁听了。

特别让小绍振长脸的是，自己的记忆力的确比两个哥哥强，但凡一篇课文或是古诗词，念上一两遍之后，很快就能把课文背得滚瓜烂熟。闲下来的工夫就听哥哥姐姐们朗读，仍然继续当哥哥姐姐的"提示官"，当他们背不出来的时候，站在一旁的小绍振就立刻补上，此时就能得到父亲满意的眼神，小绍振知道，这是一种无声的奖赏。那时没有考试，也没有什么刁钻的选择题，就是背古文，背四书五经。用老法子念，抑扬顿挫，似乎是别一种享受。直到今天，当时的绝大部分课文孙绍振都还能背诵得出来。

孙绍振关于小时候对读书的回忆，在一些文章中亦有体现。有篇文章如此讲述道：回想起来，我第一次对书发生兴趣，倒不在于那些字。那正是抗日战争期间，我家逃难到了乡下。哥哥们念的"战时读本"上有许多图画，除了刚上学的小孩子和教孩子们念书的教师，还有空军战士。那时不可能有画图的颜料卖，哥哥们便采了些油菜花，把花梗擦在那些把眼镜戴在帽子上的飞机驾驶员的脸上，画上的脸就变成了黄色的。又把菜叶梗擦他们的衣服上，衣服就变成了绿色的。当时自己还很小，大概是现在孩子们准备上幼儿园的年龄。我简直被这神奇的现象惊呆了，很想借来细细欣赏。但是，同样还是儿童级别的哥哥们，还不具备有疼爱小弟弟的胸怀，十分神气地予以拒绝了。

后来，小绍振跟随全家搬回到城里，那里有汪伪政权的"公立小学"。父亲没有让小儿子去上学，留在家里的小绍振，父亲亲自教他读四书五经。而那些古书，连标点都没有，父亲每天用红笔点画几段让小绍振好好念熟，第二天就让小绍振背诵。起初还好念，要背诵也较容易。不久以后，就念到《大学》，这是一篇论述儒家修身齐家治国平天下思想的文章，什么"大学之道，在明明德，在亲民，在止于至善"，这对于没有上过学的小绍振来说，就实在莫名其妙了。不过，还可以云里雾里地死记硬背，能背就能混过去。

但越往深处走，问题就越来越严重了。有一次父亲点了一课，第一句就不懂。当时父亲念道："诗云'放屁千里'。"小绍振一听就笑了。父亲瞪圆了眼，意味着已经不高兴了。又念了一遍，小绍振又忍不住，再次笑了。于是父亲恼火了，严厉责备小绍振不认真。当然，"千里"两字是认识的，可前面那两个字从未见过。父亲又念，小绍振还是笑。那天他终于挨了打，当时感到非常惨，其惨不在屁股之疼，那其实疼得并不厉害。但出于委屈，小绍振故意夸张地嚎叫起来，期待妈妈出来救驾，果然奏效。最惨的是，小绍振由此遭到哥哥的嘲笑。念书向来是小绍振受宠的主要原因，爸爸妈妈常常以称赞小儿子会念书而意在鼓励老大老二，这下子，哥哥们可以奚落弟弟因此失宠了。

就这个原因，小绍振对于读书丧失了很大一部分热情。尤其是那个"放屁千里"，简直让他恨透了。好在父亲从那以后也不再为难小儿子，读那么深的文言文，怪不得孩子。直到念了大学中文系，读到《诗经》的时候，孙绍振才明白那个害自己受了皮肉之苦的"放屁千里"，原来是"邦畿千里"，是说国土非常辽阔的意思。这对一个幼童来说，委实太复杂，太难理解了。其实也怪他父亲的普通话实在太糟糕，而且选的课文也没有因材施教。当然，父亲非常看重小儿子，希望小儿子早早读很多的书，长大后特别有出息。并且，在教小儿子读书时，很有一点民间教育家的自豪感，但是他的教学法却很不怎么样，急于求成。老实说，在很长一段时间里孙绍振对于那一顿打是很不服气的，因为父亲明明说的是"放屁千里"嘛，为什么不可以笑呢？后来长大了，孙绍振才理解了父亲的良苦用心。

那时所谓公立小学教的是汪精卫政权的课本，父亲不想让自己的孩子去受那一套汉奸教育的"精神污染"，才自己担当起这个不称职的家庭教师。虽然父亲的普通话和教学法可以说是糟透了，但是他的那一份民族感情在当时还是十分可贵的。就教学效果来说，也不能说完全是失败的，那些深奥的古书，父亲自然缺乏讲解的能力，但是他所迷信的"背功"，却有效地锻炼了小绍振的记忆力。那时每天一课的古文，一句句地深深印在了他的脑海中。父亲点的那些圣人的语录和对话，当时虽然如坐云雾一般的莫名其妙，但这并不妨碍小绍振每天早上到父亲床前把那些很费口舌的古文，用近乎吟诵的调子背诵出来，从而记忆力也锻炼得超越家里家外的同龄人。当父亲和哥姐们都惊异于自己的记忆力时，小绍振就一次又一次地掩饰不住自己的得意了。

孙绍振曾经在一文中如此回忆说，书是最好对付的，至少比鱼好对付，你想想看，鱼在海里游，你要把它从海里捞起来，那该多费事！你自己下海去，是游不过它的，造船结网该有多伟大的想象力。读书是最简单的，坐在桌前，慢慢琢磨就是。不认得的字，就去查字典，难不住自己。孙绍振记得自己才五六岁的时候，就吵着要念书。妈妈很是惊喜地夸奖了小儿子，说这么小小年纪就这么有志气。于是就从家前面的一家小店里买来了一本"国语读本"，让爸爸教。很可惜，这个读本上并没有飞机驾驶员，也没有小学生向老师鞠躬，最神气的不过是三四只小猫，下面有字："小猫三只四只。"此外就是几匹布，下面的文字是："白布五匹六匹。"这样的书虽然大大地扫了小绍振的兴，但读起来很容易，以至于一天左右的时间，已读了一册。所谓一册，其实也就是二三十个字而已。就这样一册一册地念下去，在两三个月的时间里，他居然念到第七册，字是认了一大筐，得到了父母亲很多由衷的表扬。逢到有客人来，乡亲就夸他聪明，父亲断言："这孩子，将来是个念书的材料。"

果然，上小学后的小绍振，在语文方面，其进步势不可挡。但凡做作文，总是名列前茅，倘若逢有写作文比赛，第一名是常有的事。那时的小绍振认为自己作文写得好，与喜爱读书密不可分。后来他回忆，觉得自己最早的荣誉感大多来自善于读书，且已经习惯了同学或者是同辈以尊敬的目光看自己。绝对不能让同学们把自己当作笨蛋，或是因为不会读书长大了没出息，不论是被人瞧不起，还是被人同情，小绍振都接受不了。

升到小学五年级，在老师的眼中，小绍振就是一个天资聪慧的孩子。总是得高分的语文成绩，以及作文常常获得在全班同学面前讲评的特殊待遇，让小绍振在读书和作文方面快速向前推进。

小时候的传统文化教育，这应该就是孙绍振学语文的开端，虽然不无浅显，却为日后文科"高楼"的耸立，砌下了第一块砖。比方后来就读的青浦朱家角珠溪第一中心小学，青浦城厢第二中心小学，都是让小绍振难以忘却的求学经历。从这所学校转到那所学校，课本一年年增厚，作业一岁岁难解，学问也就由浅显到步步加深。特别是50年代初期从青浦初级中学毕业后，孙绍振明显感到自己对文科的兴趣越来越浓烈，尽管他并不排斥其他科目。往后就是阅读中国的经典著作，诸如《西游》《三国》《水浒》等，并从国内经典转向国外，如意大利作家亚米契斯的《爱的教育》、法国作家的《苦儿努力记》……由于涉猎群书，孙绍振打开了大千世界的宽广视野，给日后的文学大厦夯实了基石。

幸运的是，他有一个学期遇到的语文教师，是一位很有才气的女老师，叫潘祖瑾。潘先生（那时，不管男女教师，一律叫先生）在古典诗歌的教学中独有本事，诸如在课堂上研读唐代杜牧的《清明》，潘先生就充分发挥出她的教学才能。小小孙绍振记得她对学生说："'清明时节雨纷纷，路上行人欲断魂。借问酒家何处有，牧童遥指杏花村。'是有着一种吟咏调子的。如果把各句前面两个音节去掉，其调子还是一样的：'时节雨纷纷，行人欲断魂。酒家何处有，遥指杏花村。'甚至再删去前面两个音节，也还是一样：'雨纷纷，欲断魂。何处有，杏花村。'"潘先生这种解读古诗的智慧，在几十年后成就了孙绍振一篇最有学术价值的论文。她也慢慢让孙绍振悟出了面对语文"苦读"是没有出路的，只有"乐读"才有光明的前程。他那时就认为对于文科先要"乐"，然后"爱"，最后还应该"迷"。爱因斯坦有句名言："兴趣是最好的老师。"当然，兴趣有一个培养的过程，甚至还要有穿过但丁式炼狱的勇气。

潘先生既是孙绍振小学的语文老师又是英语老师。在见到潘先生之前，总是不驯顺似乎是自己的天性，他也因此没有得到过太多老师的赏识，成绩单上的操行评语常常令人丧气，总是少不了"不用功"之类的话。五年级上学期，孙绍振在上海青浦朱家角中心小学，第一次得到能够拿给亲友看的评语是："该生天资聪慧，然学习无进取心。"

到了下学期转学到青浦城厢第二中心小学，班主任林蕊珠先生倒是很喜欢小绍振的毛笔大楷。他后来渐渐捉摸出来，林先生喜欢笔画比较粗犷的字，于是字帖从柳公权的《玄秘塔》，变成了颜体楷书《双鹤铭》。字写得越粗，打的分数越高，"吃鸭子"（甲等）成了家常便饭。或许是物极必反，有一次，林先生给打了一个"丙"，并且批了一句："不要像砌墙头那样写大楷。"小绍振惶然，连忙又把字帖由《双鹤铭》改成《玄秘塔》，然而，却因此不能轻易地拿到"鸭子"了。

有一次，在课堂上写大楷，林先生走到他身边盯着看笔画，小绍振被她看得似乎浑身毛孔都在冒青烟，以至于字越写越粗。误以为她又要批评"砌墙头"了，不料她却对小绍振说："你长得眉清目秀，为什么要戴这么大的帽子？"那时，妈妈给儿子买了一顶鸭舌帽（也就是漫画上特务常戴的那种），的确比较大。妈妈曾说，不能买正好的，今年正好，明年就不能戴了。小绍振虽然觉得太大，但是上课时，把那特长特大的鸭舌往下一拉，就挡住了半张脸，头低下来，在桌上画个飞天大侠之类的，老师根本看不见。"不要戴这帽子，不好看！"林先生替小绍振把帽子摘下了。这个林先生平日里非常爱打扮，很强调匀称，她不能容忍她学生的帽子与头的比例不相称。然而，林先生这种美学原则，却得不到母亲的首肯，母亲坚持要儿子戴着帽子去上学。于是，聪明的孙绍振上学时戴着，但凡是林先生上讲台，就摘下来放在抽屉里。没想到有一次在路上给她看到了，她十分坚决地让小绍振把帽子摘掉。虽然驯顺地照办了，但从此以后，小绍振的大楷就再也没有得到甲等了。是不是与戴这大帽子有关，小绍振不得而知。

然而，在潘先生进入课堂以后，命运就有了转机。首先，她经常给小绍振的大楷打甲等，不管写的是柳体还是颜体，也不管这可爱的孙同学戴什么样的帽子。更令人无限滋润的是作文往往得到她的夸奖，她不但常常给八九十分的高分，而且还不止一次地把孙同学的作文拿到班上一字一句地念给大家听，还加上赞扬的评语，小绍振好像还是第一次享受到这样特别的光荣。记得第一次受赞扬的感觉简直是好极了，一下子课堂里四面八方惊羡和妒忌的目光，带着温度地一齐集中到小绍振脸上来。很明显，那时的脸膛必定是发热了，心里产生了一种甜蜜的羞怯。那时竟然不敢看着潘先生的眼睛，把头低下了。对于同学们的目光，他却很想去迎接一下，然而头就是抬不起来。这种令人滋润的荣耀之感，好像在全身的每一根神经细胞中膨胀，变成了微妙的温暖之泉流在心头漫溢。

当年曾经被批评为"缺乏上进心"的孙同学，在第一次享受到荣誉的滋味以后，就有了进取的冲动。从此，小绍振对国语和作文课有了强烈的兴趣，几乎每天都期待着国语课和作文课的到来。

潘先生似乎对"国定教科书"并不十分感兴趣，她时常发一些她自选的文学作品给学生们。当时记得，光是冰心的《寄小读者》就印了七八篇。她讲得津津有味，孩子们听得也如醉如痴。国语课在小绍振的印象中向来是最枯燥的，常常是先由教师念一遍，然后就把词语解释写在黑板上，让学生们抄。接着是段落大意、中心思想，考试就背什么"明媚，犹言光明可爱的样子"等等。一介小学生，也不懂什么叫"犹言"，也不敢问。"春光明媚"，"犹言春天的阳光很可爱的样子"，总觉得这样解释不够准确。于是考试时小绍振常常把"犹言"去掉，把"春光明媚"解释成"春天的光辉妩媚动人的样子"，却遭到无情的扣分。老师竟然还斥责小绍振不好好念书，一味标新立异。小绍振也曾下决心去背老师的答案，无奈不安本分的本性难改。

大幸的是潘先生并不计较小绍振的标新立异，还称赞说想象大胆。有时，她讲一段《寄小读者》，讲着讲着，也许是累了，就问起学生们课外阅读些什么书。她举出了一本书叫作《苦儿努力记》，上下两册，是现代翻译家章衣萍、林雪清翻译的。正好小绍振念过这本书，她在叙述故事时，有些记不清了，潘先生还让他补正。这本书是一个法国作家的作品，情节很生动，曾被译成多国语言。由于受到鼓励，后来只要是潘先生提起过的作品，孙绍振都去称为"民众教育馆"的图书室借来看。她推荐的意大利作家亚米契斯的《爱的教育》、安徒生的童话，在孙绍振面前展开了一个崭新的优美的世界。这里的人特别善良而高尚，书中人物和过去读过的《武当豪侠传》《蜀山剑侠传》中的人物是那样的不同。

孙绍振深深地体会到，潘先生本身就像海的女儿那样纯洁美丽。当时，她大约是二十一二岁吧，身材修长，齐肩的长发下端有些卷曲。她经常身穿一件淡蓝旗袍，外套一件深黑色毛线背心。她有点清瘦，走起路来很轻快，每逢有什么急事，匆匆赶向教室时，脚步就有一点跳跃。同学们在背后偷偷地叫她"小麻雀"，这虽然是个绰号，然而非常善意。后来听说，她家境很富有，青浦县城里第一座现代洋房（在潘家弄）就是她哥哥建的。有一次，许多同学一起到她家去，她家门上有电铃，那时电铃是很稀罕的。记得，潘先生居住的房子一进又一进，有好几个天井。但耳闻她立志献身小学教育，而且准备独身，让人觉得她美丽又圣洁。

全班同学都很敬爱潘先生，一点也不怕她。每逢有什么乱子，吵架啦，打架啦，用粗野的脏话骂人啦，只要她一跳一跳地走进教室，大家就安静下来。这并不是由于害怕而是出于害羞，谁都不愿自己粗野的一面让敬爱的先生看到。但不管闹出多大乱子，她也不责罚孩子们。最多就是抑制住她的愤怒，站在讲台上沉默良久，然后慢慢地说："你看看，你看看，这像什么样子!"她这样讲的时候显得分外难过。这时,那些捣乱分子、调皮鬼一个个都低下了头,非常后悔,因为又让潘先生难过了。小绍振更是怕看到她蹙起眉头和失望的目光,总觉得让潘先生不愉悦了,那就是罪过。

曾经有一次,小绍振恶作剧地惹了点事,后来潘先生了解到事情的来龙去脉,就把小绍振叫到办公室去,只说了两句:"你要是懂得害羞就好了!看来你的《爱的教育》都白读了。"走出办公室,小绍振心情好生沉重,看来潘先生对自己是失望了。从此每逢潘先生走进课堂,就心生害怕,很怕看她的眼睛。特别是在做练习时,她会慢慢地踱到自己身边停留一下。小绍振的心就一定会悬起来,直到她走远了,才能看清楚练习本上的字,再也轻松不起来。

潘先生也教学生们英语,正好教了一首诗,直到现在仍能记住她那清亮圆润的声音:闪闪烁烁闪闪烁烁的小星星啊,我是多么奇怪,你是谁啊,你在这天宇上,永远高挂,像一颗金刚钻,大放光华。小绍振觉得潘先生的心灵就像诗里所描写的那样纯净,清亮如星星,只要一靠近她,就有一种进取向上的强烈愿望。

一天早晨,升旗之后,潘先生登上讲台,宣布作文比赛结果:小绍振得了第一名。一看到潘先生要发奖,小绍振就慌乱不堪。当时也不知是怎么想的,背着双手从后排往台前走,潘先生把一本《安徒生童话》递过来的时候,小绍振竟然只用一只手去接。那时看到潘先生十分诧异,也听到后面有同学在紧张地叫:"两只手!两只手!"小绍振竟不明白出了什么事,引来这么多的声音,等到弄明白不该只伸一只手时,已从潘先生手中接过了奖品。一切都已晚了,后悔痛心也无用了。从此,小绍振因为惭愧,就更加小心地躲着潘先生。

上中学后,潘先生的印象随着岁月的推移,渐渐变得淡薄了。初中二年级后的一天,孙绍振有一次到朱家角去,那里的私立济青中学正在招生考试。他非常偶然地看到了潘先生在监考,她显得快乐而忙碌,脸上泛着热情青春的光彩。孙绍振几次都想走过去告诉她:我虽然是个调皮鬼,但是我和一般调皮鬼不同,因为我是懂得害羞的。这个"害羞"是潘先生教会自己的,因而潘先生对自己是有恩的。

有的恩师，并不是那些声名显赫的学术泰斗，他们只是一个个平凡的教师。但是，在孙绍振记忆中，他们已成为自己星云中那最灿烂的星座。

　　小时候，孙绍振乐见乐读语文，但对于算术课，却是经受过严峻考验的。刚开始启蒙教育时，由于没有算术课，也就不知道算术为何物，导致他从乡村回到城里就读时明显对数学不感兴趣。但他毕竟脑子灵，后来发现自己还是有数学天分的，从不断地解答数学题中，晓得自己还是相当聪明的。当然，这是他上中学以后的事，特别是升入高中之后。

　　在小学低年级，小绍振过得并不轻松，主因是那时发生"淞沪会战"已有数年，日军已全面占领上海。日本人在上海的影响力几乎无孔不入，特别严重的是渗透到教育领域，每所学校都笼罩着日本人管控的阴影，这就让上学后的小绍振不断尝到苦头。那时所上的学校是天主教会办的，受日本军国主义教育风气的影响，处处要求学生"有理服从、无理也得服从"。这是相当残虐的，不但责令学生要无条件遵从师长，低年级的学生还得服从高年级学生。不服从就挨打，竹板打手心算是轻的，挥舞木棍打到断成两截也并不罕见。于是，刚入学的小绍振就受到双重钳制。尽管时运不济，却压制不了他在语言歌唱方面的才能，入学不久就被选入了唱诗班。

　　上语文课时兴味盎然，但总不能一天六七个课时都上语文课，于是，小绍振很不喜欢的算术课如同幽灵一般尾随在语文课后面。不喜欢的课程怎么去学？小绍振许久都摸不着门道。学不会就无法做出算术作业，于是每天早上一到教室就得挨打。打什么？千篇一律地用竹板打手心，天天如此，几个月如一日。体罚教育在那时候的课堂上绝对是合理合法的，所谓"教不严，师之惰""不打不成材"，调皮的孩子们在学塾里被戒尺打手心是再正常不过的事。父亲知道了，由于心疼，曾经去向校长求过情，但还是得不到豁免，天天早上照打不误。孙绍振后来才悲观地知晓，打他手心的算术课女教师竟然是校长的老婆。或许她厉害得可以，或许她老公去与她说了别打有个叫孙绍振的学生，她也必成耳边风。一张八仙桌上七八个学生挤在一起聆听女老师的教诲，这位女老师打学生手心时虽然严酷，但不可否认，她教导学生努力念书却是相当认真敬业的。在她的循循善诱下，小绍振终于看到原本阴沉沉的算术天空划过了一道长长的亮光。

或许因为这道亮光的出现，奇迹出现了，视算术课为虎狼的小绍振，似乎突然开窍了。特别是上中学以后，语文数学的成绩都上乘。他曾回过头想，觉得应当去感谢打自己手心的女教师，或许是"严师出高徒"呢。

课堂之外的战乱一直在持续，经常性地让学习生活动荡不安。但对于已经迷上了读书的少年孙绍振，虽然还未达到《增广贤文》中所说的"两耳不闻窗外事，一心只读圣贤书"的那种情境，但课堂内倾听师长所教，课堂外"捧书读春秋"则成了生活常态。

那时，国内革命战争已经风起云涌，孙绍振忽明忽暗地觉得大哥在父亲的支持甚至推动下，为共产党组织的革命活动奔走，同时也带动了二哥。他后来终于知道大哥是党组织的地下革命工作者，一直跟随着党组织与国民党反动派开展斗争。或许当时的大哥错过了某种机会，竟然没能在非常时期以非常行动加入党组织。由于当初参加地下革命工作的缘故，中华人民共和国成立后，大哥和二哥都穿上了中国人民解放军的军装。倘若不是当年有着地下工作的光荣历史，以那时拥有田产、房产的家庭成分，是难以走进军队的。参军后不久，大哥就跨过了鸭绿江参加抗美援朝战争，二哥作为装甲部队的军人开着坦克也到了鸭绿江边。正要车轮滚滚地越过鸭绿江入朝之时，却突然接到上级的命令开着原本作战的坦克退回长春，成为了创建长春某工厂的第一批战士。

两位哥哥都身穿军装、肩上扛枪，见三弟渐渐长大了，哥哥们也就给弟弟提出了高要求，要弟弟努力上进，争取早日当上共青团员。由此，为不当亡国奴"弃官"而去的父亲和在战场上冲锋陷阵的两位哥哥，其民族感情、家国情怀在少年孙绍振心田里植下了根基，在孙绍振面前立起了一面无形的旗帜。

第四节　才华渐露

1949 年，中华人民共和国成立了。那时，正在就读中学的孙绍振和自己学校的师生们一样欢欣鼓舞。对于如何在新的意识形态下跟上新形势的教学，老教师们可以说是一窍不通，以致上课时常常是吵吵嚷嚷，教学秩序混乱，孙绍振隔壁班级的同学甚至还在课堂上打起架来。一些原本就难守课堂规矩的调皮同学，常常借机嫌这节课讲得不好，那节课又存在纰漏，和老师吵闹的理由似乎就很充分了。

时局也在不断地变化，经常耳闻有新的省份解放。这就给已经在课堂上难以安分的学生，创造了自由走出课堂的机会，大家忙着开庆祝会，排练街头演出的节目。演节目也有竞争，因为有演好人和坏人的区别，争取不到演好人机会的同学只能让自己当"坏人"，心里头很是憋屈。在那种特殊的大环境下，语文课就常常被不断的演出所取代。那时，即使有上课也很自由，既没有教学大纲，也没有教学参考书。什么语法知识、主题思想、段落大意，基本上没有人去操心，教师大多是根据自己的体会自由发挥，他们说什么，学生们就听什么。

让孙绍振不无骄傲的是，就在这样的混乱中，自己班级里的课堂秩序却能够在乱中取静，那是因为来了一个新教师，名叫周陀星。他和潘老师一样，总是把报纸刊物上的好文章和书店里的新书有声有色地加以介绍。在这之前，孙绍振虽然也读一些课外书，但大多是如《武当豪侠传》《蜀山剑侠传》之类。周老师却让学生们阅读《人民日报》上连载的《新儿女英雄传》，还有《钢铁是怎样炼成的》，不过当时还没有全本的，只有华中新华书店出版、由解放区的年轻作家白刃改写的版本。虽然印刷质量很差，用麻皮纸印的，常常要把书上的一团麻草用小刀小心翼翼地挖掉才能看清印的到底是什么文字。但就是这样的书，也让孙绍振十分向往，手上有了书，自己面前就仿佛展开了一个辉煌的精神世界。他被一种红色的、新鲜的话语迷住了，一种向往在心头油然而生：什么时候自己也能把那么精彩的生活和缤纷的感情，用自己喜欢的话语表达出来。

那位周老师是很重视批改作文的，每一次批改都有相当详细的评语，甚至还有比较多的文学理论色彩。就在周老师卓有成效的引导下，班上掀起了一股写作文且还要写好的热潮。同学们纷纷拿起笔来，几乎每个学生都把思想感情和文学词语慷慨地流泻在作文纸上，大有争先恐后的势头。

有一回，头一天大家都写了作文，交给了周老师批改。第二天一大早同学们就闯到周老师宿舍里，迫不及待地想知道自己文章的成与败。因为太早，周老师都还没有起身。那个时候，同学们最关心的自然是作文分数，也就顾不上礼貌了。对语文十分钟爱的孙绍振，也问了自己的得分，周老师回答说："86分。"期望值很高的孙绍振不无失望地说了一句："啊，才86分！"周老师当即回答说："86分还嫌少？我打作文分，还从来没有超过85分的。"就这一句话，孙绍振感觉周老师好像给自己颁发了一张奖状，这张无形胜有形的"奖状"，让孙绍振在班上神气起来。那是一种说不出声的又害羞又得意的良好感觉，直至数十年后，那种感受仍然留存在孙绍振心头。

回首往事，孙绍振感到正是潘、周这两位启蒙老师，把文学的种子播在了自己的心头。这颗种子可以叫作"爱"，但是，似乎还不够准确，那起初的感觉应该叫作"贪婪"。那是一种永不满足的饥渴，如痴如醉地阅读，狼吞虎咽，几乎到了一种痴迷的程度。后来，孙绍振的母亲回忆说，那时他连吃饭都把书本放在面前。当时流行苏联科学家巴甫洛夫的一句话："科学需要毕生的精力，即使有两倍的生命也是不够的。"孙绍振把这位大科学家的说法发展了一下：如果没有两倍的生命，那就要牺牲除阅读以外的一切爱好。

从此，每逢与同学们下象棋、打扑克，孙绍振就有一种浪费生命的感觉，不久就通通"戒"掉了。语文，已经成了自己生命中的一部分，阅读成了自己生命的价值所在。一天不阅读，孙绍振就觉得很难过。不幸的是，理想的老师总是凤毛麟角。高中时期，语文老师是南京大学外文系毕业的，他的教课却令人丧气。有同学甚至鼓动孙绍振要发动一个驱逐语文老师的运动，但同学们的"阴谋"没有得逞。虽然对新老师的授课表示失望，但孙绍振对于语文的热爱并没有因此受到打击。孙绍振是语文科代表，也基本上不听课，并且从第二排搬到了最后一排，不管老师讲得有多差，自己都闷声不响地阅读各种杂志钻研其门道，特别是文学作品。

说实在话，这位语文老师也非常重视批改作文，孙绍振的作文仍然常常得到他的表扬。他还组织课外阅读，让学生们写读书心得，这样营造的文学氛围多少弥补了他教学上的不足。这位老师对孙绍振的作文常常鼓励有加，这使他产生了一点野心——向报刊投稿。经过多次失败以后，终于喜获成功：

在上海的《青年报》上发表了诗和散文。这在当时是一种轰动性的荣誉，荣誉是鼓舞，鼓舞变成了一种自觉的刻苦。刻苦是自觉的，因而变成了一种痴迷的欢畅。

新中国诞生后，已经渐渐长大的孙绍振，无法遏制地成为一个英俊少年。青浦城区居然连一家电影院都没有，让少年孙绍振大为失落。因为他知道，电影里是有文学的，看了一部电影，就如同读了一本小说，至少也是一本连环画。虽然因为没有电影院而扫兴，但青浦的城墙因为有太多的故事，倒是足够让他留恋。正因为念念于怀，后来在中国青年出版社出版的第一本散文集《愧对书斋》中，他就以专门的文字来怀念青浦的城墙，并且把它放在全书的首篇。

孙绍振怀念青浦的城墙，是有其理由的。最值得记忆的是语文课老师，曾几回把这厚厚的城墙用作题目让学生们做作文。孙绍振在那时的作文词句中，就用上了类似"斑斓驳蚀"的词语，让老师在课堂上大加赞许。还有个美好记忆是与同学们起哄拒上英语课，说："全国都解放了，还上什么帝国主义的英语课？"由于小学是教会办的学校，孙绍振是"童声唱诗班"的，因此唱歌对他来说没有任何问题，中华人民共和国成立后走上街头唱歌游行时就数孙绍振的歌声最嘹亮。这都是在青浦城墙内发生的颇为有趣的事，因此，孙绍振对青浦的城墙记忆就特别深刻。直到后来离开青浦了，他还一直怀念那没有扶梯的楼道、没有窗框窗子的青浦城墙。

古人道："读书破万卷，下笔如有神。"当然，那时候的孙绍振还无法牛到"下笔如有神"的地步，因为他还没有"读书破万卷"。虽然下笔还没有"神助"，但已经能超越一般的同学，不仅作文让人叫好，而且还能写诗。他有了这么个绝对忘不了的日子：1954 年 7 月 6 日，就在这一天，上海《青年报》发表了他题为《我有一个希望》的平生第一首诗歌。这首激发孙绍振大踏步进军文学界的诗作，它的前两段是这样的：

它深深埋在我的心上：
当我离开学校的时候，
请祖国把我派到遥远的边疆。

从前的地理书告诉人们，
那儿是一片荒凉，
但是我日夜希望去到边疆，
我要铲除她的荒凉。
……

两段后还有十二行诗，再加上这八行，整整二十行的一首诗发表在上海市的一家报纸上，当时孙绍振年方十八。《青年报》不是当时只能油印的校刊校报，而是在一整个大上海青年群体中不无"神圣"的报纸。能在上面发表，不能不说他那时就具有横溢的文思和超越一般人的文学水平。他后面又陆续发表了若干篇散文，轰动了整个学校，同学们赞誉孙绍振是学校的"高尔基"。

中华人民共和国成立后，天翻地覆，老百姓迎来了全新的生活，孙家的日子也就跟着发生变化。原本坐落于盐城一隅的三进大院子，祖父是花费了一大笔银子购置的。三进天井，四面高屋华堂，宏大而气派。那般规模与电视剧中的百草厅很相像，即便不说大宅门，也是方圆百十里不多见的大户人家。但或许是当时父亲孙玉泉不肯就范去当国民党县党部的科长，不知是不是当局派人放了一把火，或是日本人入侵时见人就杀、见房就烧时给焚毁了，又或是日本人到处狂轰滥炸时给炸了。但冥冥之中似乎有神灵护佑，大火烧着了四面中的三面，正面没有被焚。而正面的后半截虽然被毁了，但正面一连三间屋还顽强地耸立着，似乎一定要让孙家有个"立足之地"。

孙玉泉单独在上海购置的房屋也不小，宽堂大屋立于四川路显眼的地段上，让路人仰慕。但由于20世纪50年代后期大哥不幸被划为"右派"，另外加上其他一些因素，孙家举家从上海搬回盐城的老屋。上海的房屋就以低至五元的月租，半租半送地让别人去住了。但就连这象征性的、少得不能再少的五元月租也被入住者欠着，一欠就是二十年。后来，竟然被四川路所在的街道一类机构当作办公用房了。虽然孙绍振的侄儿曾经去与当地有关机构理论过，但已经物是人非，最后也就不了了之。当初以不菲的价格购买，时至今日，其房价能升值千万的老宅，就这样不明不白地失去了。所幸孙绍振不以物喜不以己悲，只知道埋头做学问，也无太多的留憾和惆怅，让其随风而去。

第五节　无法忘却的北大

在上世纪 50 年代，无论是大学还是中小学，尚无学霸一说。然而，已经早早就在知名报刊上发表文学作品的孙绍振，无疑成了当年学校的学霸。同学们倾慕的眼光对于已被公认为学生楷模的孙绍振，就像一根无形的鞭子，鞭策着他继续前行。

孙绍振考取江苏省立昆山中学时，全省高中生的录取名单都登载在《苏南日报》上，他也名列其中。历经几个春秋的努力后，50 年代中期，孙绍振昂然走进了高考考场。

考过之后，在等待发榜的日子里，一些无缘无故的焦虑让他的情绪波动起来。首先就是那作文，这本来是自己的优势所在，但是那作文题目实在是太古怪了——《我怎样做个大学生》，简直没有什么可以抒情一下的余地。当时一看到这样的题目，他就不由得倒抽了一口冷气。好在自己还算镇静，在题目下面加了一个题记："假如你爱毛泽东，那么，就要把你的身体锻炼得像钢铁一样。"这是从当时登在《中国青年》杂志上的一篇小说《长空怒风》的题记上套来的。那篇小说的作者是魏巍，原来的题记是"假如你爱毛泽东，就请整好队形"。这样的题记和全篇作文的内容究竟成功与否，孙绍振心中没有答案。

高考之后，孙绍振回到上海家中空前闲散地玩耍了几天。有一天晚上，他突然又想到了高考作文，再一次担心写砸了。其题目既然是《我怎样做个大学生》，论述就应该全面。至少应该按毛主席说的"三好"——身体好、学习好、工作好这三个方面展开主题，这才全面，可是自己却只写了一个方面：进入大学以后，一定要好好锻炼身体。这要扣去多少分啊，不要说扣三分之二，就是扣去三分之一也就最多剩下六十多分。这样的分数，怎么能上大学？况且自己的第一志愿还是北大中文系。然而，如果自己上不了大学，能干什么呢？难道就在家里干耗一年？而且这个家，从严格意义上讲，并不是自己的家。自从哥哥结婚以后，自己在这个家里就有一种"家庭异己分子"的感觉。这一年的饭到哪里去吃呢？这可真是陷入了无限的恐惧之中。收音机里的新闻或歌曲听不下去了，《说唐》等书籍，一概也看不进去了。

好不容易熬到发榜那天，孙绍振一大早就往提篮桥邮电局去，那里有个阅报栏。每年华东区高考的录取名单都要在《解放日报》上公布的，那天的《解放日报》倒是贴出来了，然而却没有高考录取名单。他只好信步走进邮电局内，只见邮递员大李正好背着一大包信走出来。这个大李的弟弟曾经和自己吵过一次架，他尽护着他的弟弟。后来为了报复他，孙绍振曾经用菱角尖去堵塞他负责的邮箱上的锁孔，弄得他看见孙绍振就追。不过事情已经过去三年了，这个孙调皮鬼也长大了。孙绍振当时便很客气地问他："今天是不是有许多从北京各大学来的信件之类，比较厚的。"他说："有的，很多。"于是孙绍振又问："有没有北京大学的？"他说："是北大招生委员会的。"孙绍振紧接着问："有没有我的？"他皱起眉头思索着。孙绍振看着他的眉头和眼神，感觉血都顶到脑门上了。可他却十分遗憾地摇了摇头："没有！没有！如果有你的我不会忘记。"他的语调是那么冷漠，那么无动于衷，那么公事公办，让孙绍振感到十分难受。他体内奔腾的血液似乎一下落了潮，感觉一阵阵的疲软，站着嫌累，似乎要蹲在地上才会让自己舒服些。

努力让自己镇静些后，孙绍振便百无聊赖地去了一位同学家中。同学的母亲说她儿子已经录取到青岛一所大学，刚刚去照相馆照相，准备报到时用。这时的孙绍振本应该为这位同学庆幸并祝贺的，却不料心却猛地一缩，感到分外地酸楚。同学的母亲还在滔滔不绝地说话，也说她的孩子原来是多么的绝望，成天睡大觉，现在被录取了，心情就舒畅了。

向同学母亲告别后，来到了大街上，往哪里去呢？孙绍振觉得今天全世界的大路似乎都不是自己的，在茫茫然没有方向感之时，只好很失意地回到了家里。那时哥哥已经回来了，他只好吞吞吐吐地告诉哥哥说没有考取，只好在家里"孵一年豆芽"（上海话待着无事可干的意思）。哥哥却说他不相信，孙绍振沉重地说是真的。哥哥听了却笑眯眯地说，那好，先把午饭吃了吧。可孙绍振却笑不起来，也没胃口，吃不下去。哥哥见状，站起来掏了一会儿口袋，摸出一张纸来，上面都是当时非常稀罕的用打字机打印的字。他说，这里有个文件，讲考不取怎么办的，你先看看吧。

孙绍振接过一看，下面的落款竟然是"北京大学招生委员会"，第一句就是："亲爱的同学，祝贺你考取北京大学中文系。"孙绍振高八度地大叫一声，拿起信就往外跑！哥哥高声问："哪里去？"孙绍振回说："要找那个邮递员大李算账。"哥哥说："别去了，他和你分开以后就把录取通知送到我那里了。谁让你调皮，把人家邮箱的锁孔堵了好几个星期！"孙绍振真是气得牙痒痒的，决心以后看到他时再痛骂他一顿。可是第二天在路上遇到大李时，却老远就笑着对他说："谢谢你！谢谢你！"

其实，出类拔萃的孙绍振，在高考考场上荣中是顺理成章之事，不但"中举"了，还在那年的高考中拔得头筹。去北大报到那天，他出了火车站，乘上了有轨电车，握着车厢内那象牙一般弯曲的吊环，路过天安门城楼时，仿佛觉得这里每一丝空气都是神圣的。

进了北大，第一堂课是高名凯先生的《普通语言学》，他连个开场白都没有，一下子就滔滔不绝地讲起课文来。这门课研究的对象是全世界的语言和方言，高先生是法国语言学院毕业的，能用四种外语写作，可看十二种外语的参考书。他也不管学生眼睛瞪得有多大，一会儿讲到梵语和古斯拉夫语的关系，一会儿讲到日耳曼语族包括英语和德语，而法语和西班牙语则属于拉丁语族，汉语和越南语、朝鲜语并非同源，只有藏语才和汉语同为一族。

这已经使这些除了英语以外、对其他语言毫无感性知识的"土包子"学生们眼花缭乱的了，可高先生还不满足，接着又讲到了已经消失的西夏语，还有什么古高德语、斯瓦利希语。不要说他举的词语例子让学生们莫名其妙，就连这些语言的名字也都是头一回听到。北大第一课，简直就是一场语言知识大轰炸，认真听讲的孙绍振几次拿起笔来，想把高先生的话都记下来，但总觉得这一定不是重点，因而自己崭新的笔记本上，仅仅记了两个字："绪论。"这时候他不免焦急起来，便轻轻问身旁一个同学："重点到了没有？"这同学回答说："没有。"再问："你怎么知道？"他说："到了重点部分，或许先生就会念得很慢，还可能会重复一下的。"

孙绍振听了小有放心，便又继续听了下去，可大半节课过去了，高先生仍然没有任何重复重点的意思。看看周围，已有好多人都在埋头苦记了，而身边那个同学还在瞪着大眼睛盯着高先生的嘴巴，等待重点的到来。两条选择摆在自己面前，孙绍振沉不住气了，决定暂时不管它什么重点不重点，反正要奋笔苦苦追记了。如果再不记，或许会让自己后悔，因为高先生讲得实在太精彩了。

速记之中的孙绍振，力图抓住高先生的每一句话都记下来，但有时才写了半句，高先生已经把那一句说完了，于是孙绍振就空上半行，去追另一句。速记的手对高先生的嘴是一场七零八落的追逐赛，然而手的速度绝对不是嘴的对手。手指和手腕的狂热运动，使孙绍振处于高度亢奋状态，以致根本没有听清高先生说了什么见解。脑海里出现的都是句子的碎片和不连贯的词句，高先生任何短暂的停顿都被孙绍振用来填充笔记中留下的空白。这种填充必须乘记忆中的声音还没有完全淡化的时候进行，稍一迟疑，记忆就消退了，不可挽回了。那抓住暂留的声音的努力，实在是间不容发，以至于下课了手指还在颤抖着。

两堂课下来，孙绍振的中指上肿起了一个小包块。一个从工厂考进来的同学说："怪不得把知识分子也叫劳动者，记一堂笔记比上一天班还累。"人在心情舒畅的时候，即使处境尴尬，也会把尴尬当作一种趣味。他甩着发酸的手问身边那个同学，怎么样，重点等到了没有？这时那个同学大叫上当了，因为"重点在后面"是他一位先入学的学兄说的，害得他漏记了不少上好的学问。

于是孙绍振认为有真才实学的教授讲课，或许是没有什么重点的，所说的应该都是重点。在回宿舍的路上，孙绍振深深感到从今以后，每一秒钟都不能懈怠，懈怠对于一个有志于献身祖国的人来说，就是犯罪！孙绍振认为自己这种想法无比正确，从而产生了一种自豪感。后来他还把这种想法写成一首诗《有人向我张望》，不久就刊登在北大学生文艺刊物《红楼》上（谢冕、张炯、刘登翰都是当年该刊的编辑）。这首诗这样写道：

当我两手插在口袋里，
当我走在颐和园的长廊，
我蓝色的衣襟——白色的校徽上，
有人投来深情的目光。
人民的眼睛，闪耀着殷切的期望。
当我走在向科学进军的战场，
当我思维的触角在不倦探索真理的宝藏，
人民的眼睛，闪耀着信任希望。
当我厌倦了日日夜夜的紧张，
当我的心中充满了休息的渴望，
人民的眼睛啊，充满了惆怅。
那惆怅的目光使我振奋，使我紧张，
我不禁一阵寒噤，对自己大喝一声：
大学生孙绍振，在困难面前，
不是前进就是犯罪、投降！

　　进入大学以后，虽然授课的教授大都是全国著名的泰斗，但并不是每一位教授都能满足他的求知欲，也不是每门功课都会让他喜欢。尤其是一些理论课程，特别是语言学，还有汉语史，因为古代的音韵，是那么的神秘莫测，令人望而生畏，读起来真是很痛苦。但是，几乎所有的教授都以他们渊博的学识激起了孙绍振对于理论特别是文学理论的兴趣。

　　兴趣是最好的老师，最好的老师应该善于激发学生的兴趣。兴趣有一个培养的过程，从没有兴趣到很有兴趣，这中间还有一个克服惰性的痛苦过程。最好的老师能够让学生把最不感兴趣的课程变成令人向往的精神乐园。北大中文系的学术泰斗们不遗余力地诱导着孙绍振进入一个枯燥无味的理论世界，但他心甘情愿地忍受着煎熬。孙绍振下苦功钻研的第一本经典理论著作就是恩格斯的《路德维希·费尔巴哈和德国古典哲学的终结》，他立志要逐字逐句地硬啃下来，不啃动它誓不罢休。起初，要是遇到一个看不懂的地方，就没有办法读下去，于是就硬着头皮，反复看了十五六遍，终于柳暗花明、豁然开朗。

　　大学毕业后，孙绍振面对的是特殊的 60 年代，极"左"思潮盛行，读书似乎已经无用。在那样的大环境下，他不愿随波逐流地放下书本，啃了好几年的经典书籍，终于啃出味道来了。这时的孙绍振曾经一度想放弃文学，专心只读哲学。在反复读了马克思的《资本论》后，孙绍振从中获得了辩证思维的奥秘。这种硬啃哲学的自学精神，应当说是来自对北京大学学术泰斗的崇拜。比方高名凯先生懂得许多外国语，与他相比，孙绍振觉得自己实在是太渺小了。但由于不甘心这种渺小，这就又有了动力，而这种动力再次变成了无声的命令，激发起自己坚韧的恒心与毅力。

　　苦于那时甚嚣尘上的"读书无用论"，读外国人的书被视为异端，往往招来批判。唯一合法的读物，就是四卷本的《毛泽东选集》，孙绍振就读英文版的。每逢开会集体念红宝书《毛主席语录》，孙绍振就拿着英文版的念。那个时候，邮寄毛主席的著作是免费的。红卫兵全国大串连的时候，聪明的孙绍振就把英文版的《毛泽东选集》，先从邮局寄到目的地，这样即使在满世界乱窜的时候，他也没有放弃阅读。那时读英文有什么具体目的呢？没有。既没有后来的四六级考试，也没有托福考试之类的动力。但是，如果不读书，孙绍振就觉得难受，完全是为读书而读书。读书就是生命，没有书读，他就有一种贫乏空虚、漫无目标的感觉。

　　没有想到，到了改革开放时代，当时无目的、找不到目标的阅读，在不知不觉中提高了自己的理论修养，突然间变得很有用。特别是在大学毕业十八年后，校方从来没有要求教师们撰写什么论文，却没有料到，又在一夜之间要求拿出论文来评职称。这时候的孙绍振就感觉自己英雄有了用武之地，很快地写出来了。几年之间，居然积累到几百万字，还产生了相当的影响，名字还被写进了当代文学史里。最令他意外的是，80 年代后期，突然来了一个通知，说凡是副教授以上的，都可以报名参加原国家教委组织的"英语熟练考试"，合格者有机会派往外国深造或讲学。福建省敢于报名的，只有七个人，到了考场门口吓走了两个，当场"逃"离了考场。最终，五个人考取三个，文科只有孙绍振独一人。到四川外国语学院培训口语以后，孙绍振获得了出国讲学的宝贵机会。

北大之所以有名，就在于聚集着一群名人名教授大学者。比方名气如雷贯耳的当代教育学家、人口学家马寅初，就是当年的北大校长。孙绍振入学北大中文系的时候，马校长就已经是"古来稀"的大学者了，先说说他那给人以深刻印象的幽默。马大校长的幽默因为透着一股"硬气"，因此老先生那种幽默就是硬幽默。马先生的幽默，或多或少影响、启迪着原本就幽默的孙绍振"砖头砌墙、后来居上"。因此回忆起北大来，孙绍振笔尖下流淌着不少笑料，满纸尽是幽默。在《愧对书斋》一书中，当说到马寅初那个篇章时，一开头就说马寅初"虽无鹤发，却有童颜"。有一天，马寅初请来了当时国家副总理李富春来北大作报告，一开口并不尊称李富春为"李副总理"，也不称"同志"，而一口一个"李先生"。称李富春为"先生"也还算过得去，当说到他自己时，竟然不是自称"我"，而是"兄弟"。如此幽默之后，他忽然搬来了一张椅子，紧靠着李富春讲话的讲台，泰然自若地坐了下来。这不得不让入校不久的孙绍振在"大吃一惊"中，找到了马寅初的硬幽默。

在当年传为笑谈的还有老先生曾在一篇文章中说："中国如果不节制人口，将来就要侵略邻国。"此话已经很让人"振聋发聩"了，但马寅初觉得还不够，又说了这么一句，"中国农村人口增长太快，是因为农村没有电灯"，这内中的潜台词也太幽默了。就是被批判时他仍然不失幽默，照常搬了条自己觉得坐着舒服的椅子，镇定如常地坐在台前。无论批判他的口号多么刺耳地响彻批判会场，老先生依然泰然自若。马大校长开口闭口的幽默，让身为学子的孙绍振不但感受到幽默的方式，还从中感受到幽默的力量。

北大校园里以幽默为首的事例，好像每一个角落里都不缺，只是贵贱不同，"金银铜铁"都有。在《五十年代北大生活之"最"》这篇并不长的文章中，孙绍振既幽默又无奈地列举出十六个"之最"。

最莫名其妙的外交事故：1958年，学生轮流下乡劳动，一漂亮女同学与一匈牙利男留学生恋爱，劳动期间躲入匈牙利留学生宿舍。于是，忽如一夜春风来，千树万树梨花开，批评的大字报直接贴至留学生宿舍。该女同学以留学生宿舍为城堡，坚守不出。多日后，匈牙利大使馆通知中国外交部，该女士与匈牙利公民结婚，按匈国国籍法，她已成为匈牙利公民，现派该女公民至中国北京大学留学。这一来，谴责声戛然而止，大字报先为风雨冲刷，后为学校工友细心洗去。

最尴尬的听课：时常走错课堂，一旦铃响，发现误入，早已身陷桌椅及端坐之人群之中，脱身之难难于李白出蜀道。一日，坐入二百人之阶梯大教室，待发现所来讲课者非中文系教授：不戴帽子，仅戴一蓝色遮阳帽檐。所讲之题目为：一加一不等于二。四座学子，如坐春风，秩序井然，奋笔疾书，沙沙有声。虽然似懂非懂，为不致贻笑大方，乃作深为希腊古典哲学迷醉之状。多年后，每与学人谈及哲学，此一经历成为吹牛之资本：有幸亲耳聆听大哲学家金岳霖之课程者，于今世尚有几人？

当年的北大中文系，甚多赫赫有名的学者、教授，群贤毕至，济济一堂，这就让北大中文系的旗帜高高飘扬。当孙绍振说到系主任杨晦教授的时候，用"德高望重"一语以概之。这位杨教授在1919年的五四运动中，是最先冲入并火烧赵家楼的几个学生之一，那年他年仅二十岁，是了不得的一位早期革命者。杨晦讲中国文艺思想史，论及经史百家、小学、钟鼎艺术，其广度深度非同小可，常有思想灵光，一语惊人，令人终生难忘。其批评郭绍虞新版《中国文学批评史》曰："用现实主义的原则去修改，还不如解放前的那本，因为内中有实实在在的资料。"其批评巴金的《家》《春》《秋》作品时说："好在有些激情，然如'中学生作文'，如果把三部并成一部就好。"

但是，他讲了半学期，装着讲义的皮包还没有打开，学生在他屡屡的"临场发挥"中也无法记笔记。两个多月过去了，还未讲到孔夫子，让学子小有议论。当然，杨晦有些观点也不无偏颇，比如在1955年秋初北大中文系迎接新生入学的大会上，杨晦发表如此言辞说："北大中文系不培养作家，想当作家的不要到这里来……"此言一出，虽没有哗然，却颇受争议。

然而，北大还真有把"想当作家的不要到这里来"这句话当回事的人。这人是谁呢？是十三岁就开始发表作品的刘绍棠。这位仁兄，十岁时第一次写作文，就创作了一部写满五册作文本的长篇《西海子游记》，中华人民共和国成立后第五年，进入北大中文系就读。其间他以苏联作家肖洛霍夫为自己的榜样，写出了后来被称为"新中国田园牧歌"式的作品。不幸的是，他就读北大不久，因发现中文系的许多课程对写作帮助并不大，坚持到仅仅一年之后，便毅然决然地从北大退学，拂袖而去。之后，他专心写作并于1955年出版了第一部长篇小说《运河的桨声》。

当然，北大毕竟是北大，孙绍振无论如何忘不了吴组缃教授手中的那一小卷讲义，因为那薄薄的十几张纸，居然念了一整个学期还没念完。比方讲到《红楼梦》中许多人物情感泛滥，就连贾宝玉身边得力的书僮和小厮茗烟居然也发生了一些苟且之事。针对这个情节，吴教授比喻说：那路边的一株蒲公英，如果它经过路人的践踏，就会提前开放出畸形的花朵来。吴老先生这个比喻，孙绍振觉得有深意，于是记得很牢，后来就用吴老这句话写了一篇题为《受伤的蒲公英》的文章。

很有鉴别能力的孙绍振，曾"放肆"地对各位师长的讲课风格、以至水准评头论足。他先是骄傲地说："五十年代的北大中文系，教授中泰山北斗式的人物实在太多。但是，大多数教授的讲课水平与他们的名声有构成反比的倾向与危险。"这几句引言之后，便"斗胆"地认为王瑶先生虽然是公认的博闻强记、才华横溢之师，然一口山西腔，不知为何给人以口中含有一块热豆腐、讲起课来总是不那么利索的感觉，越是讲到得意之处，那块豆腐似乎越是发烫。王瑶先生不仅是中国中古文学研究的开拓者，还是现代文学研究的奠基人之一，如此厉害的大学者，孙绍振也直书他的缺点。魏建功先生讲到汉字无法形容的妙处时，竟然会找不到恰当的词语。咋办呢？那就把家乡话搭上。即便如此"变通"，虽然有其灵活性，却仍然无济于事，还是有词语欠缺之嫌。王力先生有着中国语言学家、教育家等多种学术头衔，他取西欧人学拉丁文之长，也用欧洲人教拉丁文的方法编了一套至今仍然风行的《古代汉语》课本。但是他上课时却缺乏必要的激情，其语调总是让人觉得单调，因为越来越低的语调，有如深情的母亲对即将熟睡的婴儿温柔地催眠，不少学子也就昏昏欲睡。孙绍振虽然听过他的《汉语史》《汉语诗律学》，但是，这位先生往往由高到低的语调，有如苏轼在《赤壁赋》中说："余音袅袅，不绝如缕。"无论如何，孙绍振还得加上这一句："余音袅袅，杳不可寻。"且第二堂课往往花几分钟订正前堂之误，上午第五六节课要上到12点钟。每每拖课，课堂中总有几个调皮捣蛋的学生，无声或有声"抗议"的动作繁多，但方式方法都无法超越孙绍振。有一次先生又超时过点了，孙绍振很有点恶作剧，遂将随身携带的搪瓷饭碗从阶梯教室的台阶上滚下，先生愕然问何事，答曰"饭碗的肚子饿了",先生乃恍然而笑,急忙宣布下课。

因此,孙绍振不得不认为北大虽然泰斗级的学富五车者众,而善于讲授者寡。加之北大学生眼高,哪怕是学术泰斗,倘若讲授不得法,自我创造的名堂甚多:公然打瞌睡者有之,默默自习者有之,递纸条、画漫画者也有之。比如北大请来的中山大学王季思教授续讲宋元戏曲,先生舍长用短,以毛泽东《矛盾论》中之主要矛盾和次要矛盾分析《墙头马上》《陈州放粮》。心高气傲的北大学生觉得理论性太强,听了一段之后,为逃避听课,便纷纷抢占最后数排以便各自行事。孙绍振就是其中之一,因为当年的孙绍振,最不缺的就是心高气傲。坐在前几排的,都是来自苏联、罗马尼亚等国的留学生。要是没有这些留学生"捧场",前几排一定空空如也,王先生岂能不尴尬?

一次,孙绍振在北大医院排队挂号看病,护士问前面一位的姓名,听到的是浓重的四川口音:"我叫何其芳。"于是不免多看了这位先生几眼。后来,知道这位很有声望的何先生1938年就到延安鲁迅艺术学院任教,资历之深厚,没有几人可比肩。不久,当孙绍振走进何先生的课堂时,还未等先生开口,就肃然起敬。但不无遗憾的是,孙绍振认为这位四川籍的何先生,其川渝口音属于不可救药一类。虽然川渝口音太重,孙绍振仍然敬仰他,因为他讲话时能够流露出诗人的气质。特别是讲到动情的地方,既不像朱德熙先生那样冷峻,严肃庄重,也不像吴组缃那样从容,不动声色,而是十分忘情,还辅之以完全多余的表情,甚是可爱可敬。

古代汉语本来是魏建功先生开设的,这位先生是九三学社中央委员会的常委,也有"北大中文系古典文献专业奠基人"之誉。先生既是学者,又是民主党派的"官员",因此公务繁忙。忙到何种程度呢?有时竟然上课上到一半,就从课堂上被叫出去开会,学生常常替他着急。如此状况无法改变,无奈之中,此课后来只得改由王力先生授课。

扳着手指数来数去,最让孙绍振眉开眼笑的当属朱德熙先生。他在上课前就听说当年从保加利亚讲学归来的朱德熙是教现代汉语课程的,这种课程听起来是最枯燥无味甚至是烦人的。当时志愿学语言的学生,精确统计起来,不会超过百分之二十七,仅仅是一半的一半。但是,朱先生却以他原创的概括、缜密的推理和雄辩的逻辑,终于获得爆棚效应。究其原因,是朱德熙无比热爱教学工作，对教学精益求精，因为具备了炉火纯青的教学艺术、渊博的学识，于是就把枯燥的语法课讲得引人入胜。尤其是朱德熙先生的雄辩，常常让他着迷。当初孙绍振以为最枯燥的现代汉语，后来居然成了他最喜爱的课程。

面对朱先生的现代汉语语法课，孙绍振与绝大多数同学一样，在享受中欣赏，又从欣赏上升到赞赏。以至于在多年之后，孙绍振还自然而然地产生了一种崇拜感，因而坦言说："这在当年像孙绍振这样多少有点狂傲的青年来说，是很稀罕的。"

回忆起来，孙绍振自我断言："朱先生能把语言课上得那么曲尽其妙、出神入化，在中国大学中文系如果不是唯一的，至少也是罕见的。"当年北大的哲学楼，是宽敞到可以容纳二百多人的大教室，就是这么一个宽绰的课堂，总是座无虚席不说，还大有拥挤之势。孙绍振说："我们年级文学班和语言班加起来拢共才一百人，然而每每轮到朱先生讲课，过道上、暖气管上都挤满了人。"孙绍振不解，那些多出来的人，到底是从哪里钻出来的？正因为朱先生的语言课如此叫座，孙绍振每次上课都要提前去，否则就有站着听课的危险。道理很显然，原因就是朱德熙先生能运人心智。

原名吴祖襄的吴组缃教授，因为是在中国现代文学史上占有一席之地的著名作家，讲起课来，似乎句句都有着精致的艺术性。这位先生开设《红楼梦》专题，因为得力于自己的文学创作经验，对人生有着深邃的洞察，对艺术更有独到的分析。因此，何其芳先生在评论《红楼梦》时，不同意吴先生把薛宝钗分析为"女曹操"，认为她不过是一种家族体制礼教意识的牺牲品。虽然"何"说"何"有理、"吴"说"吴"有理，但两人各自深厚的古典文学功底，各有所长，都同样受到学子们的欢迎。

在众多师长中，孙绍振似乎很愿意多说几句的就是吴小如。因为这位先生在中文系是有着"春夏秋冬、四季冷暖"遭遇的，很能当作一面镜子，不仅能照出他自己，也能照出中文系的同事们和北大中文系。

出身于书香门第的吴小如，其父就是著名书法家、诗人吴玉如。孙绍振入学北大后，吴小如先生只是中文系讲师。原本讲师是较难登上北大讲台的，能够有资质上讲台的，至少是二级教授。但"反右"运动一来，不少学问深厚的老教授靠边站了，无法再上讲台，没有教师上课怎么可以，因此就请来了这位讲师，为学生主讲宋代诗文。当时的孙绍振对这位先生没有太高的期望值，于是满不在乎地走进教室，怀着姑妄听之的心情落座。

而让孙绍振颇有新鲜感的是，吴先生讲台上表现的姿态居然很有特点。不知是因为自己的职称低，还是他自身的习惯，面对学生上课时，他总是把双手笼在袖子里，眼睛不看学生，给人一种硬着头皮往下讲的感觉。也许就这第一印象，让孙绍振即刻有了"知其然，便想知其所以然"的愿望。果然，很快就让孙绍振有了意外收获：连双手都不愿意暴露的吴先生，却舍得声音的发挥，声声洪亮，中气甚足，且还滔滔不绝，显然是一位能让其声音吸引住学生的先生。孙绍振听着听着，也就一直听了下去，连平常习惯的"开小差"也忘却了。课后孙绍振说：平心而论，这位先生从学养到口才都相当不错，一些具体分析十分明快且果断，不会拖泥带水。比方他对陆游晚年所作诗词的评判是，或许因为用写日记的方法写诗，以致出现了"洗脚上床真一快"这样的败笔。这样有鲜明观点的授课，孙绍振自然是声声入耳、句句读心，乐于吸取其中之精华。

孙绍振有位叫彭庆生的同学，他是这样评价吴小如先生的："先生口才不逊于文才，三尺讲台，传道授业解惑，沁入学子心脾。20世纪50年代北大中文系学生中便有'讲课最成功的吴小如'之说，故在他的课堂上常常'门庭若市'。"孙绍振听后虽没有发表共同观点，却能够欣然接受。对彭庆生的评价，孙绍振是认同的，但在当时，也有点认为彭庆生此说或有些偏爱，"萝卜青菜各有所爱"也是在理的。然而，自己当上教授后，孙绍振回顾起吴小如先生的真才实学，于是重新作出"相当有才学"的评价。

记得当时在北大读书期间，有一天听说吴先生在答《中华读书报》记者的提问时，口口声声自谦为"教书匠"。可是离开吴先生课堂后的孙绍振，阅读了北大中文系所编先秦两汉文学史参考资料，感到极大的满足。特别是在毕业后不久，才知道这两本资料主要是吴先生执笔统稿的，愈发感到吴先生学养的深厚。再后来，吴先生居然以"学术警察"的形象出现于文坛，对于学界之虚浮硬伤，笔阵横扫，语言凌厉，锋芒毕露。如此勇猛之气概，不由得增加了孙绍振对先生的敬意。尤其是知道先生的学术著作凡数十种，仅其中《读书丛札》就在香港北京两地出版。根据吴先生的学术水准，前辈学者周祖谟、吴组缃、林庚先生均予以高度评价。吴组缃先生认为"吴小如学识渊博，研学功夫与思辨能力兼优"，甚至有"无出其右者"之赞语。哥伦比亚大学权威教授夏志清曾言"凡治中文者当人手一册"，这"当人手一册"，指的就是吴小如的《读书丛札》。

到了上个世纪 80 年代，这位当了 30 年讲师的吴小如早已成为"讲师精"。理应评为教授的吴小如，显然是被无法抗拒的历史耽误了。吴组缃、林庚先生曾联名推荐直接提升吴小如为教授，然而，让人大跌眼镜的是，北大中文系居然没有通过。才气深藏的吴先生，差一点被慧眼识珠的中华书局引进。不可思议的是，吴先生却没有走成。这不是中文系的幡然悔悟，留住人才，而是学术上颇为权威的历史系周一良和邓广铭两教授"三顾茅庐"的"阻挠"，结果是小如先生成了历史系教授。这位先生在职称问题上的悲喜剧，真够编一册小说的。对于这样的荒诞，视北大中文系为文科摇篮的孙绍振，看到了一种沉重的潜规则。

评判北大的孙绍振是公正的，对于一些怪现象，在无情抨击的同时又为母校骄傲，说道：当然，北大中文系毕竟是北大中文系，选择学术良知的仍然不乏其人。最突出的就是系主任杨晦，早在 1962 年他就为吴小如讲话，盛赞他的贡献。1984 年严家炎先生为系主任时，还一度欲请吴先生回系。

在北大校园的孙绍振，无论在读本科生，还是毕业后留校当了助教和研究生，都是风华正茂之年，对于饭食的需求量很大。但粮食是定额配给的，而定量供给的粮食又有限。由于常常吃不饱，饥饿感一上来，连走路都费劲。在上世纪五六十年代，想在北大当一个研究生，是非常艰难的。由于孙绍振在助教工作和学业方面的双重优秀，他在全系助教中脱颖而出。那时系里有两个研究生的名额，上下一研究，孙绍振名在其中。即便已经成为当时十分稀缺的研究生，配给的口粮也就三十一斤，多一两都没有。讨厌的是每两个月就有一个"月大"，七、八两月还连着"月大"，三十号后还非得再来一个三十一号，这就给饭量不小的孙绍振造成了威胁。一天一斤米，只能早上二两米粥，中、晚餐各四两米饭。不幸的是安排给他的宿舍又在四楼，他常常因为饥饿，下课时回宿舍居然没力气上到四层。实在登不上台阶了，就只好靠在二楼墙壁上歇息。边歇息边无助地向上仰望着左弯右弯的台阶，担心这台阶会一直"扶摇直上"，因为真的上不去。

更闹心的是研究生班必须晨练，绕着操场跑，一圈又一圈。但头天晚餐的四两米饭，经过漫漫长夜，早已经消失了。腹中无食浑身就没力气，哪里还跑得动？因此，孙绍振就特别盼望能够下雨，因为可以理直气壮地拒绝出操。可是北京的天空难得下一回雨，尤其是早上。一到操场，看着那椭圆形的跑道，他就觉得头脑发晕。碍于纪律，只好硬着头皮跑，但每次都累得跟爬过几座山的狗熊似的。

又有一天早起，他肚中空荡荡的，觉得饿得慌，脑袋瓜晕乎乎的。只好向组长请假说："我实在跑不动了。"组长眯着眼看了看他关切地问道："病了？"没办法说假话的孙绍振如实禀报说："饿了！"组长听了，下意识地摸了摸自己的肚子，细声地说："我也饿。"组长回答得实在，那时候，除了女生，男生中有几个不觉得饿的？班级里有一个子高的同学，饭量更大，口粮不够，咋办？他的办法是坚持上午去上课，下午一般不安排课程，那就躺床扛饿。双眼盯着天花板看，想象着那白色的天花板撒满了白花花的大米。

每天的晨练，组长是必须带头的，于是对孙绍振说："算了，那你就不跑了，但不能回宿舍，得站在操场边上看。看着看着，革命意志就增强了。"孙绍振听了，心里头老大不服气，因为他觉得自己的革命意志肯定不比别人差，只是因为实在太饿暂时跑不动而已。读本科时，自己每天坚持晨练，六点铃声一响就起床，赶上六点十五分集合。集体跑步到操场后，不跑个一千五百米不罢休，跑步后还要读一阵子英语。下午下课后，再跑一个一千五百米。正因为天天如此坚持不懈，才能练出自己的"飞毛腿"，要不然，怎能荣获北大中文系的长跑比赛第一名？不仅仅是坚持长跑，他同时还身兼系里的排球主力。有一天午休睡熟了，起床铃响过后才醒过来，就慌不迭地起身穿衣着裤。一慌乱，竟然把上衣扣错位，让那件衣服一上一下地吊着。由于集合时间紧迫，没时间管扣子了，他只好随手抓起一件外套套上，就一步两台阶地奔下楼打排球去了。看看，这革命意志是多么顽强！只是眼下饭量不知怎么比前些年大了许多，总觉得饿，好汉说不出当年勇了。因此组长一下"指示"，那就只能乖乖地站在边上看其他同学跑步，从中或许真的可以再增强点自己的革命意志。

后来,孙绍振搞到了一斤虾米,给自己定量是一次只能吃两到三粒,结果那斤虾米维持了一个多月。虾米虽然微小,但可以暂时解解馋,每吃一粒,都觉得增加了能量。又听说鸭胗的营养价值高,含有丰富的铁元素,食用鸭胗能达到补铁的功效,可辅助改善缺铁导致的精神萎靡,且不像其他营养品那么昂贵,买得起,于是孙绍振就想方设法弄来一些鸭胗。吃了几次,不知是其营养价值不容小觑呢还是一种心理作用,腿脚果然较前更有劲了。从此,晨练就不用请假,曾经站在一边看着以学习他人革命意志的"处罚",就此成为历史。同时,下午一千五百米的长跑和打排球,一个都不会少。

记得有一个时段,文化界讨论茅盾的小说《腐蚀》。因为茅盾的这部作品早在1950年就被拍成电影,系里要播放这部影片,得派人去电影资料馆提取这部电影的拷贝。派谁去呢,系里从一百多位同学中遴选出两位,孙绍振是其中之一。被选上了,这是他有生以来第一次体会到在体格上鹤立鸡群的荣耀。取拷贝时左右手各提了一盒,那时候电影的拷贝是很沉重的,提起来相当吃力,最痛苦的是从电影资料馆到停靠汽车的公路,要穿越一块长长的田地。虽然吃了虾米和鸭胗,但那时饥饿感袭来,还是让孙绍振觉得力不从心,走起道来跟跟跄跄。那个时候,孙绍振悟出了食物对于人的极端重要性,也让这个记忆延续了大半个世纪。

在1957年那一年,以反对官僚主义、宗派主义、主观主义为内容的新整风运动发起了。当时还是北大学子的孙绍振与同学们一道,以满腔热忱响应党的号召,努力让自己在这种大形势下不掉队。

当时势上升到高潮时,人人都想紧跟形势,当"鸣"则鸣,该"论"则论,一时间,各种言论多而杂乱。于是,有些心怀不轨者就说话听声,锣鼓听音,专攻别人的"言外之意、弦外之音"。这样一来,气氛就不一样了,让不少人欲言又止。有些人把心怀善意的话说出去了,竟然被人歪曲以至诬蔑,就让一些有揪辫子习惯的人揪住不放。那时的孙绍振与一位新闻专业的同学,因为谈得拢,就三天两头地相聚。每每见面,都相互关切着时势的发展,压低声调谈论局势的风云变幻。两人都持有胡风不是反革命的共识,而且坚信这个认识是正确的。然而就是这个"坚信",在那非常时期埋下了隐患的种子。他们如此约定：每日于小饭厅（也称作"三角地"）相见通报祸福。一日，那位同学姗姗来迟，且面色阴郁地说道：吾已成"分子"矣。为双方之安全，约定不再见面。该同学临别赠言是："让我们学会自私吧。"

在那段特别的时期，孙绍振坚持为某些已经被人揪住辫子的学者教授或社会知名人士辩护的言论，不知怎样被人收录了，于是就被漫卷天空的大风刮来一顶"右倾"的帽子，不偏不倚地戴在自己头上。大幸的是，这顶"帽子"与那些已经被评定"右派"的同学遭遇就大不同，不但灾祸少了甚至于还有"避邪"之功。

不久，悲剧就在同学中出现了。孙绍振有一同学虽然不幸被"划归"，但性质属于最轻微，可以留在班级照常学习，但其学习生活还是明显起了变化，连昔日无话不谈的好朋友也与其交谈日疏。或许就因为这种不无歧视性的变化，让他不堪忍受，于是痛苦地密告一位诚挚的好友说：如此精神层面的折磨之苦，尤其是孤立之痛，还不如小偷群中之平等、之自由。孙绍振等诸同学闻之，皆以为这只不过是他借此一句戏言表达一种无奈与痛苦罢了。然而数日后，该同学却于东安市场从一中年妇女手中抢夺一捆毛线。被抢的那妇女，在后面边追赶边狂呼，惊动了周边路人。这位同学把毛线抢到手后，原本是可以选择逃跑的，况且他还是班级甚至年段知名的长跑运动员。可他不但不跑，反倒如同闲庭信步，一步一步地迈着八字步。于是警察来了，后为公安局拘捕，他这一"抢"，就成了抢劫犯，从最轻微"右派"到抢劫犯，性质也就大变了。至今音信杳然。

每当想起此事件，孙绍振总是扼腕长叹：那又是何苦呢？这个悲惨的选择，毁了自己不说，还有父母与兄弟姐妹呢，情何以堪！在叹惜中，孙绍振怀疑这位同学是不是读过马雅可夫斯基的诗作《穿裤子的云》，诗句中有这么几行：

当社会把你逼到走投无路时，
不要忘记你身后还有一条路，
那就是犯罪，
记住，这并不可耻……

那位同学当时选择的歧路,是否认为这种犯罪不可耻呢?

在运动后期,又掀起了"向党交心"之潮,主题是"搞臭个人主义"。凡是见不得人的追求个人名利等等龌龊思想,如能公开交心、当众坦白,那就是"脱了裤子割尾巴",不失为光荣。然而,北大小资产阶级知识分子大多爱面子,运动迟迟得不到进展,人人心中惶惶然。某日某党员同学毅然于全年级大会上带头交心,沉痛检讨进入北大以后忘记报党恩和国家培养。很糟糕的表现是个人幸福感至上,具体事件是有意于某女同学,屡屡不得逞。乃选择好一日,持信至女生楼,请意中人一阅。同时自己曰:答应则好,不答应,则立即从楼上跳下。全场听此表白感动莫名,孙绍振禁不住好奇,一回头即见该女同学已是满面通红。如此暴露自我,众同学莫不自惭形秽。一男同学受此鼓舞,乃于小组上坦言,读《史记》,从怀疑刘邦人品,一直联想到现代。他自我检讨说,此等思想实在危险,当改过自新云云。数周后,此同学为公安局以污蔑罪遭到逮捕。此时的孙绍振环顾四周,觉得自己是清白的,既没有一个女同学为自己脸红过,也没有在政治层面上胡说八道。在此期间,孙绍振曾向一同学借得罗曼·罗兰名著《约翰·克利斯朵夫》,那是当时难得一见的豪华精装本,系一波兰留学生的馈赠,是友谊之象征与见证。孙绍振如获珍宝,唯恐突然被索回,于是漏夜展读。阅读时,因有感而发,似乎在书上批注了些读后感一类。翻到最后一页,不敢怠慢,速速归还该同学。但当时的"运动"就是那么地神速,翻看一本书的功夫,已经"今非昔比"了。因为该同学已经被"定性",不便交谈了。

不久该同学即被发往北京郊区劳动,两年后复学。他的复学,又是另一方面的"今非昔比",因为那时的孙绍振已经成为助教,被派往他所在的班级担任辅导员。于是,常常一人在台上、一人在台下,但四目不敢相对。后得知该同学平反后退归林下,侍弄几亩薄田,虽是平淡,却也悠然。多年后同学聚会,此君亦在其中,开怀畅谈。谈笑间,突然出手揪住孙绍振衣领不放,放声吼道:"赔我《约翰·克利斯朵夫》来!"孙绍振不无惊诧地问其故,此同学说:"君于书上胡乱批注甚多,把此书半毁不说,其批注亦有枯燥、不通之嫌。有的批注简直就是放屁!胡说!当年君还我书时,心甚恨矣,然而限于自己身份，低你一等，不敢声言索赔之事。今日平起平坐了，拿银子来。"尽管声波灌耳，但话音未落，此兄又双手叉腰，开怀大笑道："待先生百年之后，此书因有你孙绍振的批注，或是无价之文物，必将富了我后代矣！"孙绍振听后，愧意全消，相视而笑。于是，昔日两同窗之情谊，一往而深。

当年那运动进入"深挖"阶段之时，同学中各自担忧不知何日沦为"另类"，此忧日甚。但怕什么来什么，孙绍振就在不明不白中被推入了轻微"受伤"的队伍。值得庆幸的是戴在头上的这顶帽子"布料没什么厚度"，因此孙绍振觉得这帽子是轻型的，不重，但愿哪天刮来一阵大风，稍稍一吹准掉。从此，孙绍振总是期待政治上刮一次"大风"，把自己头上那顶无形的"右倾"帽子吹了去。直至如今，已经进入耄耋之年的孙绍振仍然不明白：抗日战争爆发之时自己还少不更事，但自打念书之始自己就无限热爱国家。中华人民共和国建立时自己还只是个少年，却激情无限地为自己国家的新生而欢呼雀跃。考入北大后，虽然有点踌躇满志，却并不曾有太多的骄傲，只是庆幸自己会拥有更多知识、更大能力投入新中国的建设。因此只记得自己孜孜不倦地刻苦求学，期待能有深厚的学问报国。但在那时的特殊运动中，自己这样纯粹的学子也惶惶然地找不到北。

当年北大的学生宿舍通常只住五人，那年的一个秋日，同班同组同宿舍的五人相约去合照了一张相片。对于这张很有"故事"的照片，孙绍振在记忆中不会消退。当时，孙绍振反对把胡风先生说成是反革命分子，更为光明日报社原总编辑储安平辩护。于是，全班三十人学习讨论，坚持了三十天。之后宣布整顿共青团，孙绍振是团员，就被团内点了名。那时正是暑假，被点名的孙绍振不知此"祸"有多大，内心的忐忑不安是自然的。

不幸的是开学后风声更紧，原来北大党委书记调去了兰州大学，新来的党委书记开始深挖"异己分子"。自知已身在悬崖边、险象环生的孙绍振，心怀惴惴。一天，有人提议全宿舍去合影，孙绍振就想看看团支部书记阎国忠愿不愿和自己一起照相。如不愿，那或许自己就"中招"了。然而阎国忠毫无异常地前往，孙绍振顿时一身轻松。因为阎国忠当时曾劝过自己不要随便说胡风不是反革命，但孙绍振不听，后来才知道他在保护自己。当许多年后阎国忠给孙绍振发来这张合照时，孙绍振告诉他当时自己的心情，他回答说：

"你是没有心计的人,单纯,口无遮拦,说你是什么什么,我第一个接受不了。"有他这句话,也就很明了当时他是怎样对待自己的,孙绍振觉得此人很够同窗之情了。

虽然不在"另类"的队列中,躲过了那颗或许会要自己命的"子弹",但孙绍振仍然觉得有点委屈,自己好端端的一个读书人,怎么就成了"右倾"?懵懂之中,孙绍振曾苦恼地在书籍资料中查阅这个词语到底是什么含义。最初,在法国大革命时期,"右派"是指坐在议会右侧,拥护君主制与贵族特权的人士,而在我们国家的20世纪50年代后期,却是用来指那些强调民族主义、传统和宗教的人。此外,有些人则用此称呼支持资本主义的人,而"右倾"则被解释为"政治思想上认识落后于实际"的人。

看到这些不算什么学问的学问,孙绍振回想自己有此一难是不是因为上课有时坐在右侧?因为自己在政治思想上一贯是积极向上的,认识上也是不落后于实际的。思前想后,他愈发认为自己肯定不应该是"右倾"。虽然这个"右倾"与"右派"还有一步之遥,帽子轻,但名称里有个"右"字,就足以改变眼前理应当拥有的许多。同时,孙绍振不得不联想到自己的家庭成分:祖上奋斗于上海滩时,曾经开过银楼,也购置了一大片田地,租赁给当地的佃农耕种,收了若干年的田赋。这样在评定家庭成分时肯定不会是"小手工业者"或"贫下中农"。自己这"右倾"会不会与自己的家庭出身有牵连呢?然而,再如何地苦思冥想也是白费劲,只能伤害自己的脑细胞。于是不想,任其自然,放过自己,不再挣扎。

但无论想与不想,霉运还是来了。1961年,助教当得好好的孙绍振,突然被中文系党总支的一位组织女干事找去谈话。谈话的内容虽然没有晴天霹雳,却也让自己一头雾水。她说国家建立了一所华侨大学,需要有一批教师骨干去支援,经组织上反复研究,觉得你是合适的人选,希望能尽快前去报到。孙绍振边听边在心里打鼓,自己原先是被安排跟随王瑶先生读研究生的,但突然改为当助教。刚刚适应助教工作了,现在又成为一所新建大学的支援者,要把自己调出北京?尽管在毕业前夕,自己曾经有雄心壮志去新疆西藏,但在填写志愿表时少了些勇气,只填了四川与吉林。一是西北二是东北,也算是相当有觉悟的。后来留校已近一年,以为就此稳定下来了,而今却要

"远走高飞"?

在满头满脸的雾水面前,孙绍振困惑地问道:"华侨大学在哪里?"组织干事漠然地回答说,她也不知道在哪里,只知道在福建。孙绍振内心"咯噔"了一下,听说那个地方"八山一水一分田",山多路远,交通不便是必然的。虽然曾经听祖上说福建是自己的祖籍地,但其实一无所知,"发配"此地是否还有这个因素?

步出校园,只见街头闹市中人海茫茫,一时间大有岁月彷徨之感,踟蹰中似乎陷入了一种说不清、道不明的迷茫。此时的孙绍振,在内心深处祈望自己在未知的岁月中能够历尽千帆自从容,沧海迎日,远望桑田。

第六节　悲喜交加的闽南

所幸,当孙绍振奉命南下的时候,北京到福州已经开通了直达火车。当火车开过杭州的时候,孙绍振遇到了一位自称是福建人的旅客,于是询问是否知道华侨大学。他回答说"知道"。再问此校在什么地方,他随口说出"泉州"二字。又问泉州在什么地方,他回答说在福州和厦门之间。当年对福建地理知识几乎为零的孙绍振,判断泉州一定是个乡镇一样的小地方。倘若自己去的是蛮荒部落,如何能够坚忍地生存下去?此趟前往当然是一种考验,于是一种悲壮感与火车轮在铁轨上的颤动同时袭上心头。

抵达福建省教育厅报到的时候,他方才知道华侨大学根本就还没有校园,只是在筹划建设之中。他几经辗转,才找到华大办事处的一个负责人,引路人对这位负责人说:"这是'中央派来'的老师。"这负责人倒也不失热情,就问有没有吃晚饭,孙绍振如实回答尚未吃饭。负责人说,饭都是提前自己去食堂蒸的,所以无法安排"中央派来"的老师吃饭。后来孙绍振想,既然无饭可吃,此人之问那就有多余之嫌了。孙绍振再次如实回答说,行李内还有点干粮,那负责人听后如释重负。于是孙绍振认定问有没有吃饭,纯粹只是国人一种习惯性语言,不应该有什么期待。接下来这位负责人还是把这公事办到底，就指着办公室一处墙角说：今晚就暂在此搭个铺睡觉过夜吧。

这位负责人离去后，饥饿的孙绍振吃行李中所剩的那点干粮自然是不够的。他躺在办公室临时搭建起来的铺位上，朦胧中似乎重现了一个往事。60年代初，中国老百姓没有几人能够避免饥饿，孙绍振同样在饥饿上备受折磨。才吃完饭便又想吃饭的感觉很难驱逐，在时时想吃饭又无饭可吃的境况下，就想象着"偷"点什么东西来满足一下食欲的冲动。记得有一次在京城王府井的一条胡同里，孙绍振跟着一辆车走，发现车上拉着一大爿一大爿的猪肉。说实在话，当时他真想冲上去，扛起一块飞奔而去。倘若成功了，那一大爿的猪肉，解馋之福，在那食物奇缺的年代，说"福如东海"都不为过。还有一次，他用每月二两的购糖证去购糖，买了糖之后，售货员居然没有在购糖证上盖章。归来以后喜滋滋地想了好久，力图总结出再一次让售货员忘掉盖章的经验来。

如此种种，孙绍振想时甚为滋润，事后又倍感屈辱。这与孙绍振时时想献身伟大事业的英雄主义理想极不相称，引用他自己的一句话说："相当煞风景。"他回想起高中阶段学到世界近代史，老师讲到空想社会主义者圣西门时说，他每天都让仆人在清早这样唤醒他："伯爵，醒来吧，伟大的事业在等待着你。"这句话虽然时时激励着孙绍振，但从京城千里之行来到东南，怎样才能登上连雏形都尚不完整的华侨大学讲台，何来伟大的事业，等待着自己的又会是怎样的一种前景呢？

前路茫茫，当上下求索。虽然古代贤人志士那种"窗小能容千里月，水清可鉴一方天"的睿达，时时激励着孙绍振，但不可测的境遇，自己是否扛得住？孙绍振心里还是没个底，因为暴风雨来临前的宁静，或许是噩梦的开始。

从来不缺浪漫主义的孙绍振，虽然生存的环境已是今非昔比，但喜好文学的情怀始终没有因此而示弱，时不时在日记本上来那么五句三行。然而这种如火一般的热情顶不住人生冰水的浇灌，一次次燃起的火焰被一次次浇灭。那"冰水"来自60年代华大"左"得荒谬的邪恶之风，那股风远比北大来得凌厉。俊秀不失儒雅的孙绍振，居然遭到那自称是"左派"的人接二连三的批判。那一两个星期就来一次的批判花样繁多，让孙绍振尝到"破帽遮颜"

的滋味，浪漫或悲壮的情绪化作一片片云雾，在批判的声波中飘浮而来，又飘浮而去。

在接下来的年月里，孙绍振在包括永春、德化以及厦门在内的大闽南，历经了多个春夏秋冬、酷暑严寒。在火车上，他暗藏在身上的小皮夹不见了，那是装着所有"碎银子"、赖以充饥和乘坐班车的"宝物"。这一遗失，扒窃者或许能花天酒地三两天，而孙绍振就得忍受三餐的饥饿和路途中的步步跋涉。因为掏不出钱来买厦门前往泉州的车票，他就得挑着行李徒步百余公里，如同《西游记》里的沙和尚，一步一颤地走完全程。

当时座位对面的一对转业军人夫妇非常友善，他们表示可以资助，以解燃眉之急。虽然这并非嗟来之食，但残余的自尊心瞬间转化为一种死硬的力量，孙绍振竟然婉言谢绝了。这样的"谢绝"拿今天的话来说叫作"死要面子活受罪"，但一向看重自尊的孙绍振，就是准备义无反顾去受罪的。

然而一分钱难倒英雄汉，没有钱也就没有了底气，对于那些看他身上穿着皮夹克就以为是有钱人而围拢来的行李挑夫，孙绍振边挑着两只樟木箱边嚷嚷："别过来，我身上没有钱！"不曾想到的是，在这行李挑夫中居然也有见义勇为者。有一位小伙子边推着自行车过来边说"我不要钱"！这位集闽南人义气于一身的小伙子，不但用他那崭新的自行车驮着樟木箱，还为素不相识的孙绍振找不花钱的旅店和餐食。

为了能购得一张前往泉州的火车票，这位小伙子转着他那灵动的大脑，提醒孙绍振想想有什么可以拍卖的物件。他这一句话着实让孙绍振吓了一跳，顿时心悸不已：清高的读书人岂能与"拍卖"二字沾边？但似乎只有这样才能阻挡饥饿，把前面的路继续走下去。现实的困厄还是让自己屈服了，于是翻出了行李箱里的一袋上海大白兔奶糖。那小伙子不假思索地拎起来就朝着来来往往的路人叫卖，围观的人虽然不少，但由于个个囊中羞涩，又要养家糊口，路人们都不敢下手。也是，在那食不果腹的年代，大白兔奶糖就是奢侈品，只能眼观手不动。正在窘迫之时，一个搬运工模样的人走上前来翻翻孙绍振的行李，发现了一件已经开始褪色的绒衣。他拎起来揣度多时，然后问道："多少钱？"孙绍振算了算火车票费和抵达华侨大学的交通费，咬咬牙说"一块五"，那搬运工模样的人立刻就掏出了钱。说时迟那时快，为孙绍振叫卖货品的小伙子提高音量嚷嚷："这么厚的绒衣至少要五尺布票，一尺布票就得一块钱，拿五块出来才卖！"

成交后，虽然可以从厦门一路车轮滚滚畅通到华大，但孙绍振百感交集。看到这位白面书生手上有钱了，那位仗义的小伙子竟然转身离去。孙绍振望着他的背影，心中有说不出的感激，从此牢牢地记住了他，也记住了仗义的闽南人。当时的孙绍振心中烙下了这三句话：受恩勿忘，灵魂要美，心要善。

与此同时，他又掀起新一轮的百感交集，因为他意识到自己"资产阶级唯利是图"的本性，又是别一种的"不可救药"。在上海成长起来的孙绍振，太明白福建在上海人心目中是怎样一种被扭曲的形象。上海人把自己的上海当作天堂，倘若有一天沦落到福建，无异于《水浒传》中的林冲充军到沧州牢城营。但有人说，泉州比杭州还大，怎能说充军呢？当孙绍振第一回走进泉州城时，发现此城真的很不一般，觉得光是那骑楼下密密麻麻的小吃摊子，其繁荣昌盛的程度大可与张择端笔下的《清明上河图》相媲美。孙绍振由此感叹：此乃60年代一大奇迹，中国城市历史文化的一大景观。在北京、上海，这样的"资本主义残余"早已随着"大跃进"、人民公社的风暴刮进了历史的垃圾堆，咱们的泉州人居然还有勇气公然、坦然、悍然地翘着最后一截"资本主义"的短尾巴，这才是真正的现代神话。泉州人在反抗贫困的搏斗中付出了比别的地方老百姓更大的代价，但仍然无所畏惧。什么叫敢拼会赢？那就是闽南人！

高高低低，一路辗转来到华侨大学后，校内校外、讲台上下，有多少不乏经典的故事。倘若孙绍振愿意诉诸于笔端，那应该会是一本可以获奖的故事集。

没过多久，"文革"爆发了。一夜之间全校数千师生，在墙壁上、宣传栏上贴满了批判两个人的大字报。大概两千张的大字报，孙绍振"独享"一千张。走廊上密集的大字报上，他的名字被打上红叉在凄风苦雨中飘飘浮浮。千张大字报的内容基本雷同，都属于孙绍振无意识中的祸从口出。除了那老掉牙的"路有地瓜干"以外，又冒出一条新鲜的罪状，说孙绍振曾经高呼过"美帝国主义万岁"的反动口号。孙绍振冥思苦想，绝对无法想象自己会喊出如此可怕而又可笑的口号，即便是搜肠刮肚也回忆不起任何线索。时隔多年，

55

才有一个朋友告知，事实竟然是自己当时一个正在争取入党的朋友蓄意加工的。原来在60年代初期，当时孙绍振曾一度担任华大中文系教工排球队长。划分两队后，甲队叫社会主义队，乙队叫帝国主义队。当时谁愿意作帝国主义队的队员呢？这个队命中注定要遭到冷落，"我不下地狱，谁下地狱？"地藏菩萨的这句话诱惑着孙绍振自愿加入帝国主义队。那一场比赛下来，孙绍振带领的队赢了，他在胜利中欢呼："帝国主义队还赢了呢！"这句话竟然被心怀叵测的人演绎得扭曲变形了。也就是为了这句话，在"运动"的大部分时间里，孙绍振都只能破帽遮颜，"嘴巴和尾巴同时夹紧做人"。要夹紧嘴巴，只能上下唇不张开，但要夹紧"尾巴"，可就难了，因为孙绍振无论怎样地向后找，都发现自己并没有"尾巴"。

当初，孙绍振是拖着一条"尾巴"走进华大的，本来是要夹起这条尾巴、闭上嘴的，然而孙绍振那语不惊人死不休的天性，让他无论怎样地表现良好，也未能幸免。所幸仿佛有神仙护佑着孙绍振，虽有惊险却也成功地扮演了在悬崖上走钢丝的特别角色，从钢丝的这一头到那一头来来回回摇晃着走了多次，竟然无一回失足，总算没有落入悬崖底下。当然，九年里，头顶上不是架着"风刀"，就是横着"霜剑"，起始时脸上似乎也挂不住，内心也不时地泛起波澜，但次数多了，百炼成钢，心中也就似乎刚强了。

时光荏苒，一年年地靠近了70年代。在那期间，华侨大学已经不上课了，孙绍振趁着同事们都各自逍遥的机会，就把上海的家当作避风港，关起门来读书。然而，如此的好景却不长，有一天，在上海家中的孙绍振，突然收到一份回校的紧急通知。又是一番舟车劳顿，火速回到华大的孙绍振，才知道建校没太久但在教学上已有了模坯的华侨大学，居然被解散了。原本济济一堂的教职员工无一例外地被下放到各地农村，而且是背诵着"接受贫下中农再教育"的语录去的。

百年国史已有镜鉴：教育盛，可喜见人才辈出、民力丰沛、国体向上；而教育衰，必将导致社会浮躁、未来迷茫、振兴乏力。孙绍振焦虑地想到这些，再看看前路，不无沮丧。对于华大，孙绍振说不上爱和恨，只觉得这是一所差点要了自己小命的学校。倘若留下来，那就有可能继续走"钢丝"。这一下放或许就是"解放"，从钢丝上垂直下到地面，挥挥手告别曾经让自己悲哀的岁月。正面反面地想了想，迫使自己尽可能地坦然自若，果敢地迎向前头的风和雨。

华大没有了，自己所去的地方会是怎样的一种境遇呢？当然，和政治上可靠的程度成正比，许多人都争取到尽可能好一点的地方去。很有自知之明的孙绍振深知自己既没有这样的本事，没有这样的关系，甚至没有想到较好地方的权利，也就一副无所谓的态度。说好听点叫顺其自然，说难听点就叫麻木不仁，何去何从，听从分配，任其摆布就是。

那么，孙绍振"下"的地面到底在何方？当然是别无选择地下放到一个最偏僻的山村。

汽车抵达永春时，当地中学生列队欢迎，热烈欢迎的鼓掌声持续良久。那罕见的场面，那少有的氛围，让孙绍振确实感觉到与都市中的学校太不一样，新鲜感让自己原本备受冷落的心情回暖了许多。汽车又从永春沿着逶迤的山道颠颠簸簸地兼程驰往德化。到了德化县城，举目望去，欢迎的标语与永春并无二致："欢迎下放干部建设社会主义新农村。"只是这标语被雨水打湿后，每一笔的墨汁都往地上淋漓，雨天的恶作剧水平够得上煞风景。在德化吃红米饭时，孙绍振得知自己和另外一位男同事被分配到了戴云山里的一个小山村。孙绍振这时想起"山高皇帝远"这句古话，觉得地处偏远或许风景独好。

在一所小学旁歇脚的时候，一个小学生有点好奇地走过来。当他知道孙绍振一行要去的地方后，便伸手指着那被缭绕云雾截断了的山坳说，那里就是你们要去"插队"的地方。孙绍振翘起下巴望着那海拔起码有一千米以上的山顶，立刻想起了"白云生处有人家"的诗句。如此诗意之后，想象着自己登上那千米高山，或许如在云雾中站着，仿若自己就是为这块土地救苦救难的神仙了。一时间，孙绍振浮想联翩，正当此时，听得一声"上山了"，瞬间回过神来。也就顾不得再去品尝那些熘了醋的诗句，站起身来，紧跟在挑着担子的农民后面步步攀登。

那古时石砌的台阶真高，一步一登地到达山顶时，人们上仰天空，俯瞰山下的村舍，仿佛所有的景物都若隐若现。在那个时刻，已经高高在上的孙绍振，又有了一种成仙成佛的感觉。恍惚之间，有着神仙感觉的孙绍振，似乎清醒又似乎朦胧。他在想：进村之后，等待自己的会是怎样的一种生活和朝来暮去的岁月？他虽然在明白中迷茫，又在迷茫中明白，但同时有一种清晰的感觉：那就是不可预测的未来，对于自己肯定会是空前的挑战。若是战败了，或许会下"地狱"。对地狱一无所知的孙绍振，再仰头看天上云卷云舒的流云，不无悲情地想象着。

进了村，他们的行李被撂在一座已遭废弃、氛围有些恐怖的祠堂里，两人一时茫然不知所措。当失望和沉重再次袭来的时候，转机出现了，可敬的村民们把一座新建的两层木楼借给他们住。让孙绍振特别感动的是一位女村民，她无比同情地在一旁说道："为什么不在过年后再来？家里人能没有意见？"说着说着，甚至连眼圈都泛红了。

民以食为天，现在如何做饭就成了孙绍振与同行仁兄铁打的任务。所幸楼下有个灶房，里面有两口直径差不多一米的大锅。看来平时是可以煮几头猪的食料，农忙时也足够用来招待几十个帮工的。少顷，几个活跃的小学生送来了一捆带着树皮的木柴，还有一把油松片子。那油松片是半透明的，还散发出一种天然的香气。这种易燃的柴火片一点就着了，立刻冒着乌黑的浓烟。可是那锅道灶膛是那么的庞大，好容易把火点着了，开心地望着那木柴尾巴上冒出来吱吱作响的水珠。但是，不久以后，那火就无情地暗淡了，气息奄奄地熄灭了。一把油松都点光了，他们两个有知识有文化的大活人，不但没有把火点起来，反而被烟火熏得泪流满面、狼狈不堪。那般惨状，要把生米煮成熟饭，或许只有"田螺姑娘"才能完成了。

于是他们俩直着眼互相埋怨，那滑稽的表情惹得围观的孩子们乐不可支。几位村妇实在地点评道：他们这样只能写字画画的白嫩双手，要练出做饭的工夫，恐怕只能是过年以后的事了。

做饭如此艰难，让这两位书生一筹莫展。经一番商议后，第二天一早，他们俩就上坡下岭不辞劳苦地走到公社去，要求年前暂且在公社食堂吃饭。起初一个老干部倒是通情达理地同意了，可是来了一个年轻一些的公社书记，他如此一字一板地说："既然下来了，还是和贫下中农一起过个革命化的春节吧。"

这样神圣的语言，使孙绍振俩又义无反顾地回到山村。回村不到一个时辰，就来了一位在隔壁公社供销社当干部的中年人，他中山装的口袋里显眼地别着一支钢笔。他察看了一下锅灶，说灶膛太大，锅也太大，烧不热锅膛，就不可能点着火。你们才两个人，应该买一个小火炉，用木炭煮饭。之后，没料到他能够慷慨地把自己煮点心用的、也是全村唯一高级的厨具小火炉借了出来。

那位友善的乡亲提来小火炉后不久，又提来起码十斤的米糕给他们。或许是在他的带动下，各家各户也行动起来，争抢着请吃饭。前后左右不可阻挡的热情，让孙绍振的手臂被当成了拔河的绳索。几经研讨，终于达成协议，按自然村轮流。以能够请到孙绍振等进入家门为荣的山里人，一反以往过年的习惯，离除夕还差几天，只要能够轮到客人驾到的农家，就轰轰烈烈地提前过年了。一坛坛农村妇女坐月子才能喝得到的家酿红酒，还有一罐罐茶油，从木制仓库里庄重地端了出来。在一家一户的酒席上，孙绍振第一次看到，普普通通的萝卜或是竹笋，加上红色的酒糟，居然可以做出十几种可口的菜肴来。

每每在吃饭时，有关孙绍振这两位下放干部做饭的故事，因为常常津津乐道，似乎成了饭桌上乡亲们最好的下酒菜。虽然他们俩都不胜酒力，却是那么地贪婪，孙绍振常常把红米酒喝了个饱，回回都以一张关公脸走出门。那年处处充满盛情的山村春节，为后来的岁月留下了抹不去的记忆。

山岭、田地、农舍，在戴云山山村，天天都有水墨画，山村风景自然是好的。在白云深处的生产小队劳动了几个月之后，突然来了个"一打三反"运动。孙绍振曾经有过的那点历史问题在这次运动中又一次被扩大化，居然既被"打"又被"反"了。一天，有一辆当时德化农民从来没有见过的英国三角牌小轿车嘎吱一声停在了公路边上，下来的几个人居然有孙绍振的学生和如狼似虎的专案人员，他们冷漠地宣称孙绍振必须回去交代问题，接受批判。从春耕的水田里，孙绍振被不速之客"请"走了。所有的农民都流露出惊诧的眼神，他们沉默着向两边让着路。

当孙绍振被背后三双冷漠的目光"护送"着走向公路边的时候，一个刚刚认识不久的年轻朋友从不远处迎面走来。在农民兄弟当中早已遗忘了政治自卑感的孙绍振，自卑感再度冒了出来，不由自主地回避着他的目光。然而他却主动地迎接上来,那虽然也许只是短短一秒钟的对视,却比一个长长的对话还要震撼心灵。那目光中充满了火热的同情和悲哀,忧虑和关切,还有不平的问号:这到底是怎么回事?这温情的目光虽然无声地鼓舞着孙绍振,但当时因为备受歧视而软弱的内心似乎无法承受这样的温情。当孙绍振羞惭地低下头时,他的目光却坚持着,像一阵固执的风,久久地停留在孙绍振的脸上。

在那离开乡村长达七个月的日子里,孙绍振又一次感受到一种无奈和悲伤。在最悲凉的时刻,他甚至真想下到地狱去走一遭,因为对于死亡已经无所畏惧。然而,又有两句名言时时鼓舞着他:水到绝境是飞瀑,人到绝境是重生。日升日落就是一天,秋去冬来就是一年,每天每年,孙绍振一步步艰难地前行。

被送回那山村后,孙绍振最难过的倒不是老是让人像抓小鸡一样揪来揪去,而是担心初交的那些农民朋友是否会因此歧视自己。因为孙绍振在那山村是有良好口碑的,说他是最老实、最爱劳动的下放干部。被"请"走后,在长达半年多的时间里,自己在乡亲们的眼中,会演变成怎样的一种形象?孙绍振每每念及,心情总是难以轻松起来。于是回村里后,连走路都不敢与那些个农民朋友的目光相接触。

然而,现实完全出乎孙绍振的意料,当他回村的消息传出的时候,乡亲们奔走相告。从四面八方送来了米糕、米粿等一应吃的,连小孩子、老太婆都述说着为他怎样的担忧,如何为他祈祷平安,甚至还有多位乡亲常常在梦中见他已经归来,而且还是那么儒雅。就在村民们热烈欢迎他平安归来之时,不知是谁已经为自己打扫了房间,妇女们抢着为他挑来最干的柴火和引火的油松。当油松的黑烟和香气弥漫在整个房间的时候,孙绍振第一次在异乡感到一种家庭的温馨。世事千帆过,前方终会是温柔和月光。

回村不多久就迎来了一个严寒的早春,农民下冷水梯田里挖土,孙绍振也跟着去了。村民们真心实意地劝他不要去,说没有一个下放干部会下冷水梯田。然而,决心要与村民们打成一片的孙绍振没有妥协,扛着一把锄头昂然地走出村庄、过田塍、登梯田。但考验仍然是严峻的,当他把那双白嫩的脚踩进薄冰才化的水里,那种冰冷,即刻逼迫着他那满口的牙齿上下咯吱咯吱地打颤,尤其是当脚趾伸入到烂泥深处时,那更是冷彻骨髓。这时候,孙绍振明显感觉出背后有村民们怜悯的目光,甚至那目光的光子压力都能感觉得到。显然,只要自己稍微表示一下软弱,他们就会坚决地把自己送回去。但是,他们关切的目光,反而鼓舞了内心的自尊,他咬着牙关,通过了关切的考验。这种持续的吃苦耐劳精神,让孙绍振提早结束了客人的身份,成了山民们中不分你我的一员。

当孙绍振感到少有的自豪和自由的同时,备感没有被歧视的松弛,加上在劳动方面的平等,村民们不但喜欢上这位下放干部,还真切地把孙绍振当成自己人。和村民们一起享受着开怀大笑的孙绍振,甚至听懂了村民们黄色的笑话段子,而且一点也不矜持地表示欣赏这种性幽默。孙绍振曾经在那方圆几十千米唯一的乒乓球桌上打球,淋漓的大汗从鼻子上往下滴。在食堂烧饭的老阿姆非常认真地问:"老孙啊,干什么这样辛苦呢?赢了球又不记工分!"由于那时孙绍振的德化方言还没有学到可以自由表达的程度,所以只是意味含混地笑了笑。然而这并不妨碍她打来一盆温水放在他的身后,这就是淳厚的德化乡亲。感动的孙绍振用德化话道了声谢,并询问了几句无关紧要的话,虽然那时的德化词汇并不连贯,然而,笑容却沟通了彼此的心灵。

千百年在山村脸朝田地背朝天的农民,不会关注你是什么派,他们只要感受到你的为人是实在的,就对你好。时时感到亲切和轻松氛围的孙绍振,很自然地成了村民们的好朋友。为了报答村民们的友善,孙绍振买了一套理发工具,乐此不疲地为村民们理发。

一天天,一月月,在与农民朋友共度的岁月中,孙绍振不间断地享受着他们的红米酒。那种酒入口时,甚是甜美,远胜饮料,但后劲甚足,醉与不醉,防不胜防。有一次,孙绍振给一个差不多一年没有理过发的孩子理发,因为拿起理发剪之前就喝了这家的红米酒,结果理到一半,后果来了,脸红脖子粗地拿不稳理发剪,最后终于像《水浒传》中的英雄那样"倒也,倒也"。或许那个时段的形象相当滑稽可爱,在很长的一段时间内这又成了周围几十里村民们共同享受的笑料。每逢提起的时候,村民们笑,孙绍振也笑,其乐融融。在那不那么正常的年代里,那样的开怀大笑,孙绍振在惬意中觉得无比的珍贵。

在人生最为艰险，甚至走到绝望边缘、想用生命表白自己清白和赤诚之心的孙绍振，德化用大山一样宽宏的胸怀收容了他，给了他难得的温情。在下放到德化之前，他总是不断地为自己因为轻信朋友而后悔。多舛的生活经历曾经不断地教训了孙绍振不要相信任何人，让自己学会自私，但是在德化却不然，哪怕是第一次相见的农民兄弟，也都把他当作关切的对象。大彻大悟的孙绍振，终于明白在德化人中间是不需要对任何人都心怀戒备的。

那年秋日的一天，孙绍振走到村里一座石桥上，倚在那有点发烫的栏杆上。正当孙绍振莫名其妙地发愣时，遇到一个匆匆而来的农村干部，他把孙绍振当作知己，压低声音告知林彪座机爆炸的绝密消息。直至数十年后，孙绍振也还记得当时的那种惊心动魄，竟然一时找不出合适的语言去描述。

当年，有一条从村里通往附近小镇的山路，根本不止九曲十八弯。在这条路上，留下了孙绍振和农民朋友一串串赶集的脚印。山路边有茂盛的芦苇草丛，草丛深处有原生的椿树、杉树、楠树，甚至还有后来被贵族化了的红豆杉树。在那遮天蔽日的浓荫下，连空气都是安静的，走在那路上，全然忘了各种批判会上的嘈杂声。赶集的路上，最舒畅的就是互相讲各种故事，原始的大自然让人们解除了戒备，可以放肆地胡侃神聊。孙绍振怎么也忘不了一位姓卢的农民朋友，他知道孙绍振当时在政治上的险恶处境，就在有意无意之间予以用心地保护。有一次赶集路上，一个年轻的姑娘飞起隐藏着深意的双眼，问孙绍振说："什么时候回家呀？你回家时我们一起走好吗？"不知深浅的孙绍振随口就答应了。在答应这位姑娘的同时，他感到身上的衣服被那卢姓朋友的手用力地拉了好几下。孙绍振知道有事，便无声地跟着他走到山路边的一个角落。他一脸鄙夷地说："这个女人是个'破鞋'，你跟她走，要经过好几里没有人家的地方。不管你和她有没有发生过什么事，回来以后你就是跳进黄河也洗不清了。"对一个外来人发出这样的警告，这在城市里需要多大的勇气啊，然而在这山村里，并没有任何冒风险的感觉。

少有的、天然的正义感，在德化山里山外的乡亲当中比比皆是。不是被人视为异端，就是被人当作尤物的孙绍振，觉得自己在以戴云山为代表的闽南度过了生命中最为艰难的日子。但是，留在他记忆中的闽南，却不是苦难的炼狱，而是精神的庇护所。如果可以让孙绍振选择灵魂的故乡，他将毫不犹豫地选择闽南，也愿意被闽南同化，并且会为此而感到自豪。

到了德化，孙绍振最高的理想是留在城关教中学，教小学也成。但是，领导讲话传达了，不能让大学里思想有问题的人到中小学教书，因为孩子们的心灵是白纸一张，容易受到污染。下到德化的几十名教师，留在城关教小学的只有一两个。余下的都到公社，也就是今天的乡镇。虽然乡镇也有学校，甚至有中学，但是没有孙绍振的份，因为他是"右倾分子"，资格不够。行李搬到大队，在大队蹲点的干部，又把他分配到生产队。每天都要攀三百级石阶，才能到达总是云雾缥缈着的那座木屋。

在那些日子里，孙绍振早上起来，第一件事就是到河里挑水，用木炭炉烧水。先是洗脸、刷牙、煮饭，然后是洗碗、刷锅，再洗手，一套程序下来，九点多钟了。按习惯本该是读书的时间了，但是，米和菜要到十里开外的公社去买。把一个月二十八斤的米背到木屋，已经是十二点多了。煮饭，午休，两点半了。该读书了，想到要煮晚饭，于是又开始生炉子。吃了晚饭，洗洗刷刷，天黑了，洗脸时发现鼻孔里的煤烟垢越来越厚。真像海明威笔下的圣地亚哥一样孤独，但却缺乏他那种硬汉子精神。夜幕垂挂了，就点上煤油灯，拿出明末清初学者仇兆鳌的《杜诗详注》准备研读。但不知是筋疲力尽还是心灵空虚，竟提不起劲头。勉强坚持了几天，深深叹息在这点灯都得用松明的地方，读杜甫的诗又有什么用呢？当即改读英文本《老人与海》，薄薄的一本，居然读了半年，因为一小页可以反反复复读上一整天。

那时的社会已经不再需要杜甫，这里善良的农民也不需要海明威。从来把读书当作第一生命的孙绍振正是而立的壮年，竟然只能如此这般浑浑噩噩地混着日子，一天天地浪费着人的一生只有一次的生命。他时常觉得自己在北大的同学当中，大大小小也算是个才子，已经习惯于来自上下左右尊敬、羡慕的目光，如今却似乎成了俄国文学里的那种"多余人"。在那特殊的日子里，好像是有点"多余"，但孙绍振在内心里，慢慢坚定了一种信念：那就是应该如同蜡烛一样默默燃烧一辈子，而不能像烟花那样绽放在那一瞬间。

也许是应了《易经》所说"否极泰来"的规律，让自己命运小有变化的这一天似乎突如其来，有一天，突然下来一个通知，让孙绍振到县城报到。在那样的大环境下，能够从小山村的旮旯里调往县城，无异于从风雪边关回到北京城。于是孙绍振紧赶慢赶地到了县教育组，那负责人竟然连眼睛都不正视他，就下令他到德化最高学府——德化一中——去教语文。这当然是喜从天降，但是，翻一翻语文课本，他却感到惶恐。因为那时候的语文课本全是崇高的命题，于是他就怀疑自己的思想觉悟能不能跟得上这种"崇高"，能不能领悟其中博大精深的内涵，弄不好又要犯政治错误，一时间在内心深处惶恐起来。于是他说："我不会教语文。"那个负责人在诧异中表露出来的是一种不耐烦，冷冷地一笑，说道："你中文系毕业的，怎么不会教语文？"孙绍振回说，因为担心在觉悟上还存在问题，怕教不好学生。负责人嘴上不说什么，只是用眼睛威胁性地斜视着孙绍振。要知道当时多少陷在农村的知识分子最高的理想就是上调城关，孙绍振如此不识抬举，是大有可能被退回山村的。此时，孙绍振感到了此事在转化中可能出现的危机，努力用一种卑微的口气说，但可以教英语。

那时正好是1973年的春天，美国总统尼克松前一年访华，中美关系开始回暖，引发了全国性规模的学英语热潮。广播里的英语学习节目甚为风行，民间流传着一本《英语九百句》，大有洛阳纸贵之势。负责人有点惊讶了，终于正眼对着孙绍振，但是没有说话。孙绍振立马读懂了他眼睛里写着的疑问，于是说："我从小学四年级开始学英语，初中、高中、大学前后十几年都在学。大学生时期就能读英文原版的《简·爱》，大学毕业后十年如一日，坚持学英语。"负责人当然不懂得什么叫《简·爱》，可眼光里的惊异渐渐消失，终于施舍出一丝笑意。孙绍振知道，那时中学增开英语课程，根本没地方去找教师。负责人一激动，便做出了宽宏大量的姿态，拍拍孙绍振的肩膀说："那好吧，过几天，有专家来县里巡回培训，你去参加吧。"

虽然觉得这种培训对自己来说完全是多余的，但总得服从命令听指挥，机不可失呀，于是孙绍振就按时去了。进入培训班，他便有意坐到后排。培训教师一进门，他就认出是华侨大学外语系朝夕相见的朋友，朋友问："你来干什么？"孙绍振说："接受你们的培训啊。"朋友笑了："你还要培训什么？你应该去培训他们。"其实，他们的培训也实在是太小儿科了，就是最简单的读音，加上国际音标之类。不过，孙绍振却不敢掉以轻心，十分顺从地走进培训班接受培训。当然他对那过于简易的英语培训充耳不闻，却坐在后排抄了两三本的新诗集，也算有了点收获。

初到德化一中，眼前的一切都让孙绍振感到兴奋，甚至说不无惊奇。这是一片多么神奇的文化景观啊！全城只有百货公司和电影院才建有两三层的红砖楼，其余房屋都是平房，黄泥巴的土墙。而一中却坐落在一座古色古香、宏伟高大的孔庙之中，孙绍振听到了久违的上课铃声，篮球场上的欢笑声，他封闭了几年的教师角色从进入孔庙后一下子就复活了。他可以大声地反复朗读海明威了，生命最空虚、最无助的阶段似乎已经结束了。当时最为难忘也是最为受用的感觉是，不但学生叫他孙老师，而且同事们也这样叫。他们是那样的真诚，好像自己真是他们的老师似的。当时他这样想，"孙老师"的称呼，意味着生活需要自己，意味着自己不再是生活中多余的人了。当孙绍振享受着这种快感的时候，就觉得每一次的磨砺挺过去了也许就是一种强大。英国思想家托马斯·卡莱尔不是也有这么一句名言："没有在深夜痛哭过的人，不足以谈人生。"

学校让孙绍振上一个班的英语课，他把课文都背上了，胸有成竹地把两手插在裤袋里，不拿书就去上课。学生们觉得这孙老师太潇洒了，不但英语语调流畅，还带着一点洋味，因此大都由于好奇而专注。为了给他们真正的学英语的良好感觉，孙绍振在探亲回沪时，专门买了电唱机和电唱片。在课堂上，孙绍振先播放一些英文歌曲，如澳大利亚的《剪羊毛》，还有美国黑人歌曲《老人河》等，放久了，学生们虽然听不懂，但却会跟着唱。下一步就让学生们写英语句子，把句子连贯起来，就是一篇简单的文章。他把最好的作业集中起来，出了黑板报，激起了孩子们学英语的勇气和兴趣。

有一个姓马的女学生，因为热爱文学，就从她的孙老师那里借走了当时还很稀罕的两本小说。两天以后她就来还书了，孙绍振不免惊讶地问："看书速度这么快？"她说："不用看了，你要调走了，省里来了调令。"这一席话真让孙绍振难以置信，于是很有点如梦如幻地问道："你是怎么知道的？"她笑眯眯地回说："我当然知道。"看着这女学生那自信的眼神，孙绍振这时才猛然想起她是新来县委书记的女儿，于是自己也由此自信起来。中断的生命价值再一次召唤着孙绍振，他终于在那学期的末了离开了那泮桥，那大殿，还有那大殿中时常让孙绍振脱光了上衣打乒乓球的桌子。那时的孙绍振又想起了普希金的诗句：过去了的一切，变成了亲切的怀念。或许从此就可以平淡看生活，知足看人生了。

　　在驰往省城福州的车上，他免不了一番思绪纷飞，想起汉代贾谊《新书》中的这句话："爱出者爱返，福往者福来。"说得何等之好！当然，早年就有雄志在胸的孙绍振，并不认为荣调坐落在省城的这所大学，就是自己的高光时日。他或许在那即将变换身份的日子里，半清晰半朦胧地意识到：这只是以奋斗而图强岁月的开始。转身回眸，虽是历经风雨，然而终见彩虹；安然浅笑，又见沧海桑田。

第二章 辗转诗书

第一节　重返学府

在天边飘浮着祥云的1973年，或许是喜鹊登枝报了吉祥，无疑是孙绍振时来运转的一个好年头。那年似乎在孙绍振的天空中出现了太阳最新最亮的一天。他在没有任何思想准备的情况下接到了福建师范大学的调令，那是在下放三年之后的事。那个时候，孙绍振认为此生就以闽南为家困守德化一中的三尺讲台了，因此已经学会了不少的闽南话，甚至能够结结巴巴地用闽南话发表田间地头的演说。他用国际音标记录了大量的闽南语音和词汇，像学英语那样严谨认真。他边学边认识到闽南话再也不是南方缺舌之音，而是那么令人心醉神迷。

在那个不曾期待的日子里，调令虽在自己手上，情谊却在心中。离开德化一中那天，他在告别已经成为知己的农民朋友的同时，一并向一中的师生们话别，一向浪漫的孙绍振在那个特别的日子里却浪漫不起来。唯一的慰藉是，记住了在酷夏却依然清凉的戴云山深处的山村，记住了一大批没有太多文化甚至目不识丁的农民朋友，以及面对自己口口声声称呼着"孙老师"的一大群孩子。

从此在悬挂着福建师范大学硕大校牌的校园里进进出出的孙绍振，从在大山深处日出而作、日落而息的有序转化为辛勤于课堂教学和伏案创作的有序。只不过此"序"与彼"序"大不同的是，在山里耕耘的是庄稼，而在校园里却是耕耘着教书育人的沃土。从此，孙绍振的从教之路蜿蜒千万里。

走进福建师大中文系，恢复了大学教师的头衔，孙绍振胸前戴上了红底白字的教师校徽，同时结束了十八年"助教精"的生涯。孙绍振这个人生的转折点是由于在1970年，国家批准了两所大学提交的《北京大学、清华大学关于招生（试点）的请示报告》，报告的核心内容就是通过向国家申请，恢复开办大专院校。一石激起千层浪，各地各校风起云涌地纷纷仿效。作为中国建校最早的师范类高校之一的福建师范大学，前身是1907年由清朝帝师陈宝琛创办的福建优级师范学堂，几经分分合合之后，于70年代初易名为福建师范大学。叶圣陶、郭绍虞等一大批知名学者曾先后在此校上过讲台任过教。能够在如此历史悠久的学府任教，满足感让孙绍振长长地舒了一口气。

教育以学生为本，办学却以教师为本，要认真办好大学，没有一批具有真才实学的教师是撑不起来的。而在70年代深陷偏远山村的孙绍振，天生的才气让他在那荒漠化的年代中忍不住寂寞，也应景写了些粉饰太平的诗歌。这些连他自己都觉得过于豪言壮语、假大空的诗歌因为浅而显得薄，但在那个年代，不写这样的诗歌还能写什么？虽然内心有不少精彩的诗句，却没有适当的语言而无法表达出来。苦涩的孙绍振，不得已写出了仅仅是辞藻华丽的诗歌作品。德化与福建省会城市抑或是更遥远的外省市以至京城，尽管山重水复，但一个信封、一张八分邮票就能把作品寄出去。孙绍振自己并不满意的作品，却受到当年报刊诗词编辑们的青睐，这些应景之作对作者和报刊都是一种"共赢"。孙绍振的大作频频问世后，自然引起方方面面的注意。急需文科师资的福建师范大学中文系，经过调研，确认这是一个不可多得的人才，于是向孙绍振伸出了橄榄枝。

福建师大虽然与北大校园大不同，但长安山上树影婆娑，花香鸟语，的确是颇具风光，让孙绍振里里外外地欣赏了一番。那时，福建师大中文系已经招收了两届的工农兵学员，校园内有了蓬勃的朝气。孙绍振登临长安山不到一年，又迎来了第三届工农兵学员。除了给这三届的中文系学生讲课之外，孙绍振还随同他们学工学农学军。印象最深的是当年1974级的学员，因为他们在入学的第二年就下厂学工。这个学工的工厂是位于闽西北的三明纺织厂，而这座工厂是全建制从上海迁过来的，孙绍振那被压抑了多年的上海话终于有了用武之地。随同这届学员来到三纺厂，融入上海的师傅们中间，孙绍振如鱼得水。更能发挥所长的是带领了一个最有浪漫色彩的"诗选组"，纺织工人师傅的诗作他不仅篇篇过目，还句句加以修饰。早有写诗热情的纺织工人师傅们，在孙绍振这些导师的指导下迅速掀起了写诗的高潮。

崇尚浪漫的孙绍振，不断地在自己浪漫的图画上涂抹色彩，努力写诗就是一个例证。功到自然成，以《福建日报》文艺副刊为主要阵地的诗歌园地，接二连三地发表了孙绍振与同样毕业于北大的刘登翰联名的诗作。在相当长的一段时间内,《福建日报》文艺副刊以半版乃至整版的篇幅刊登他们的诗作。这不仅让高校师生羡慕,还影响到整个福建文化界,特别是诗歌界。于是,诗作不断的孙绍振,不仅为诗歌爱好者所敬慕,而且还引起了诗歌前辈们的关切和欣赏。归国华侨、当代著名诗人蔡其矫就是其中之一。

蔡其矫的名字之所以响亮,不仅仅因为他是诗歌界的名人,还因为他是有着老革命之称的诗人。这位印尼华侨富商之子早于1929年就放弃了优裕的生活,毅然独自回国求学,参加救亡运动。强烈的爱国热情和远大的革命抱负让他奔赴延安参加革命,翌年就来到晋察冀边区,在这里开始了诗歌创作生涯。这位老革命诗人是一位相当爱护青年诗人的老前辈,在诗歌界脱颖而出的孙绍振自然成了他关切的对象。而一向喜好诗歌的孙绍振,蔡其矫此位大诗人早已在他心目中占据着重要的位置。出于对蔡其矫诗歌艺术成就的神往,孙绍振抓住了与他面对面交谈的机会。已经忘记了第一次是怎么与这位诗歌界师辈联系上的,只记得一见面就相谈甚欢,久久不肯离去。

在与蔡其矫交往期间,他重温这位前辈诗人的诗集《涛声集》《回声集》,与之相伴度过了一段值得记忆的岁月。和大诗人直接接触的体验,转化为一种夸耀的冲动。不久以后,他就憋不住对一个诗友吹开了与蔡前辈讨教的收获。诗友对蔡其矫的诗也是很着迷的,执意要求孙绍振带他去亲聆前辈的言谈与教诲。于是结伴进入蔡其矫的小楼斗室,这一次,谈得比较久,也比较深。其间谈到了何其芳、绿原、鲁藜、天蓝等人的诗,也研讨了闻一多、徐志摩,还有艾青、田间早期的诗作。在孙绍振心里,这些诗歌界大腕写的诗才是真正的诗。无疑,这一大批著名诗人成了孙绍振的楷模,他们的诗作也就成了自己圣经一般神圣的、必读的作品。

孙绍振之所以如此尊崇卓有成就的诗人们,是因为自己对诗歌的天然爱好。其实早于1955年,刚考入北大的孙绍振就毫不犹豫地参加了诗社。那时,正值弱冠之年的他,觉得参加诗社后眼界大开。此后就沉醉于马雅可夫斯基最有名的长诗《好!》和其他一些短诗之中,马雅可夫斯基的《开会迷》是列宁推崇的,斯大林还称赞马氏是苏联最有天才的诗人。他的"我是穿裤子的云"让孙绍振觉得想象力与寓意都极其丰富,很过瘾。

后来,孙绍振又读了智利的聂鲁达,他的"亚美利加洲,像一张野牛皮似的伸展"，更是觉得精致，还有法国的阿拉贡、土耳其的希克梅特，这些都是共产党人。他们的诗都带有现代派色彩，意象新颖独特，富有感染力，远非民歌可比。还有洛尔迦，他是西班牙革命政府的文化部长，他的"在远方大海，笑吟吟，浪是牙齿，天是嘴唇"，真是令人心醉神迷。这些诗人才华横溢，他们的诗作好像不约而同地在竞赛着自己的想象力，无可阻挡地流传于世界。再说了，那个时代诗人们许多是革命者，写出来的诗作革命气概就很豪迈。在读这些令人振奋的诗歌时，孙绍振想：为什么这些诗人在写激发读者革命斗志的诗歌时，也能在艺术上那般地异彩纷呈，而我们国内不少诗人的革命诗歌却充满了生硬的公式化和概念化？

在聂鲁达的长诗《伐木者，醒来吧！》中，有太多的佳句，诸如：

科罗拉多河之西，是我所爱的地方，
……
红色的天空从深谷中高升，
使这些岩石成为黄铜，火焰和力量。
亚美利加洲，像一张野牛皮似的伸展。
我向空旷的，明澈的，疾驰的夜，
向群星闪烁的国顶——祝福，
痛饮一杯碧露。

这首诗很长，有一段时间，孙绍振每天早晨起来就念一段，可以念好多个早晨。他在特别过瘾中让属于自己的早晨光华璀璨，自己的审美情趣就是在这样的状态中潜移默化地形成了。他深深地感悟到，这样的诗才是值得把生命奉献的诗，因为每每吟咏这一类优秀的诗作，他的心灵就好像打开了一扇阳光灿烂的窗户。

而当时国内流行的诗歌没有几首能让孙绍振的审美情怀得到满足，包括闻捷的《天山牧歌》，在艺术上也还不能算是成熟。就是名噪一时的贺敬之、郭小川的政治抒情诗，他给予的赞美也有所保留。青年时期，有志向当诗人的孙绍振获知"巴金"的笔名是巴枯宁第一个字以及克鲁泡特金最后一个字的结合之后，也就依葫芦画瓢地给自己起了个笔名"马达"，意为马雅可夫斯基和聂鲁达，因为这两位都是自己崇敬的诗人。每每用上自己的笔名，他就会想起这两位诗人的诗作何等之好！

后来，顺着这种艺术趣味，孙绍振又读了艾吕雅等法国左翼诗人的作品，他们的诗给自己的震动似乎更是强烈。由于他们在诗歌创作艺术上有一种强烈的反叛意识，很是对得上自己的胃口。孙绍振慢慢知道在着迷外国诗的朋友们暗地里说他有"迷洋"思想，他自己也感到有这样的危机，因为他与政治概念和道德说教充斥的主流诗风格格不入。

他不时地回忆，在北大诗社做干事时，诗社常常举办诗歌讲座，热情的孙绍振去恭请何其芳、冯至来诗社作演讲。当年在延安鲁迅艺术学院任教、为革命文艺作了大量拓荒工作的何其芳，很认真地在讲稿上写满了蝇头小楷。从何其芳的报告中，孙绍振第一次听到在延安文艺座谈会前夕何其芳是歌颂光明派，而艾青等则是暴露黑暗派的诗人。冯至则在演讲之前，把刚刚翻译好的《海涅诗选》的序言先拿给诗社的成员们"预热"。诗社还请过当时最红的两位诗人贺敬之和郭小川。郭小川十分平民化，他受邀后，是骑着自行车来，又骑着回去的，更谈不上有什么讲课费。他乐此不疲，踩着自行车行色匆匆，半点架子都没有，让校园内爱好诗歌的学子们无不感动。

不断研读国内外很有名气的经典诗作，听取名人们诗歌演讲的孙绍振，对自己的诗歌创作充满自信。站在讲坛上面对学生讲授诗歌创作时，经典之句常常随口而出，让聆听者受益匪浅。在喜爱诗歌的基础上研学古今中外的诗作，是让他在诗坛上有勇气和底气的重要原因。

进入福建师大后结识了蔡其矫，或许是孙绍振在诗歌创作方面的又一个转折点。由于蔡其矫将革命经历作为人生铺垫，从历史的风风雨雨中走过，新中国诞生后他诗歌的笔调轻盈却又意蕴深厚，这让他成为新时期中国诗坛的先驱人物。能够靠近甚至能跟着他学写诗，当然不是件容易事。孙绍振曾经说蔡其矫是一个独行侠式的人物，不容易找到。但是出于对他诗歌艺术成就的仰慕，自己还是抓住了机会。

与蔡其矫结识后，深谈了数回，蔡其矫渐渐发现了孙绍振在写诗方面的天赋与才气，感觉找到了知音。心理距离在无形中的缩短不仅让相互促膝而谈的机会多了起来，而且还产生了一种明显的变化，这个变化是老诗人开始主动来拜访孙绍振。孙绍振在蔡其矫为数不多的男性朋友中成为无可置疑的佼佼者。

在那个年代，孙绍振常常与学生一起到山区或者海岛去"开门办学"，一去就是几个月。回校时，开启房门，就会在门缝底下发现蔡其矫留下的条子。上书：某月某日，来访未遇。看着他那一点男子汉风格都没有的、笔画柔软的钢笔字，孙绍振内心奔涌出一股满足的热流。毕竟在自己的心目中，蔡其矫不是一般的诗人，而是卓有成就和才华的大诗人。能够成为这样一位名人的朋友，是值得骄傲和庆幸的。

无拘无束地持久交谈后，双方在不知不觉中竟然成了莫逆之交。有一天，蔡其矫终于把珍藏的手稿拿出来了。这些诗作，几乎每一首都让孙绍振觉得灵魂的震撼。有些句子，有惊人的影射，如，"不要让灾难伴装幸福"，"当往日的呼喊变成低语"，"当颂扬之声不再感人"……类似诗句，在当时倘若没一点胆量，是不敢下笔的。

当时孙绍振之所以在蔡其矫诗作中产生震撼感，主要原因是，他一直感到自己的诗歌常常以豪言壮语组装成英雄主义，久而久之，已经成了习惯。在自己的诗作中，他只能用有限的话语去表述；而换了另一种语调，就什么也讲不出来。就如福州的民谣，少女选婿的第一选择是"宰猪"，人们天天都感觉到其中的荒谬，但要把它写成诗，却找不到诗化的语言。可是在蔡其矫的诗作里，却感到了诗人特有的语言艺术魅力，"权威"的庄严内涵，变成了反讽，既有思想的深度，也有艺术的新异感。孙绍振感叹与蔡其矫相见相识已经十年了，然而，从初始的接触到真正走近他的艺术，其思想的丰富、诗作的深度和厚度似乎宽厚得难以尽述。自己虽然走近了他，却不敢说已经走进了他的心灵，能够自如地洞察其诗歌艺术的特征了。直至今日，他的艺术和生命中仍然有不少是自己所理解不透的。如何从容地反思和理解，也就只能"活到老学到老"了。

孙绍振曾经听蔡其矫说，他把自己"大运动"期间写的诗集拿给艾青看。艾青看后，不能完全认同他在诗歌中表达出来的思想。艾青说，这样的诗除非拿到地下刊物去发表。孙绍振却在这"警告"声中，勇敢地写出了一首表现当年发生的时事事件的诗，很快在《诗刊》上登载出来。那是一首相对比较长的诗，长达两三页，对白体。

孙绍振拿着刊登有自己诗作的那期《诗刊》，来到蔡其矫在省文联的住处。看到在全国诗歌刊物群中最高端的《诗刊》如此舍得版面，从中足见是一首力作，蔡其矫在给予鼓励的同时，又以他一贯的坦率，仍然批评说，写得"比较抽象，比较概念"。他所说的大意是：关键是要观察客观生活，从观察中构成自己的感觉，把事物的特点和自我的特点结合起来，这样才能激发出思想的火花来，不要这样直接抒情。此外，也不要像其他诗人那样把诗写得那么长。蔡其矫的这几句话，让孙绍振有所感悟。与此同时，又想起自己曾有一首题为《觉醒的一代》的长诗。此诗之长，长达 250 多行，仅仅在"序曲"中就有 17 行。

闻听蔡其矫的一席话，联想到自己曾经发表过的不少类似的长诗，这下他不但没有了骄傲，在内心深处还掠过丝丝缕缕的不安。或许蔡其矫没有觉察出孙绍振内心的感知，以他自己的思路继续说道，某种程度上，中国的诗给贺敬之、郭小川带"偏"了。诗歌老前辈这样的一番话，虽然对于孙绍振有点如雷贯耳的感觉，但凭良心说并不十分理解。孙绍振的反应敏捷，是一贯被人称赞的。但是，他不得不承认，在理解比较深刻的话语方面，自己还是比较迟钝的。蔡其矫的这些话，让孙绍振反刍的时间竟然长达多年。

在与蔡其矫的交谈中，孙绍振常常会下意识地想起自己的一些诗作。直到 80 年代中期，孙绍振请蔡其矫到福建师大给诗歌爱好者作报告。蔡先生介绍了自己写得比较理想的诗作《大竹岚》的经过。老先生说：写诗要寻找到一个客观的实体作为依附。在这种思想的指导下，当他来到武夷山大竹岚自然保护区，看到那雨雾中满眼的绿竹青翠欲滴，心智得以升华。他急忙抓住自然界的特点和自己的感受，写出的第一句就是：

泼水在天空凝固

这既有雨雾浓郁，水珠在竹梢凝聚成滴的印象，又有泼水凝固在天空的想象。写完这一句以后，诗歌的形式感提示他，这一句的感觉是从下而上的泼，如果接下来，还是从下而上的感觉，就单调了。他觉得下面一句，应该是自上而下地往下落的感觉才好，于是他就以"滴下"作为想象的核心：

碧绿快滴下露珠

这样，就形成了向上和向下运动的对称，或者说是一种张力结构。但是光有一个结构，还只是框架，接下来的任务是，让这个结构中水淋淋的感觉饱满起来。他调动了光和影的效果：

光明颤动在末梢
又像喷泉又像雾

在这样细微的观察之时，他说，感觉和想象最忌被动滑行。因为这四行都是静态的描绘，再描绘就可能缺乏内在的深度，单调了，不够深刻了。要打破视觉的惯性，这种惯性就是表面性。他提醒自己，要从感觉层次向感情层次深入，对感情作出更高的概括。这时，有一种积郁在他内心的冲动要突破视觉的平面滑行，从视觉升华为思想的激发，又要与视觉有联系。这时，拥塞于心的希望与失望的翻腾，一下子就冒了出来：

希望就在此一刻复活
来自失望的坟墓

孙绍振认为，不可感触的思想就这样和可感的视觉猝然遇合了，全诗无可阻遏地成为一首佳作。读了这首诗，孙绍振深刻地理解了蔡其矫几年前批评自己的话。也正是这个事例，帮助了自己真正触摸到了蔡其矫的艺术个性。只有像蔡其矫这样的老一辈诗家，写起诗来才能够思接千载、心游万仞。

孙绍振庆幸自己能与这样一位诗人频密接触，其间，孙绍振不仅学到了许多，也思考了许多。新知识、新观念的不断输入，让孙绍振改变了许多，在诗歌创作上似乎有了明显的突破。虽然感到了某种蜕变，但当时播下的种子是比较晚熟的。这是因为在诗歌趣味这种精致的领域里，倘要脱胎换骨，是需要比较漫长时间的，是无法速成的。或许只有当万家灯火和天上的星光相映照时，才能形成一片光亮。

正因为有了这种思想基调，孙绍振在和谢冕、孙玉石、洪子诚他们一起写《新诗发展诗话》的时候，就竭力从无产阶级、劳动人民的立场观点、感情去分析《王贵与李香香》，尽可能从中找出艺术上的长处。但这，只是理性上感到非这样做不可，实际上自己并没有真正感觉到艺术。许多话，也许在当时是不错的，但有没有持续的影响力就难说了。2007年的一天，钱理群看了孙绍振当时对《王贵与李香香》的分析，他从文学史家的立场出发，说分析得不错嘛。但是，在当时，孙绍振自己认为这样的分析未必出自真心。

孙绍振特别关切并热诚地读了不少民歌体的诗歌。后来他看到了在《七月诗丛》中刊登的诗歌，发现对当时最红的民歌体诗歌也觉得难以卒读。诸如："千里的雷声万里的闪，红旗一展天下都红遍。"这样的"诗句"自己还能勉强读下去，但已经如同喝了半杯白开水。至于"不是革命我们翻不了身，不是革命我们结不了婚"，孙绍振边看边摇头：这能叫作诗吗？当时，只能违心地强迫自己相信：这或许就是好诗，要读懂它、接受它。但类似的诗歌在艺术上找不到亮点。久而久之，他对于不少见风就使舵的硬性民歌，从开始被迫式的崇拜到反感甚至极其厌恶。不仅自己不写，也不再多看了。

孙绍振认为，民歌表现手段是比较有限的，所能表现的也往往是比较单纯的农村生活和朴素的个人情感。其表现力单调，也缺少文学味道。长此下去，怎么能赶得上世界诗歌潮流？孙绍振常常为此忧虑。苏联名诗人马雅可夫斯基，智利最有名的聂鲁达，西班牙很有影响力的诗人洛尔迦……这一大批相当有智慧的诗人们，不仅写出了脍炙人口的长诗短歌，还创造性写出豪迈奔放或灵秀的佳句，简直是令人心醉神迷。还有法国的阿拉贡、土耳其的希克梅特，他们的诗都带有现代派色彩，意象新异，远非民歌可比。相比起来，已有"现代著名诗人"之誉的李季，以及热忱于创作民歌体的诗人们，哪怕是1049年后写的四行体半自由诗，不客气地说都显得粗糙。

为了避免自己诗作的粗糙，孙绍振力求在诗歌创作中，在精致中充溢着诗意。读一读他70年代末创作的《我不再欺骗我自己》这首诗的前一小段：

我不再……
我不再欺骗我自己,
我不再爱缥缈的云霓,
我不再相信美丽的梦,
哪怕它激动过自己。
如果再度有狂风暴雨袭击大地,
我将不再祈求上帝。
我不再否认有污泥,
我不再有阿 Q 的讳忌
……

诗行中,不仅诗意盎然,如烟若梦,而且还凸显其思想,隐藏着深意。

1977 年,孙绍振怀着对周恩来总理的无比怀念,深情写下了诗作《信念》,很快就刊载于《诗刊》:

幸福注满了童年的笑靥,
欢笑泛出火红的心扉,
祖国遍地是春天的花卉,
孩子们是东风中摇曳的蓓蕾。

沙沙、沙沙——听得见笔尖捷飞;
哦,《周总理生平》,一小本,抄了给谁?
为什么,今天,停止了你笑我追?
大字报前,默默地列成一队。

沙沙、沙沙——听得见笔尖捷飞;
哦,《天安门诗抄》,抄了给谁?
稚气的神色透着庄严,

明亮的眼中溢出泪水。

抄给奶奶，跟她解释：
什么叫作"鞠躬尽瘁"。
抄给弟弟，教他理解：
什么叫作"无私无畏"。

抿紧小嘴，皱着双眉，
哪里像红领巾的年岁？
连树上的鸟儿也在惊讶：
沉着的风度何时开始学会？

抄给风雪油田的爸爸，
抄给云雾山村的姐妹，
如果有人毁谤周总理，
不要相信，管他来头是谁！

"忠于人民"的最高标准，
"光明磊落"的不朽丰碑，
"完全彻底"的丰富内涵，
"谦虚谨慎"的深长意味……

沙沙，沙沙，笔尖捷飞，
沙沙，沙沙，思潮如沸，
站在一旁的叔叔何必再问，
心里明白：抄了给谁！

虽然时隔四十七年，时至今日重读此诗，在记忆中景仰，在追思缅怀着伟人周总理！这就是孙绍振诗作经久不衰的明证。

早年就知名于大江南北的诗人孙绍振，在后来的新诗写作中，不断创新。更在摒弃粗糙中尽可能警惕自己的原初感觉，共同创作诗作的友人、学者刘登翰，曾经把孙绍振这种创作叫作"回避自我"。后来孙绍振也自嘲地说，这是"歪曲自我"和"糊裱自我"。在很长的一段时间里，诗人们把一些假大空的套话大段大段地放在诗作中，让那时的诗歌毫无"诗"意。在这种情况下，孙绍振经常处于矛盾之中。一方面，觉得失去了自我，只会模仿贺敬之、郭小川式的颂歌和战歌，也就是当时所谓的时代精神：有着"大我"的豪情；另一方面又特别亲近那些平凡的个人化的东西，也就是所谓"小我"的情调。

他在这两难中跌跌撞撞地行走，因此一直无法"走稳"，当时热衷于诗歌创作的孙绍振，对此不无苦恼。

第二节　《新的美学原则在崛起》问世

当孙绍振似乎沿着诗歌创作的道路上一往无前之时，他却突然间向文艺理论界推出了一部全新的理论性作品。这部作品就是震撼美学界和文艺理论界的大著《新的美学原则在崛起》。此文之所以能够迅速"崛起"，应该说是缘于那个年代"朦胧诗"的"崛起"。在追随蔡其矫学写诗的岁月里，勤奋的孙绍振一边吸收养分，一边不间断地进行诗歌创作，出手的大多是对白体。但很快，孙绍振的对白体诗被冲击了，那就是朦胧诗的突起，其代表人物有北岛、舒婷、顾城、江河、杨炼等。作为一个创作群体，朦胧诗并没有形成统一的组织形式，也未曾发表过宣言，而是各自独立，又呈现出共性的艺术主张和创作实绩。

然而，未曾让孙绍振料想到的是上世纪 70 年代末 80 年代初出现的朦胧诗派和朦胧诗人，竟然让自己的写作之路转变了一个大方向，写诗的努力竟然因此戛然而止，果断地从此罢笔了。因为他敏锐地感觉到诗歌的一个新时代已经确切地降临了，一种新的美学原则在崛起，他为此而庆幸。他不再写对白体诗，也不人云亦云地仿效朦胧诗的创作方式，而是率性地走向自己的理论解析现实创作的新路，即便这条新路的开拓需要花大力气披荆斩棘。

那么，朦胧诗派的萌芽到底是怎样破土而出的？孙绍振对于朦胧诗的出现可以说是一位知情者。

他与蔡其矫的交往，从初始生疏的握手到后来熟悉到不再握手，来来往往成为平常。有一天，老先生再次来了，带来了一册手抄本诗集。这个手抄本抄录的是两个年轻人的诗作，由于翻开第一页就发现了精彩，孙绍振迫不及待地一首首通读下去，当时的感觉就是震撼。尤其是其中一个女工的诗集，让孙绍振首首不放过，从首页到末页都浏览了一遍。虽然人生经历大不同，但是，她对人隔膜的哀伤，对人与人之间沟通的渴望，以及可意会而难以言传的、潜在微妙的体验和意识，包括她那无声的共鸣和温婉的默契，是那样的微妙，那样的清纯，完全是另外一个心灵和艺术所构成的别一世界。

这位女诗人就是舒婷。

就在那一天，孙绍振第一次听到了舒婷的名字，虽然没有把她的名字牢牢记住，却把她那种精神上的清净之感留在了心里。真正记住舒婷这个名字则要追踪到70年代末80年代初。那时，《福建文学》不但发表了舒婷的诗，且还连续展开了探讨和评论。在厦门，她的诗早有所争议，当时的批判派是占了上风的。在厦门最知名的报纸上，曾一度整版整版地刊发着批判文章。这位灯泡厂流水线上的女工无比忍耐。当时，在福建省文联有影响力的魏世英先生决定在《福建文学》上讨论舒婷诗歌的时候，最初有不少人，包括舒婷自己，甚至远在北京诗刊社的一些人士，还以为是福建省会城市也要开始批判她了。但是，在福州的讨论会上，支持派却占了上风。在支持派队伍中走在前列的孙绍振，那时就针对朦胧诗的到来写出了长达一万多字的文章，就是后来被《新华月报》转载的《恢复新诗的根本艺术传统——舒婷的创作给我们的启示》。这篇文章明确了自己支持新诗崛起的态度。

蔡其矫给孙绍振展示的另一本诗集是北岛的，这个年轻人给孙绍振的冲击也是极具震撼性的。他的哲理性的冷峻和深邃，让孙绍振说出这么一句话："感到骨头里冒出来一股凉意。"事过四十年，当时不少令人毛骨悚然的诗句，已经渐渐淡忘了，只有这一句，是永生永世难忘的，那就是：世界，我们和解了吧……

这句话，像刀子雕琢一样地刻在孙绍振的心里。在后来的岁月里，每逢他想起这句诗，冥冥之中就会出现一个冷酷的面容：通常被诗人们习惯性用颂歌来赞美的世界，北岛却是冷眼对峙。说是和解，其实势不两立。虽然在那个时候，孙绍振并不完全认同他这种孤独自傲的姿态，但是作为诗歌艺术的追求者，不能不感到这不仅仅是思想上的，而且是诗歌艺术上的突破。可以明确地说，在诗歌领域，并不是只有颂歌和战歌的语言，另一种诗的境界，已经被开拓出来了。他觉得平时的所感所思，老是被自己拒绝于诗门之外，可人家已经写出来了，而且如此精彩，不能不为之叫好。

舒婷在创作《致橡树》这首诗时，据悉是有前因的。可以说，蔡其矫与朦胧诗派代表作《致橡树》有着难解的渊源，其中有一段不是故事的故事。说是在70年代中期的一天，蔡其矫在厦门鼓浪屿认识了女知青龚佩瑜，也就是后来的舒婷。在诗歌领域共同奔走的这两位隔代人，很自然地结为了笔友，经常以书信讨论诗歌创作。蔡其矫鼓励女诗人把小我的个人情感提升为广博的大爱，这为她奠定了一个创作诗歌的基础：那就是舒婷后来诗歌中所体现的深厚的人道主义精神和博大的女性胸怀。

一出现就轰动诗坛的《致橡树》是舒婷1977年创作的一首当代诗歌。这首诗共36行，前13行诗用攀援的凌霄花、痴情的鸟儿、泉源、险峰、日光、春雨六个形象，对传统的爱情观进行否定；后23行正面抒写了自己理想的爱情观。在爱情、友谊都会遭到批判的年代，她不惜用浓墨重笔来倾情赞誉。但她强调，不管什么样深沉的感情，都不可能有任何人可以作为依靠，人的价值和尊严都必须建立在人格独立的基础上。《致橡树》许多读者以为这是一首爱情诗，这样的理解可能就太狭窄了。在这首诗里强调的是，不管感情多么相通，不管对方多么伟岸、多么高大，都不能"借你的高枝抬高本人"。

看看后面一段：

我们分担寒潮、风雷、霹雳；
我们共享雾霭、流岚、虹霓。
仿佛永远分离，
却又终身相依。

这才是伟大的爱情，
坚贞就在这里：
爱——
不仅爱你伟岸的身躯，
也爱你坚持的位置，
足下的土地。

在舒婷看来，"这才是伟大的爱情"。这在理想上已经远远超越了狭窄的爱情，而是一种人与人之间的默契和理解，是一种互相独立的精神。其意义相当于一种新时代的人格独立宣言，这在习惯于呐喊的诗人们看来很是大逆不道。不少参与论争的文章之所以火气很大，缘由大概在于他们觉得已经视为神圣的美学准绳不仅被否认，甚至还遭到了亵渎。

舒婷这首诗的诞生，又与蔡其矫的一番言论有关。舒婷在她一篇题为《都是木棉惹的祸》的散文中点出了那次与蔡其矫先生有关女性的对话。说是在70年代中期的一天，曾经在写作上给予她很大帮助的蔡其矫，到鼓浪屿作客，傍晚在鼓浪屿景区一隅散步时，舒婷热情地陪同左右。在几乎是无所不及的话题中，蔡其矫说起自己既坎坷又丰富的一生，同时也谈到了他对当代女性的看法。说他认识的那么多女性中，似乎找不着十全十美的，当然也就没有一个能使他全心膜拜的。老诗人接下去的话题则更加明确地说：往往漂亮的女孩子却缺乏才气；有才气的女孩子又不漂亮；又漂亮又有才气的女孩子，通常都有凶悍之嫌。

老诗人对异性如此敏感性的品评引起争议是必然的，鲜明的争议就在舒婷的异议中发生了。舒婷当时想：从女性的眼光看去，又有哪一个男人十全十美？花和蝶的关系是相悦，木和水的关系是互需，只有一棵树才能感受到另一棵树的体验。老诗人对女性"左右不是"的看法，当时正值青春年少的舒婷，听后颇受打击。当即反驳说，这是大男子主义思想，男性与女性应当是平等的，各自存在优缺点也是正常的。原本悠然愉悦的散步，却在这不算和谐的话题中匆匆结束。各自返回后，舒婷的心情仍然难以平静，思绪翻跹的同时自己的诗心已经萌动，于是顺着这种萌动取出纸笔，想借用一首诗来表述自己的观点。夜阑人静、诗意飞扬，她写下了充沛着情感的《橡树》。事后，舒婷解释说，实际上，这首诗的产生既简单又普通，也不曾想到会引发那么多人的兴趣。诗中表明的是，橡树是永远不可能在南国跟木棉树生长在一起的，而在诗中，是将它俩作为男性与女性的指代物。

翌日，特意前来为老诗人送行的舒婷，恭敬地把漏夜创作出来的诗作草稿交给了蔡其矫。蔡其矫一阅，一向对优秀诗作有着特殊敏感性的他大为欣赏，当即连声说好。回京后拿出舒婷的诗作给好友艾青看，艾青看后也拍手叫好。据说艾青是从来不抄别人诗作的，但他在此诗面前，竟然一反常态，把这首诗抄在了他的笔记本上。诗的题目也在艾青的建议下由《橡树》改成了《致橡树》，不多久就发表在最权威的诗歌刊物《诗刊》上。此诗一问世，迅速轰动了诗坛，并毋容置疑地成为朦胧诗派的代表作品。

第三节　为朦胧诗呐喊

在当时，全国性的"大运动"已经终止，各行各业都勃发起新机。中国作家协会也审时度势地首次组织了全国知名作家们的大庆和鞍山之旅。这次活动的开展，一方面是宣示在"运动"期间停止了十年的中国作协恢复了正常运作，同时也是旨在实践"创作要上去，作家要下去"的准则。尽管那次的活动规格很高，但孙绍振和刘登翰等福建知名文化人士也参加了。活动的团长是艾芜，副团长是刚刚发表了轰动一时的《哥德巴赫猜想》的徐迟。作家比较多，诗人并不占多数，但艾青和公刘等诗坛名人都参加了。那时正是真理标准大辩论的前夕，每到之处沸沸扬扬。当时吉林省委的宣传部长不无才气，既当部长又当作家，著有多部杂文集，他的思想很是前卫，在和作家们谈话时毫不顾忌、身心都放得开。有些话说得话糙理不糙，相当鼓舞人心，让孙绍振难以忘却。

在此前后，孙绍振的那篇《恢复新诗的根本艺术传统——舒婷的创作给我们的启示》在《福建文艺》刊登，再次引起轰动，评论潮空前涌现。因为有独到的见解，连《新华月报》等大刊物都不惜版面转载。孙绍振把舒婷的诗当作新诗复兴的标志，文中有理有据地说：中国自艾青、戴望舒、田间、何其芳等诗人之后，诗歌忠于自我的艺术之传统就中断了。舒婷他们恢复了上世纪30年代以来的诗歌传统……未曾料到，据说这几句话引起了《诗刊》一位地位颇高的女性诗人的极大不满。她生气地说："照这位作者这么说，中国新诗六十年的历史，就只剩下三个半诗人？"她的意思是，连贺敬之、郭小川都不在其内，那么，何其芳也只能算半个，六十年新诗，只有三个半诗人。此话又传到艾青那里去，引起了他的狐疑。后来，因性情活跃而被公刘称为古道热肠的翻译家江枫看了这篇文章，就跑到艾青家里，风趣地说："在这位作者的笔下就是剩下三个半，您老人家还是第一个。"据江枫后来说，当时艾青听后微微一笑，甚慰。

《致橡树》轰动性的成功，又有孙绍振等理论界名人的支撑，极大地鼓舞了舒婷的创作热情，她沿着朦胧诗派的路大踏步地前行。在舒婷创作诗歌的初期，没有什么正式的刊物愿意接受她的诗。幸而福州市马尾区有一个油印的刊物，划有一版文艺作者们的园地，叫作《兰花圃》，此刊很有见地地发表了舒婷的多首诗作。就这样的一份油印刊物，吸引了全国各地的诗歌爱好者。他们或是三五成群，或是组织诗歌研讨会，对舒婷的诗展开了相当激烈的争论。然而，不管正面还是反面的评判，舒婷的诗还是一首首问世了，逐渐影响到全国，推进了中国当代诗歌史上波澜壮阔的朦胧诗大辩论。

孙绍振敏锐地认为：舒婷的诗在这样的讨论中迅速影响并扩展到全国，不但成为诗歌解放的信号，而且还成为改革开放初期思想解放的论题。谁也没有料想到这个历史任务竟然由一个黄毛丫头（以及她的同辈诗人）勇猛精进地承担起来。舒婷只有初中毕业的文凭，有时也不免给偏爱她的读者以稍纵即逝的忧虑。但是到了80年代、90年代，她对自我和生命有了不少愈加深入的发现，这些人生的深度又推动着她的创作走向新的高度。人们渐渐忘记了她的学历，赞叹舒婷是中国诗坛才华横溢的奇女子。

孙绍振为首的强有力的支持派更是给舒婷以莫大的慰藉，从而并不朦胧地继续着自己的朦胧诗创作。在创作上小有磨难的舒婷，把孙绍振等几位有共同见解、思维与理论的前辈当作了真正的良师。

在《致橡树》之后，舒婷又频出赏识者交口称誉的诗作，如可以列入20世纪新诗经典之作的《神女峰》。几乎所有的诗人和作家写到长江三峡这个自然景观的时候，都以浓重的笔墨赞扬爱情传说，舒婷却不客气地对之发出了疑问：

美丽的梦留下美丽的忧伤
人间天上，代代相传
但是，心
真能变成石头吗
为瞭望远天的杳鹤
而错过无数次春江月明

沿着江岸
金光菊和女贞子的洪流
正煽动新的背叛
与其在悬崖上展览千年
不如在爱人肩头痛哭一晚

在文论界此起彼落的评论声中，孙绍振言近旨远地说："这就把人的价值、女性的价值推向了新的高度。坚贞的爱情传说其实忽略了女性的生命。传统美德的意味，不过是石头而已，人才是最重要的，哪怕是一夜的痛哭，也比千年的景仰来得更有价值和尊严。她一出现就比较成熟的风格并没有把她自我监禁起来，她的才华和活力使她没有不断反复本人、模仿本人。她不时发表超越已有成就的诗作，令热爱她的读者惊喜。"

舒婷另一首著名的诗篇《祖国啊，我亲爱的祖国》，一问世就家喻户晓：

我是你河边上破旧的老水车，
数百年来纺着疲惫的歌；
我是你额上熏黑的矿灯，

照你在历史的隧洞里蜗行摸索；
我是干瘪的稻穗；是失修的路基；
是淤滩上的驳船，
把纤绳深深
勒进你的肩膊；
——祖国啊！
……

  针对这首诗，孙绍振是以这样的开端进行解析的：从这首诗中可以得出一个感悟，舒婷是有着强烈社会责任感的一位女诗人，她关注"社会"的同时也关注着"个人"。对时代忧伤的抒写，是舒婷作为一个朦胧诗人的使命感所在。《思恋》一诗中，缠绵悱恻的相思愁苦溢满字里行间，令人不忍触摸；"一幅色彩缤纷但缺乏线条的挂图"，诗人能感受到爱情的美妙却无法触其形；在《雨别》中，诗人又一次将自己内心的痛苦昭示于众，这种雨中分离的场景对于被爱者的"你"来说，也许只是一种最普通的分别，但是对于单恋者的"我"来说，却是一种透彻心扉的痛。这样的诗作，在当时之所以惹起极大的惊动，是由于长时期在诗坛上盛行着一种风气：诗歌只能表现慷慨激昂的，其实也就是"假大空"的感情。祖国的一切都应该是辉煌绚丽的，而不能有半句的"反调"。然而，舒婷的诗里，却并没有回避祖国未能彻底改变贫困和落后局面的现实。"老水车"是陈旧的工具，"熏黑的矿灯"则提示着原始的劳动方式，而且是在"历史的隧洞里"，千百年来没有变化。"蜗行"是劳动者的统称，同时也是历史缓慢进展的统称。"干瘪的稻穗""失修的路基"显示了破败，不只是经济，而且还有整个社会生活。下面的意象"淤滩上的驳船"，给"历史的隧洞"又加了一份沉重。最后两个意象更富感性——"纤绳"和"勒进肩膊"。这是总结的一笔，把祖国苦难的历史转化为当代人的感受，带着直观又深沉的创伤。这完全是用感性笼统来调动读者的感情，不像十年动乱时期的诗歌那样充满了笼统的口号。

  孙绍振感动于这首诗大胆的想象，老水车、矿灯、驳船、纤绳等等并没有被当作内在的对象，而是当作了诗人自我。从表面上看，这是些平凡的物件，却更能让读者想象到诗人对祖国苦难的切肤之痛。这种具有痛定思痛作用的意象不是单一的，而是成系列的；意象之间不是按散文的语法和逻辑顺序连贯的，而是时而不即不离，时而叠加反复，形成了感情的层层深化。这首诗虽然不回避苦难和沉重，但是，也并不陷于苦难和沉重。相反，她以相当明丽的言语写出了陈旧的祖国在新时期的新希望：

我是你簇新的理想；
刚从神话的蛛网里挣脱；
我是你雪被下古莲的胚芽；
我是你挂着眼泪的笑涡；
我是新刷出的雪白的起跑线；
是绯红的黎明
正在喷薄；
——祖国啊！

由衷欣慰的孙绍振如此发声：异样是一系列意象的并列，其间有矛盾（理想和蛛网，古莲和雪被，眼泪和笑涡）、有单纯的激情（起跑线、黎明），在这里，读者甚至可以感受到舒婷的深刻。可贵的是，她的热情并不盲目，而是相当诚实且相当清醒的，这表明如今她对本人和她这一代青年的思想认识。她在诗的最后，概括本人这一代人是"迷惘的我、沉思的我、沸腾的我"。

这首诗至今仍然被选入大学和中学的课本，精彩了数十年。

孙绍振认为舒婷前期的诗作充满着一种浓郁的浪漫主义忧伤情调，这种看似低沉的情调，在朦胧诗论争中曾被权威诗坛所诟病。但舒婷所表现出的是理想主义者的忧伤，是时代的滞重与个体生命的抗争造成沉郁的张力，而不是顾影自怜的纯个人化的忧伤，是以舒婷的善良、真诚为底色的。她在诗歌中始终是在黑暗中看到光明，在冷漠中看到温暖，在贫乏中看到丰富。

孙绍振认为：写诗，并且把它公开发表出来，当然是为了博得欣赏。而欣赏的首要条件就是要看得懂，这是毋庸赘述的。可是，在自己面前竟然出现了一些"古怪"的诗，让人（至少是相当一部分人）看不懂，或者是看起来很费劲，这些作者究竟是在和自己作对呢？还是和读者的理解力开玩笑呢？当然都不是。经反复研读，他渐渐发觉这种现象并不是偶然的，也并不是刚刚才有的。因为不仅仅限于诗歌领域，在新时期的小说中，也出现了一些让读者似懂非懂的雾里看花似的作品。如王蒙的《春之声》《海的梦》等作品，以及在某些电影中意识流手法的运用，不也让一些观众感到迷惑吗？还有某些画家新的绘画表现手法，甚至歌坛上新的演唱技法，也在屡屡出现。这些朦胧文章、朦胧画作、朦胧歌曲，社会上纷纷议论、各抒己见的声音还少吗？

既然文艺界出现了这许多的"朦胧"，那么，朦胧诗的出现就是一种必然。如此必定会出现的诗歌体，应当去接受它，而不是负面评说，更无须批判。改革创新乃是文坛之要。不能不说，舒婷等朦胧诗人的艺术个性冲越了已经涌不起新浪花的陈旧诗歌潮流，澎湃出一股令人振奋的新诗潮。孙绍振认为这是十分可取的，期待并呼吁这种精神能够在中国作家群中发扬光大。

后来，第一届全国性诗歌理论讨论会在广西南宁、桂林召开，这标志着关于朦胧诗的争论进入了又一个新阶段。那时，从社会层面到权威理论界几乎都在问：为什么一首诗能够从不登大雅之堂的油印刊物一时间风靡诗歌界、以至整个文艺界的"大街小巷"，且一步步走向全国性的学术殿堂？正在这时，顾城的几首诗又在刚刚复刊的《星星》诗刊上出现，再次引起了与会者强烈的震动。争论不可避免地展开了，起始从叽叽喳喳的议论，演变成了严肃的论战。这次诗歌理论讨论会上，论战已经在全国顶尖文艺评论家之间展开，大家唇枪舌剑，针锋相对，个个都有高论。

在超常的热烈中，对理论抱着怀疑态度的孙绍振，暂时没有发表高见。直到会议快结束时，《文学评论》主编张炯左观右望，总觉得还要有一个声音才对：那就是孙绍振的发言表态，于是直言要求他提高音量"放一炮"。但孙绍振却没有多大兴趣，之所以三缄其口，是因为坚守了"沉默是金"的原则，此时无声胜有声，或许更好。但张炯和谢冕都同一个意见，坚持要孙绍振发声。于是孙绍振就提出了一个条件，请会议主持人把他的发言安排在最后。孙绍振终于发言了，这一发言不得了，大有"银瓶乍破水浆迸，铁骑突出刀枪鸣"之势，毫无异议地成了另一种声音的主旋律，竟然导致这次会议不得不延期。

孙绍振在《为朦胧诗呐喊》一文中，披露了会后的一些细节：因为主持会议者将这次会议的内容向上级有关部门作了汇报，孙绍振的大名，通过这次会议也就传到不少人的耳中。据悉，一位老成持重的名诗人很有点杞人忧天地，特意给谢冕写了封信，忠告他要与孙绍振这个人划清界限，却不无意外地遭到谢冕的断然拒绝。

孙绍振热烈地欢迎朦胧诗这个新生事物，直接在课堂上讲授，在公众场合讲演，也写文章为之鼓与呼。在朦胧诗引发的全社会的大辩论中，孙绍振不断酝酿、修正着自己的当代诗歌理念，终于撰写出《新的美学原则在崛起》一文。这篇文章在1981年第三期的《诗刊》发表后，立即引起诗坛和评论界的地震。它与谢冕的《在新的崛起面前》、徐敬亚的《崛起的诗群》，统统遭到批判。朦胧诗和《新的美学原则在崛起》等文艺理论的面世，从批判、辩论到讨论，再到四面八方的叫好声，经历了几起几落。但是日后的实践证明：孙绍振以及谢氏、徐氏的论述，成了当代新诗发展史上的重要文献。这三大文献被文学界合称为"三个崛起"，它们几乎在同声呼吁：给艺术的革新者更自由的空气和营养。

为什么能写出这么一篇与众不同的文章呢？主因是在70年代国家改革开放后文学界浩荡出一股新风，于是文学新人、文学新作，不可遏制地涌现出来，这股文学新风、新人、新作起始于朦胧诗人写朦胧诗。因为打破了传统诗歌的藩篱，肯定要惊动文坛，于是，某些领域的一些人从"惊慌失措"到"议论纷纷"，莫衷一是。这时候的孙绍振认为这是值得欢呼的一件事，因循守旧、墨守成规都是要不得的，不敢勇于创造创新是和客观事物的发展规律不能相容的，推陈出新、标新立异就是与改革开放年代所提倡的精神相辅相成的。因此，思想前卫的孙绍振当然要挺身而出，旗帜鲜明地表明态度，热情地支持这一新生事物。

在朦胧诗文学性质已盖棺论定的今天，他认为自己当年的一系列文章和观点，其精神价值不仅限于诗论，同时也不失为冲击思想牢笼的一支离弦的箭矢。它们超越了纯诗范畴的价值，也是唱给文学历史的一首赞歌。他不能不回顾在自己的少年时代就曾经立志以诗为生命，青年时代更升华为以生命为诗。然而在"文革"中,被困于几近绝望之中的自己,当时除了读诗能给自己一点生命的精彩以外,作为一个活人的一切感觉都麻木了。那时,他觉得自己是世界上最贫穷的人,贫困得只剩下诗了;同时,又认为自己是世界上最富有的人,只要一打开诗,就感到比任何凌辱自己的"左派"们在精神层面上都富有。

孙绍振说,曾经有那么一段失去了自由的历史,包括没有阅读的自由。虽然痛苦,但他没有沉沦,而是竭力寻觅唯一的精神天国:那就是在打扫卫生时偷看一本得来不易的《西厢记》。在那种日子里,能有这么一本书在手中,天地间就能透出一点亮色。孙绍振哪里舍得一下子读完,但又担心被人索回,想到的招数是秘密地用发给自己写所谓"自我剖析"的白纸,以仿宋体手抄。在那些日子里,灾难有多深重,孙绍振对于诗情的渴望就有多深沉。后来,他觉得自己对于诗歌艺术绝对的忠诚,正是在那灾难中养育起来的。也许就是凭着这一点,时机一到,就能义无反顾地为朦胧诗摇旗呐喊,冲锋陷阵。当时的那股傻气,那种痴劲,那般自信,真有一种不虚此生的甜蜜和骄傲。

从那以后,也就是后新潮诗出现、新诗进入更新的探索时期以后,孙绍振感到了困惑。他认为自己对诗的忠诚和对诗的理解,不能达到高度的一致。坚持自己对诗歌艺术的信仰,就不能完全认同新一代的弄潮儿;若要从所信奉的艺术观念为后新潮诗作出阐释,就不能不自我否定。当时孙绍振的北大学兄谢冕反复说他"永远自我感觉良好",但是,这种良好感觉到底"好"在哪里呢?他第一次感到自信的缺失,以致对已经发出的批评虽然出于信仰必须论辩,却缺乏论辩的激情。

关注孙绍振诗情的读者不难发现,从 90 年代中期以后,孙绍振面对新诗争论基本上沉默了。这不但因为他信奉历史的实践具有证明和证伪功能,而且还因为他怀疑从西方引进的某些理论。他欣欣地感觉到当下年轻的朋友们,正是在这些理念指导下进行灵魂和语言探险的。在很长的一段时间里,孙绍振都不能确定"新的美学原则在崛起"这些理念是把诗歌艺术推向绝境呢,还是拥向胜境?在困惑中,孙绍振选择了在沉静中观察。

他在忠于自己的观察和深思中不能不感到,那些号称最为前卫的理论并不一定是放之四海而皆准的。甚至当它们从欧洲出口到美洲的时候，美国人也并不是没有怀疑的。孙绍振的朋友刘亚猛教授在一篇文章中说道，美国理论家J.希利斯·米勒"对1960年以来美国思想界从欧洲大陆的大规模理论引进进行了反思，得出了一系列发人深省的结论"：理论并不如一般人想象的那么"超脱大度"，而是跟它萌发生长的那个语境所具有的"独特时、地、文化和语言"相互盘根错节、难解难分。又如，在将理论从其"原址"迁移到一个陌生语境时，人们不管费多大的劲，总还是无法将它从固有的"语言和文化根基"中完全剥离。

从这位朋友那里，孙绍振长期的困惑得到理论上某种程度的阐明。我们引进的那些西方理论，我们模仿的那些西方的诗风，或许也可能"是一匹特洛伊木马，或者是一种计算机病毒"？是不是"反过来控制了机内原有的程序"，对自己视为生命的诗艺"产生破坏性效果"？美国著名学者、理论家乔纳森·卡勒说过：作为理论，其本身的准则就是反思。孙绍振回顾自以为奉献给诗的生命历程，忧惧之情油然而生。整整七十多年的岁月，对诗真正有把握，不过是上个世纪80年代那不到十年的时间。在70年代以前，孙绍振还为正统诗坛的"假大空"的权威所窒息，在90年代以后，又为新诗的眼花缭乱所迷惑。他觉得自己不算是愚蠢的人，但实在是很渺小的。虽然渺小，但聊可自慰的是，毕竟这是一个追求诗歌艺术之人在心灵探险方面的记录，一个颇有时代特点的个案，其中许多观念和细节还有历史文献的价值。

正是因为这样，在上世纪末本世纪初，孙绍振的研究转向了新诗历史、诗学审美和新诗经典文本的解读，写出了《新诗的第一个十年》和《〈再别康桥〉解读》等等作品。在这个领域中，他欣慰地感到，自己又恢复了谢冕所说的"自我感觉良好"。不过，孙绍振近三十年的学术生涯，为朦胧诗辩护这个学术行为随着时间的推移，为他获得了最大的社会影响力。

《新的美学原则在崛起》缘于朦胧诗的崛起而崛起，又因为朦胧诗年年不败的山花烂漫，而持续丰富着创新的理论。对于这篇大作，文论家南帆有这么一段很有意思的评论：重读《新的美学原则在崛起》，许多人察觉文本的一个奇怪现象。这篇论文大约五千四百字，第一自然段约二百五十字，第二自然段约一百八十字，第三自然段接近五千字——全文只有三个自然段。前两个自然段孙先生似乎只是清了清嗓门，然后一口气直接飙出最高音。实在佩服孙先生拥有不同凡响的嗓门、丹田与肺活量……

《新的美学原则在崛起》的问世，为当代文学之墙砌上了一块厚重的基石。孙绍振为艺术革新者举旗呐喊而独创的许多新理论，不仅警醒了当下，且一直影响到未来。他在中国文学之路上立起的这座丰碑，将引导文学作者们在不断创新的大道上前行。

"崛起之作"，不但让国内理论界的人士口口相传，还传到了国外。荷兰人克瑞先生有一天来到武夷山作客，在招待会上，或许他看到已落座的孙绍振一身学者风度，于是径直走到孙绍振身边，礼貌地征询道："我可以坐在你这儿吗？"孙绍振欣然地起身表示欢迎。席间，他们交谈甚欢。克瑞先生说他在澳大利亚一所大学里教中国当代文学，在教到诗歌时，他曾经向澳大利亚的学生介绍孙绍振等三位中国学者的"崛起论"。当时为此感到荣幸的孙绍振，不能不与他继续着一段关于崛起的话题。那天，孙绍振并没有和大家一起去爬山，却因为对崛起的同样理解，和克瑞先生一样爬过了一座看不见的中外文化上互相隔膜的山峰。

第四节　《文学创作论》降生

有位学者评论孙绍振时，曾说他是"把论文写在大地上，让中华文化精髓嵌入学子头脑，把'以情促融'落到实处，让中国学派文论昂立于世界文坛"，"自觉把传承中华文化的担子扛起来，再把担子交给下一代，才能无愧于人民教师的称号……"这简洁却很有深度的评价着实是说得恰到好处的。

先说说无法淡化的《文学创作论》这部著作。

《文学创作论》于1987年由春风文艺出版社出版，因为它令人信服地解释了作家进行文学创作的动机，总结了对于中国读者来说全新的文学审美原则，成为一部轰动文学圈和评论界的理论著作。2009年，孙绍振对书稿作了一些修订后，由海峡文艺出版社再次出了新版，并列入"闽派文论丛书"

之中。

　　《文学创作论》从第一章的"假定论"到第八章的"风格论",八百多页,六十五万字,煌煌大论,山高水深。孙绍振在书中大声向作家们鼓与呼：文学创作必须力戒空泛、抽象的概念演绎,要始终着重于对形象与生活、作家情感的矛盾做系统的具体分析,要从审美形象的感觉、语言、逻辑和一般理性思维的矛盾和错位,全面揭示出形象构成的深层奥秘。数十万字的一本大著,即便是勤于读书的人,也得多个日夜才能读完,倘要细细地领会其精神实质,那就得要有更长的时间。让我们先欣赏一下新版书中的"前言",也就是当年首版时的"后记"这个部分吧,它是作者提纲挈领般的"道白",实是不可多得的直通孙绍振心灵深处的一条小径。

　　统观全文,孙绍振之所以会在文学之路上站得高、走得远,与他在少年时就不满足于阅读时的陶醉,而总是强迫自己反复探寻那构成形象的奥秘大有关系。在那时,他就怀着极其虔诚的心情,去阅读那些世界文学史上的经典著作,凭着那个年代孩子气的纯真,少年孙绍振就想在反复阅读中窥破那神秘的规律。或许是希望太大,所阅读的作品并没有达到他的愿望。因为他发现自己只能被形象所俘虏,而不能主动地解剖那些形象,勘破形象构成的天机。于是他迅速转了一个方向,开始再度如饥似渴地阅读自己所能接触到的一切文学评论文章和理论书籍。然而读得愈多,他的失望就越大,那些文章没有一篇能使自己那饥渴的求知心理感到丝毫的满足。他发现凡自己能够理解并且不费力气就能举一反三的东西,那些文章就大讲而特讲；凡自己不能理解、梦寐求索的东西,那些文章不是一笔带过就是空谈一气。有那么多的文章异口同声地说形象是如何重要,可是没有一篇文章能够告诉他：形象是怎样构成的。

　　那个年代的孙绍振,已经在化学课本上读到俄国科学家门捷列夫的元素周期表。一想到元素周期表,他就对人类的聪明和智慧惊叹不已,可是一看到文学理论,却会让他变得自卑。因为他看到一个最蹩脚的化学家,都知道水是由二分氢、一分氧合成的,一旦成为水,氢的自燃性质、氧的助燃性质就走向了反面——灭火。可是当时的文艺理论却告诉他形象就是生活,而且反反复复、不厌其烦地讲。孙绍振质问道："形象既然与生活没有什么区别,为什么那么多有生活的人又不能创造形象呢？形象与生活的区别究竟在哪里呢？"作为一个中学生，他始终不能为那些堂皇的理论所折服。他认为这样的理论事实上都是一些系统的空话，对培养作家构成形象的能力是没有什么切实效用的。因为事物的本质在于特殊矛盾之中，掩盖了矛盾就混淆了本质，孙绍振不得不开始怀疑是这些理论出了大问题。发现了当时文学理论的贫乏和空洞后，孙绍振在失望中觉得愤懑。可以这样说，正因为孙绍振从青少年时就对当时的文学理论感到失望，因而才能在自己构建文学创作的理论时矢志不让独爱"孙氏文学理论"的读者失望。

当他向北大的同学诉说这种怀疑时，却被告知：理论就是理论，它不能管那么多实践的事；而且不管苏联人、美国人都是这样主张的。然而这样的回答，仍然不能让孙绍振服气，对那些脱离创作实践的理论始终采取怀疑甚至是不能忍受的态度。他认为文艺理论的生命来自创作实践，理论的权威应该在指导实践的过程中确立。当创作都对理论采取敬而远之的态度时，不是创作者愚昧，而是理论被架空了。

后来，孙绍振得到一个信息，说是绝大部分作家都对这种理论采取调侃态度，有世界闻名的大作家甚至把这种理论家比作牛虻、虱子。终于遇到知音的孙绍振，真有一种心花怒放的感觉。那天正是一年中的夏末时节，无法避免的酷热，让他无处消遣。这时，孙绍振看见一个卖冰棍的，正愁剩下的十支融化得不那么完整的冰棍卖不出去，他却欣然把这十根烂冰棍全买了下来。当占领着两手的冰棍非常痛快地吞了下去之后，他真想亮一嗓子大呼清凉的过瘾。"十根烂冰棍"虽然是一个小故事，但又一次折射出孙绍振的纯真可爱！

"文革"结束以后，属于孙绍振的文学理论天地一下子就宽广了起来。在为解放军艺术学院文学系的作家们讲学时，孙绍振一边在阐述自己的文学理论观念，一边又不得不套用那些显得俗套的理论。当然，他在为福建师大中文系和其他一些创作学习班讲课之时也同样如此。所以无论在京城还是在省城，每每上课之后，孙绍振总是因此怀上了某种不安的心情。每当意识到自己所讲的，与自己年轻时所不能忍受的那些空话有某种共同性时，他总禁不住感到心慌、脸红，甚至还有额头上沁出汗珠的感觉。

之所以会有这样的感觉,他是基于自己的信条:凡于创作无用的于理论也无用,为了于创作者有用,宁愿牺牲一点理论的森严性。宁可败坏理论家们的胃口,但决不能败坏作家的胃口。当然,孙绍振在演讲中也同样追求理论的系统性、严密性、自洽性,文艺理论与文艺创作的脱离,不管有多少理由,都不是可以夸耀的事。当然理论可以是理论家世界观的一种表现,理论家和作家一样有表述自己看到的世界的权利,这种权利不应该只属于作家。但是,最好的理论应该是既表现了理论家自己,又能给作家以具体的帮助。

本着这样的观念,孙绍振在撰写《文学创作论》时说道,他被令人心醉神迷的文学作品所震慑,切望理论告诉他文学实践创作的奥秘。当他被告知,理论就是理论,它不能管那么多实践的事,而且不管苏联人、美国人都是这样主张时,他立马站出来叫板这些"洋教条"。他以当时女排夺冠作对比:这好像体育赛场上,当然应该有体育评论员对每一场比赛、每一个运动员加以评论,不同的评论员有不同的选择。但光有评论员还不够,还得有教练员,最大的功勋并不属于评论郎平的评论员,而属于培养了郎平的教练员。孙绍振认为:最好的评论员起码应该是一个称职的教练员。如果一个国家的赛场上一个教练员也没有,却充满了见解独特的评论员,那这个国家的体育运动水平是很难提高的。最好的评论员不应该为自己只会评论而不会当教练而自豪。因此他坚定地说:"我的信条是凡于创作无用的于理论也无用。"

在任何成果面前从不沾沾自喜而始终要求自己不断提高的孙绍振,并没有僭妄到以为自己已是一个称职的文学"教练",他并不准备把这多年来的中国当代文论的全部成就都囊括进这本《文学创作论》。从 20 世纪 80 年代中期以来,西方文论的大规模引进和中国当代文论的全方位飞跃,让孙绍振谦逊地认为个人的才力和精力不可能那样地博大精深。从另一方面说,即使有那样的可能,与自己这本专著的性质也不完全相容。孙绍振只是力求让这本书能与当代中国文论的前沿话语,以及自己的研究成果相互接轨,而不偏离。

孙绍振说,这本书并不是一般的文学理论著作,而是一本创作论。它是专门研究作家创作心理以及驾驭形式的特殊规律和技巧的,可以说是一本审美形象本体论的专著。孙绍振的目标是揭示作家创作的特点,着重在区分文艺创作与一般哲学社会科学作家的理论作品和自然科学家的科学创造的相异之处。另外，在许多方面，还尽可能争取有那么一点可操作性。以此摆脱哲学认识论的附庸状态，去寻求文学理念的独立，这是他在 20 世纪 80 年代开始文学理论研究的立足点和出发点。

孙绍振认为，此书针对的是我国文坛"正统派"教条主义理论，因为清算的历史任务还远远没有完成。可是在 90 年代引进的某些西方文论，却又把文学的最高任务设定为哲学的诠释，甚至对加谬那种极端地把文学当作哲学图解的说法也趋之若鹜。一些评论家曾经宣言：文学评论家的任务就是要对文学作品作出哲学的阐释。许多说法让他想起了 30 年代早期所谓的"辩证唯物主义创作方法"。不管在哲学上有多少大师级的权威为这一学说作出历史文献的支持，其最大的悖论在于：号称辩证唯物主义，却违反了唯物主义的基本原则，不是从形象本身出发，也无视形象本身的内外部矛盾，而往往只从观念出发。孙绍振忧虑地说：更为严重的是，学术和政治双重权威的话语遮蔽作用，造成文学理论的某种失语状态。俄罗斯唯物主义哲学家、文学评论家车尔尼雪夫斯基在 19 世纪 60 年代的大学毕业论文中提出这样一个命题："美是生活。"这种论调其实是很肤浅的，因为他粗糙地把美和原生状态的真统一起来。从方法论来说，这种学说是把美、文学形象和生活的统一性作为追求目标。这种观点统治了中国文学理论数十年。

孙绍振说，统观中外文学创作论，从世界古代史上伟大的哲学家亚里士多德到德国最伟大的哲学家之一黑格尔，从俄罗斯唯物主义哲学家车尔尼雪夫斯基到法国 19 世纪杰出的文学批评家泰纳，他们都把感性的生活，未经主体同化的生活，不但当作了文学的出发点，而且还当成了终点。这就暴露了其思路是单向的，从逻辑上来说是线性的。国内的一些学界权威所信奉的辩证法的原则，认定矛盾才是事物的本质。既然说到本质，那么，孙绍振要请 90 年代的反本质主义者们原谅，暂时不要和他讨论本质是否存在的问题。但是，也正是因为考虑到本质的多元，本质的历史性变幻，本质由于主体的种种不同而变异，他果断删除了原书中自己早就感到不妥的第三章"本质论"。

上世纪 50 年代末，朱光潜先生为了摆脱正统文学理论的尴尬，提出了美是主观和客观的统一。但孙绍振认为结果仍然是徒劳的，因为主观和客观就是统一了，说的也只是到达真的途径，并没有为艺术的美揭示出什么特殊的奥秘。在追求统一性的思想方法的长期统治下，层出不穷的文学理论很大程度上成为自恋的独白，不管体系多么堂皇，在某种政治风波中批判的声势多么凶暴，却对于作家的创作和读者的欣赏常常毫无用处，甚至造成干扰和误导。

由于孙绍振本就是一位作家，当他开始研究文学理论问题的时候，就不由自主地对这种既缺乏深度又几乎毫无实用价值的理论敬而远之。他努力追求的是揭示出形象构成的系统奥秘，争取对于作家这种从事灵魂冒险工作的人有用、有启发。从方法论来说，孙绍振首先抓住矛盾，而不是统一。为了把这一点贯彻到底，他又删除了当时为了和传统文学理论妥协的原书第一章"真实论"。他坦诚地说，这一章非常肤浅，是他在全书完成以后听从了一个友人的建议，为了避免全书夭折而加上去的外衣。后来，孙绍振恢复了自己原来的第一章"假定论"。在这一章中，他明确文学与生活的第一层次矛盾就是假定。

为了创作这部《文学创作论》，孙绍振阅读了不少中外有关这方面的论述，发现在英语里，文学上的虚构作品和纪实作品有根本的区别，这也是他理论的基本出发点。1985年，他在《文学形象的三维结构和作家的内在自由》一文中，是这样开始正面质疑胡风所说的机械论："如果有人问花是什么，我们回答说花是土壤，我们会遭到嘲笑，因为我们混淆了花和土壤最起码的区别；或者用哲学的语言说是掩盖了花之所以为花的特殊矛盾。同样，如果有人问酒是什么，我们回答说，酒是粮食，我们也会遭到嘲笑，因为粮食不是酒，这个回答没有触及粮食如何能转化为酒的奥秘。然而，在文艺理论领域中，当人们问及形象是什么，美是什么时，我们却不惜花费上百年的时间重复这样一个命题：美是生活……形象之所以成为形象就是因为它不再是生活，正如酒之所以为酒，因为它不再是粮食。"

孙绍振在人民文学出版社1988年出版的《美的结构》中说："这种矛盾不仅仅存在于表面的感性，而且深藏于文学形象的内部结构。作家的创作过程作为特殊研究对象，应该有特殊的思路和逻辑。作为一种学术体系，首先应该有自己的逻辑起点。"他所理想的这种起点，不但是一个起点，而且是概念系统的基本生长点。由此而衍生出来自成体系的观念和范畴，这种范畴应该是自洽的，相互补充又相互构成张力的；既不可任意抽取其中的一个成分，又不可随意增加任何成分的。任意性地把流行的、现成的概念凑合在一起，不可能是科学的体系。就是沿着自身观念单向地、线性地演绎，也不能达到科学自洽性的要求。作为学术，它的逻辑展开不仅仅是逻辑的，同时又与文学形象的内外结构和基本形式的历史发展是统一的。从形象结构的逻辑起点上，作分析的和综合的、逻辑的和历史的展开，这是孙绍振方法论上的追求。

孙绍振认为在 80 年代以前，正统文学理论的逻辑起点是哲学的，没有自己的逻辑起点，更没有自洽的体系。90 年代引进的西方文论的语言转化、符号学、结构主义、解构主义、话语学说，甚至连法国作家拉康的所谓话语革命，尽管在哲学理念上和传统文学理论上南辕北辙，但是在方法论上和正统文学理论上是比较一致的：不是从文学形象和创作过程本身，而是从文化哲学的大前提出发，向文学作单向的演绎。在漠视文学创作本身的艺术特殊规律方面，90 年代的文论在某些领域走得更远。从逻辑方法来说，演绎法是他们的基本方法，但是他们没有考虑到演绎法的局限：结论已经包含在大前提中。有了周延的毫无例外的大前提，才能演绎，这就意味着已经把文学的性质和奥秘肯定下来了。既然所要证明的已经确定，也就取消了演绎的必要。如果所要证明的还不能确定，周延的、无所不包的大前提就不能成立，而没有周延的大前提，则演绎不能进行。这本是逻辑史上的常识，同时也是人类思维本身的悖论。正是因为这样，人类一切文化积累，一方面是一种进步，一种思想的"澄明"；另一方面又是一种"遮蔽"，隐含着某种僵化。

因而，孙绍振认为不能不对自己的思维工具，尤其是演绎法的"遮蔽"性保持警惕。事实上，西方文化大师很清楚这一点，因而他们敢于对任何现成的、天经地义的基本概念、范畴、话语进行"去蔽"。可是，只要接受他们的"去蔽"理论，就不能不面临演绎法本身的悖论：如果对一切现成观念、话语都要进行"去蔽"，那么"对一切进行去蔽"本身也属于"一切"之列，则也应进行"去蔽"；那么从纯粹理论角度而言，"去蔽"的结果，可能是否定了"去蔽"。

孙绍振强调：不管什么样的批判性理论，它都是以全面的姿态出现。但是这种全面只限于对外，从来都是把自身排除在外的。一旦这种全面的批判性把自身包括进去，悖论就产生了。这在辩论术中叫作"自我关涉"。西方大师们就像中国武侠小说中的某些英雄，不管他有多么超人的武功，但是他总有一个软弱的穴位，只要轻轻一点往往就会有致命的后果。这本《文学创作论》，正是西方大师的话语"去蔽"理论，给了我们对他们的"去蔽"再次"去蔽"的权利。如果把这一点坚持到底，就有可能在悖论的恶性循环中不能自拔，陷入绝对虚无的相对主义。但是当悖论以黑色幽默的姿态戏弄着我们的时候，唯一可行的办法就是回到事实面前，从某种程度上可以说是回到形象的本体的直觉中去，东西方的大师们自身就是这样做的。

在西方科学史上，当人们为燃烧现象是不是燃素的作用而争论不休之时，是拉瓦锡的实验发现了氧，开辟了现代科学的伟大时代。似乎不能想象，人们研究水的时候，就像正统的文学理论家那样一味执着于水的来源，而不是研究水本身的结构；如果科学家们反复纠缠于水是天上掉下来的，还是地上冒出来的，为它和土壤、金属的普遍共性旷日持久地争辩不休，人类科学的伟大发展是不可想象的。

这表明了一个简单的方法论：当演绎法不能解决问题的时候，唯一的出路就是研究对象本体结构的功能。而我们正统的文学理论却用了近一个世纪的时间，强调着生活和形象的线性的一致性。当代西方文化大师则把话语、语言和文学形象的一致性当作天经地义的前提，对于文学形象本身的结构却缺少加以揭示的兴趣。根据孙绍振的研究，文学形象显然并不由生活或者话语一个元素构成，它是一种三维结构，是由生活的主要特征、以情感为核心的心理特征和文学形式的特征三者构成的一种复合结构。

正是因为这样，在书稿第一章中强调了文学与生活的矛盾以后，接下来就是第二章"形象论"。在形象的结构中，不但生活只是一个要素，就连作家的情感也只是一个要素。生活的客观特征和作家的主观情感特征猝然遇合，构成了形象的胚胎。就像精子和卵子相结合以后形成的胎儿一样，其性质和功能就既不同于精子，又不同于卵子了。从生活来说，它的价值是真实，从情感来说，它的价值是真诚，二者的原生状态都是属于真实的价值范畴。但是真的并不一定具有美的价值，二者结合上升到美，只是某种可能，因为其间有一个假定的作用。假定的作用有种种可能（例如导致呓语），只有通过审美规范形式的作用才能把假定性落实、升华为艺术美的价值。

这样，孙绍振自由地从认识论转向了价值论，从工具论转向了目的论，从目的论延伸出形式论。从价值论来说，这已经不是正统文学理论所说的认识价值的真，而是艺术假定的审美价值。由于形式这一维相当丰富而且复杂，出于论述方便，孙绍振就把它放在了第三章"智能论"之后的第四章中。形式是一个复杂的范畴，有其丰富的层次。如果把普遍性和特殊性的形式规范加以混淆，则可能导致审美价值的贬值，相反则导致升值。在"形式论"这一章中，只讲到形式规范的普遍性特征。普遍形式层次下的三种特殊形式层次——诗歌论、散文论、小说论，则分别在第五章、第六章、第七章中展开。无疑，如此的布局，孙绍振是经过反复推敲的。

孙绍振的研究方法主要是从经典作品中进行归纳，当然归纳和演绎法一样，也有局限，也隐含着悖论。为此他不能不适当运用演绎法来补救，这并不是自觉的，因为许多大师的理论前提影响着他。比方审美价值论，就是从朱光潜和康德、克罗齐那里，被孙绍振用"六经注我"的方法加以改造的结果。

孙绍振引经据典地说：德国古典理性主义哲学创始人康德的学说，对于许多文学理论家来说本来是并不陌生的。但是由于马克思并不是康德的学生，马克思在青年时代是青年黑格尔派，因而对于康德是比较疏远的。所以列宁在总结马克思主义的三个来源与三个组成部分时，讲到马克思的哲学来源于德国古典哲学，只讲了黑格尔的唯心主义辩证法和费尔巴哈的机械唯物主义，连康德的名字都没有提起。这导致了有些理论方面的学者把正统的文学理论拘于黑格尔的理性认识价值，而对审美价值与认识价值的矛盾缺乏了解产生出许多恶果。把形式作为形象三维结构的一维，也是从经典作品的欣赏中体会到的。这一部分在这本书中占的篇幅最大，大到何种程度呢？在八百多页中"形式论"占了五百页，大约三分之二。

当然，执笔者也注意到了，形式规范并不是僵化的、固定不变的，而是开放的，其规范性是历史的，随着历史的发展而发展变化的。因而，形式总是在不断积累和不断突破的过程中变幻的。形式是一种历史积累和规范，而作家的创作，不遵循规范就难以达到时代的平均水准。而满足于平均水准，又可能有违突破创造的本义。因而，作家都必须越过规范。有限的超越意味着风格，风格不仅仅如18世纪法国博物学家、作家布封所说的那样简单的就是人，而是人格——形式——生活三维结构的独特的调整和创造。当风格的超越达到一种极限，形式本身就可能发生质变，甚至可以说是崩溃。此时形式规范的更迭就开始了。

孙绍振在论述具体形式规范的三章中，诗歌、小说部分改动甚少，只有散文部分有较大改动，其中有一半是再版时重新写作的。他指的是第三、四、五节，审美、审丑、审智三种散文的论述。孙绍振说，他应该承认，书中的形象的三维结构、审美价值论和审美形式论一开始并不是很明确，写到下半部才有了柳暗花明一般的豁然开朗，真正有了一种体系性的感觉。这本文学理论书，孙绍振最初期的写作是在1983年，那时他由于支持朦胧诗而卷入全国性的大论争。这一论争，导致他的有关文章发表受阻，由于教学的需要，他就集中精力把原来的讲授内容提纲化为文字。等到形势缓和了以后，《形象论》（原名《形象的构成》）得以发表在沈阳的大型杂志《春风》上。

此书受到一位很有远见的总编辑的特别青睐，编辑邓荫柯先生承担了出版任务。但那时孙绍振所完成的文稿还不及全书的十分之一，后来的写作又持续了两年之久。当春风文艺出版社邀请他去沈阳做文稿的最后修订时，他提出将本书的第一部分重新改写。编辑先生却表示了为难，理由很简单：等到你把前半部分修改完毕之后，可能又觉得后半部分需要修改了。孙绍振接受了编辑的建议，没有再大动干戈，只是对理论体系上不够自洽的前半部分，修改相对较大，但并没有推倒重来。除了删却两章以外，另外作了少量的重写；在某些地方他改换了一些不够完善的材料；有些不足之处，特别在文后加上注解；当然，对于有些繁琐的材料则作了无情的删节。在删节方面，他自认为做得不够坚决。因为有一些读者反复向孙绍振表示：书中的材料和微观分析往往是精华的。这样的声音多了，就使他觉得手软。

孙绍振的文学批评是寻求文学艺术创造的奥秘，透过解码找编码，这才是孙绍振文学批评的落脚点。因此，尽管孙绍振所有的理论著述皆为论辩体，但无论是明辩还是暗辩，所有的论辩都不是为了享受辩驳的快感，而是为了找到文学艺术创造的特殊性乃至唯一性。

第五节　《文学创作论》的特殊影响

　　上世纪 80 年代中期孙绍振在解放军艺术学院授课，教的主要内容就是《文学创作论》。当年的学员，大多是全军在文学创作方面的拔尖人才，当时已有不小名气的莫言就在其中。或许连他自己也未能料到，这位来自福建师大的孙先生在文学创作理论方面有着他人难以企及的独特的高深学问。聆听了孙先生一系列课程之后，莫言深有所悟，似乎前所未有地在创作方面有了一种全新的方向感。在诸多文学创作理论中，"跨界大通感"的创作方法就是其中之一。这是莫言在孙先生课堂上所领悟的其中一种，这个论述对于他后面的文学创作是帮助最大的。

　　所谓跨界大通感，大可顾名思义。有位哲人这样说"跨界"：就像一堆水果，你想调配出复合的味道，至少要知道各种水果的不同口感吧。严格说，跨界，更像策略而非具体方法。从一个界，跳到另一个界，不就跨界了。突破固有的层面，不争对错，只看是不是和最终效果匹配。莫言是如何灵活应用孙先生《文学创作论》中"跨界大通感"的，关于这方面，福建师大文学院教授、博士生导师赖瑞云为此写了一篇《本土文论对莫言"跨界大通感"创作的影响》的文章，刊载于《海峡人文学刊》。

　　暂时把莫言先生诸多的名作先摞在案边，举例《透明的红萝卜》这部作品，就深受孙绍振五官通感课的影响。2017 年，已经获得诺贝尔文学奖的莫言，应邀重回解放军艺术学院参加创作座谈会。他在发言中谈到当年军艺老师的授课对他文学创作所产生的深刻影响，在军艺老师的群体中第一个提到的就是孙绍振。他说，来自福建师范大学的孙绍振老师，记得这位老师给我们所讲的课程中有多节课里面讲到五官通感的学问，就对文学创作很有启发。他讲诗歌，比如说我们写诗，湖上飘来一缕清风，清风里有缕缕花香，仿佛高楼上飘来的歌声。清香是闻到的，歌声是听到的，但是他把荷花的清香比喻成从高楼飘来的歌声。还讲到一个人曼妙歌声的余音，可以绕梁三日不绝等等。莫言说得很清楚，他将孙绍振军艺课上阐述的五官通感理论直接运用于《透明的红萝卜》的创作，并且是赋予主人公核心品能（超常能力）的直接的主要依据。

莫言在离开家乡三十年之后回到山东高密市平安庄家乡那所让他成名的母校，与他的老少校友们畅谈他的成名之作。那天的场合相当庄重，莫言在侃侃而谈中，首先谈起的就是孙绍振的通感理论。如此的念念不忘，可见孙绍振的这个理论对他的影响非同小可。其一表明它是该篇小说创作过程中的决定性的主要技法影响，其二表明莫言后来形成的"大通感"超常规写法，源头就是孙绍振这很让人茅塞顿开的五官通感课。

有一天，莫言与学者王尧教授对话时说：军艺读书是他"创作生活中的一个巨大转折"。其时军艺文学系请了北大、北师大、福师大等大学里学问和口才都很厉害的教师来讲课。经一段时间的听讲，他脑子才渐渐开窍了，开始知道应该写些什么东西。省悟的另一面，是知道身边的普通事情"也能变成小说"。但是，起初"怎么写还是不太清楚"，但到1984年冬以超常写法令人耳目一新的《透明的红萝卜》诞生时，"怎么写"已为莫言所掌握。莫言首先总结说："这篇小说实际上使自己的信心大增，甚至大增了'野心'。"也就是《透明的红萝卜》的成功使他欲以超常写法大展身手，直至创造出了更为惊世骇俗的《红高粱》。

莫言在《透明的红萝卜》这篇文章中所应用的大通感笔法，除了孙绍振的通感课的重要启迪之外，当然还受到多位中外名作家创作方法的影响。诸如早在1949年就获得文学诺奖的美国小说家福克纳，由于他在小说中常常出现"家乡的那块邮票般大小的地方"这句话，让莫言联想起自己的家乡同样可以比喻成"邮票般大小"的地方，激起了他对建构"高密东北乡文学王国"壮丽图景的澎湃激情。莫言在与王尧教授的对话中就谈到"作家大多数都有自己的这么一块土地"时，即兴说起鲁迅的绍兴、沈从文的湘西、王安忆的上海……然而，孙绍振的通感课的启示，莫言不仅仅在家乡那块地方不断耕耘，也善于跨界"同化"，把他乡、他人、他书中可以同化的一切衍化到故乡去。就像当年的"文学神童"刘绍棠的"一口井"创作那样，也是在其运河岸边的故乡领地编织动人的民间故事。但因为他仅仅固守"那口井"深挖，即便挖到底也还是"那口井",最终作品出现了自我重复、时代感不强等局限。而莫言却能够灵活运用跨界超越故乡,把不同地域、时代、生活、文化、故事等等一切素材同化到他创建的"高密东北乡文学王国"。这或许是他最大、最引以自豪的文学成就之一。

莫言曾经在他的一部书中以一万五千字的论述专设了一个章节,在此章节中阐述了很多精彩见解,如:"可以把一些天南海北的、四面八方的、古今中外的,你认为能引起你创作冲动的故事材料移植到你熟悉的故乡背景里来。但是,这要靠个人的经验把这些外来的故事同化,用你的想象力变成好像你亲身经历过的一样","把从别人书上看到的,从别人嘴里听到的,用自己的感情、用自己的想象力给它插上翅膀"。总之,最重要的不是"有一块属于自己的文学领地",而是将别人的"故事"变化到自己的"故乡"中去。在此专论中,莫言唯一提到的理论源泉就是孙绍振的同化论。由此可见,莫言就读于军艺时,孙绍振的同化论课程对他创作的影响之深。

自从走出解放军艺术学院的大门后,莫言曾在多个不同的场合,只要一涉及怎么才能走出一条文学创作的成功之路时,总会说:"我记得在军艺读书时,福建来的孙绍振先生对我们讲:一个作家有没有潜能,就在于他有没有同化生活的能力。有很多作家,包括'红色经典'时期的作家,往往一本书写完以后自己就完蛋了。就不能再写了,因为再写也是重复。他把自己的生活经历写完以后,再往下写就是炒剩饭。顶多把第一部书里的边边角角拎出来,再凑些内容,组合成另一篇。新的生活、别人的生活很难进入他们的头脑,进入了也不能被同化。这样写出来的作品,又有多大的意思呢?"

赖瑞云教授在他的《本土文论对莫言"跨界大通感"创作的影响》一文中说道:莫言多次明确指出,这同化论是军艺时期从孙绍振老师的课中听来的。明言军艺读书使他的创作产生了一次巨大的转折,无疑,这巨大转折少不了对孙绍振同化论课程的深入认识和广泛实践。换句话说,创建"高密东北乡文学王国",也是本土理论家的影响比美国的福克纳、哥伦比亚的马尔克斯的影响重要得多。

读过孙绍振《文学创作论》的人也许会说,孙绍振上述同化理论是源自法国文艺理论家丹纳《艺术哲学》的"主要特征论"和瑞士心理学家皮亚杰的"同化说"的。但正是在该书中,读者们会发现,孙绍振作了重要的改造和发展。法国著名文艺理论家和史学家丹纳的理论要义是"在现实界,特征不过居于主要地位,艺术却要使特征支配一切"。孙绍振则指出这就是"艺术之所以不同于生活的描红"之处,又在引入皮亚杰的"同化"概念时发挥道:"主要特征对于自身和对于与之相联系的事物会起一种'同化'作用。"孙绍振举了托尔斯泰在《复活》这部书中少女时代的喀秋莎形象的例子。喀秋莎"系着干净的白色围裙",手里拿着的香皂和毛巾,"一律都干净、新鲜、整齐、招人喜欢"。孙绍振指出:"这里写的虽然是香皂、毛巾、浴巾给人的印象,实际上主要是这个天真纯洁美好姑娘给人的印象。"也就是主要特征支配、同化了一切。而面对皮亚杰的同化,孙绍振指出,是说外界的刺激只有被主体大脑中的既存图式所同化,才能对这刺激作出正确的反应。否则,"就只能有不正确的反应,或者竟至没有反应。不懂交响乐的人不知道它在表现什么,不懂京剧的人不耐烦看下去,就是因为它不能'同化'"。孙先生还引入了马克思的名言,"对于没有音乐感的耳朵说来,最美的音乐也毫无意义"。

赖教授说:"很显然,丹纳、皮亚杰的原初理论已经经过几度转换,才成为上述孙绍振的同化生活论。"也就是,真正指导、影响莫言"高密东北乡文学王国"创作的是孙绍振的同化生活论,而丹纳、皮亚杰的原初理论不会引起莫言的同化联想。福克纳是美国文学史上最具影响力的作家之一,其经典作品是《喧哗与骚动》。莫言说他只读到第四页就放下了,这更说明莫言的创作受福克纳的影响是很有限的,甚至没有什么感觉。此事,他也不止一次讲过,在瑞典演讲中还重提,并且说明了原因:"根据我的体会,一个作家之所以会受到某一位作家的影响,其根本是因为影响者和被影响者灵魂深处的相似之处。正所谓'心有灵犀一点通'。所以,尽管自己没有很好地去读他们(指福、马)的全书,但只是读过几页,也就大体明白了他们干了什么,也明白了他们是怎样干的,随即也就明白了我自己该干什么和自己该怎样干。"《喧哗与骚动》是西方意识流的经典,读起来比较费劲,与莫言明快、鲜活的故事叙说风格迥异。莫言的灵魂深处与福克纳主要相似在五官通感,如前所述,这方面最早和最决定性地影响他的还是孙绍振。

稍有对照,读者便可从作品中找到莫言创作主要是受到孙绍振"跨界大通感"创作理论,以及孙绍振传统的浪漫、奇幻、跨界技法等文论的影响的痕迹。莫言"跨界大通感"最好的代表作是《红高粱》,这体现在以下九大方面:内容上大幅乃至正反跨界融通;人与自然跨界交响;异常搭配;幻觉与现实交融;时空交错;多视角人称交织;多种语言融洽无痕;意境;源于故乡、超越故乡的跨界同化。

不用说当年,即使多少年后,其精彩的文体跨界都是莫言的《红高粱》,因为这是他最引人瞩目的成就之一。赖教授说,莫言的此项成果虽不能完全说是孙绍振创作论影响之果,但目前为止有据可考的影响就是孙绍振。最有说服力的就是2013年末,莫言来福建参加"福清元素文学创作沙龙"活动,其间邂逅了孙绍振。那天,孙先生也应邀出席了该活动,但迟到了,于是低调地坐在第一排的边角。很快,莫言发现了自己的老师,当即以"亲爱的孙绍振老师和各位来宾"这句话作为开场白,接着花了好长一段时间专题讲述了孙老师在军艺的讲课给他留下的深刻印象和"非常大的影响"。他说:"刚才,我为什么特别提起孙绍振老师?就是我在北京的解放军艺术学院上学期间,孙老师在课堂上跟我们讲中外的诗歌,讲余光中的诗歌,讲唐诗,讲宋词。我虽然是写小说的,但是,孙老师的课给了我很多的感受,很多的启发。孙老师对很多诗歌意境、诗意的分析对我文学语言的改善、对我小说意境的营造发挥了非常大的作用……"

会议主办方对孙、莫这段有年头的师生情完全不知晓,莫言事先也完全不知道孙先生的到场,这一大段话是在毫无准备情况下的即席喷发,可见这是发自内心的迸发。第二天,莫言在讲话中又将孙老师的讲授"对我文学语言的改善、对我小说意境的营造发挥了非常大的作用"以及期末投票"孙老师的得票率是最高的",类似这些内容又重复了一遍。再次证明他对孙绍振当年的授课之印象有如烙印。莫言这次的即席演说,可以肯定这是长期积淀在自己心中的肺腑之言。

说到这里,朱向前在1988年发表在《文学评论》上的论文,也可以为此次莫言的演说提供重要佐证。该文谈及了当年军旅作家学员们从孙绍振的《文学创作论》课中、孙老师所阐述的"大量的艺术感觉、审美经验和悟性把握"获得的启发和激情。文中说道:"据说莫言成名前从这些课程中获益匪浅，成名后回过头来看《文学创作论》，受益很明显的还是靠这些东西。"朱向前讲当年莫言的成名显然是指红遍全国的《红高粱》。获益匪浅的这些东西更具体是什么，朱向前没有说。而莫言福清邂逅孙先生那天感激之情的突然喷发，至少表明孙先生阐述的诗歌语言、诗歌意境对《红高粱》的跨界改造当是这最重要的具体获益之一。

孙绍振当年的讲稿是《文学创作论》尚未出版的上半部分（主要就是诗歌部分）的打印稿，包括通感、同化及后文将提到的罗马教皇格里高利的"黑色太阳"等例子，都在这上半部。按照前述徐怀中等《不忘初心，期许可待：三十年后重回军艺文学系座谈实录》介绍，当年莫言是听课、考试最认真的一位。一切事实说明，对《红高粱》影响极大的诗歌入小说的文体跨界，实实在在是孙绍振创作论的具体影响之果。

接下来，赖瑞云在此文继续写道，发表于1984年的《黑沙滩》是莫言《透明的红萝卜》《红高粱》等十几篇现代手法小说爆发前，即在军艺读书前最重要的作品之一，曾被当作部队里某一阶段的政治教育素材。它总体是传统写法，但已明显地出现了时空交错，已有多个容易转为闪回、闪前的片段，甚至实质已是闪前，不过是未脱尽传统叙事的口吻而已。创作《红高粱》时，莫言没看过《百年孤独》，《喧哗与骚动》只看过几页，其中的五官通感对他创作《透明的红萝卜》之后的作品，自然包括《红高粱》有影响。

"红高粱家族"之后至获诺奖前，莫言创作的作品颇多，仅仅长篇就多达11部。他这些著作明显在积极实践"跨界大通感"。就艺术形式和思想境界双臻完美而言，这十几部长篇中的绝大多数难以获得如《红高粱》那样的一致好评。获诺奖后的新作展现了重要新气象，跨界融通更上一层楼。莫言的新作不仅更自觉运用这一艺术形式，而且有发展、有突破。各篇章和各个故事之中，都闪烁出孙绍振"跨界大通感"的理论之光。

第六节 "聚讼"纷然辩是非

2012年，上海三联书店出版了一本书名为《聚讼诗话词话》的图书，此书因为内容独特，在国内图书架上或许是不多见的。全书长达六百多页，分三编，约八十大题，也算是皇皇之著了。作者是陈一琴（福建师范大学复办后的第四任校长、教授）和孙绍振。他们作为同一个学府里的同事，又是深交多年的好友，且在古典文学研究方面都有独到的见解，在诗话词话的收集方面孜孜不倦。但陈一琴所积累的陈年资料，只是"积"与"累"，却不急于问世，于是孙绍振就说他"述而不作"。

为了让"聚讼"面世而发光，陈、孙两位老友经研精覃思后，决定由陈一琴选辑、孙绍振评说，结集出版，旨在溯源问脉，固本图新。在出版前夕，孙绍振又说了这么一段话："老友陈一琴君潜心古典诗话词话，积学储宝，凡数十年不倦，辑有《聚讼诗话词话》书稿。然以朴学为务，述而不作，辑而不评，邀余于每题后评说以贯通古今中外，余惶然应命。值此清样付梓之际，又托余为前言，情谊难却，乃勉力为之……"孙绍振说是"勉力为之"，却成了强强联手、合作共赢的范例。

这两位名人名家的合作可喻为双龙戏珠，合二而一后广受关注，八方推崇。

在此书问世后不多时，八闽对面的台湾很快就移植过去再版。读者的热情当然是一种鼓舞，于是，孙绍振把全书中的"评说"部分抽出，同样分上、中、下编，林林总总七十篇，汇集成书后交由福建海峡文艺出版社出版。

何谓聚讼？

清代谴责小说家吴趼人写了大量的小说、寓言和杂文，名声大噪，成为近代谴责小说的巨子。他在《痛史》中说："议论纷纷，莫衷一是。言人人殊，众说纷纭，众口难调，聚讼不已，各执一词，无所适从。"南朝宋时的范晔在《后汉书·曹褒传》中写道："谚曰：'作舍道边，三年不成。'会礼之家,名为聚讼,互生疑异,笔不得下。"这应该就是对"聚讼"二字较早的一种解释了。

《聚讼诗话词话》这本书对流传至今的许多习见的诗话词话,作了异于人们常见观念的溯源和解说。为了以正视听、正面强化,在《聚讼诗话词话》一版再版后,孙绍振仍然爱不释手地继续修改完善,又一次让此书面世。书中皇皇数十万字,句句皆为学问,大可不必择句选段地录用。但针对此传"评说"中的"代序",也就是题为《聚讼诗话词话和中国诗学建构》的文章,真不可不去认真阅读。此文一开端就说:"从文学批评的形式,或者文体来说,中国古典诗话和词话,与西方相比,可能是独一无二的。没有一个民族会像中国人这样地着迷于诗歌的具体语言,为其词("望南山",还是"见南山","推"字佳,还是"敲"字佳)、句("回看天际下中流,岩上无心云相逐",是否多余)、篇(崔颢的《黄鹤楼》还是李白的《凤凰台》更好)的品评,其源流,意蕴,不惜耗费百年甚至千年,不懈地争辩。其心态如此执着,其体式又如此自由,堪称一大世界非物质文化遗产。"廖廖数语,明了聚讼解析之要。

孙绍振又说:历代之诗话词话,皆兴之所至,仅取一端,"予夺可否,次第高下";"平章风雅,推敲字句",往往开门见山,兔起鹘落,戛然而止。即使稍长如诗品、诗式、诗格、诗法,似有多方概括,大抵出于率尔直觉灵感,往往疏于外延之系统分类与内涵之严密界定。然此等写法,自北宋以来,竟成文体。录入《四库全书》者,自欧阳修《六一诗话》以下,即二十余家。古典文学家郭绍虞先生曾写有《中国文学批评史》等多部著作,其中有一书题为《清诗话续编》,曾总结说:"至清代而登峰造极。清人诗话约有三四百种,不特数量远较前代繁富,而评述之精当亦超越前人。"

而中国现代美学奠基人朱光潜先生以为:"中国向来只有诗话而无诗学,诗话大半是偶感随笔,信手拈来,片言中肯,简练亲切,是其所长;但是它的短处在于零乱琐碎,不成系统,有时偏重主观,有时过信传统,缺乏科学的精神和方法。"孙绍振对此有异议,他认为朱先生批评诗话"零乱琐碎,不成系统"颇有道理,但是,说它"缺乏科学的精神和方法"却并不中肯。朱先生显然以为西方的诗论"具有科学的精神和方法"。但是,至今西方文学理论，不管是古典的柏拉图、亚里士多德、康德、黑格尔，还是当代的伊格尔顿、乔纳森·卡勒，乃至福柯、罗兰·巴特，从观念到方法，还没有哪一家是称得上"科学"的。"走向科学的美学"至今仍然是尚未实现的理想，即如朱先生所信奉的心理学亦是如此。

善于引证的孙绍振说，国际知名文化研究学者李欧梵先生曾在"全球文艺理论二十一世纪论坛"的演讲中坦率地提出：西方文论流派纷纭，本为攻打文本城堡而来，旗号纷飞，各擅其胜：结构主义、解构主义现象学、读者反应，更有新马、新批评、新历史主义、女性主义等等不一而足，各路人马"在城堡前混战起来，各露其招，互相残杀，人仰马翻"，"待尘埃落定后，众英雄（雌）不禁大失惊，文本城堡竟然屹立无恙，理论破而城堡在"。

但孙绍振认为李先生只提出了严峻的问题，并未分析造成此等后果的原因。因此，孙绍振说："在我看来，原因首先在于西方文学理论旨在追求普遍性，以哲学化为宗旨，往形而上学方面升华，实际上变成了哲学的附庸。"又说，中国诗话词话与西方文论理论形态相比，虽有局限，亦颇有西方所不及的优长。首先，就是对文学的规范形式的重视，以诗与散文、诗与词等的形式规范为纲领，并不着意形而上的升华，而是执着于形而下的还原，重在对诗歌形象作个案的具体阐释。提出问题，不像西方文论从概念、定义出发，而是从具体作品、具体语言出发。当然，其中免不了有些问题，不仅如朱光潜先生所言"零乱琐碎"，而且相当迂腐，如议论白居易夜会琵琶女是否有失体统之类。但是，这并不排除大量表面上"零乱琐碎"，实质上隐含着追求诗的普遍规律性的问题意识。如对"千里莺啼""千里绿映红"谁人可见得、谁人可听得的争议。又如"黄河远上白云间"还是"黄沙直上白云间"的版本之争；杜甫诗中"霜皮溜雨四十围，黛色参天二千尺"是否合乎比例；"晨钟"于"云外"为何可"湿"；其他如李贺诗"黑云压城城欲摧，甲光向日金鳞开"与气象是否矛盾，长江之浪怎么可能溅及金山寺之佛身？等等，不一而足。此等问题，涉及诗学的根本规律，那就是真实和假定的矛盾在想象中的转化。

针对这个争议，孙绍振有这两句结论：在中国诗话中，同样有性质类似的旷日持久的争论。许多弥足珍贵的思想资源，不仅是西方文论所缺乏的，而且在范畴的建构上，也有比西方独到、深邃之处。

孙绍振理直气壮地说，中国诗话词话不耽于概念的细微辨析，因而也就避免了陷入西方诗论繁琐的经院哲学的概念迷宫。中国诗学更重诗词的实践性和操作性，把根本目标确定在诗歌的创作和阅读的有效性上。

紧接此意，孙绍振举了些实例：在诗话词话中，各种体式均有多家种种阐释。对乐府、歌行、古诗、骚体、五七古、绝句、五律、七律、排律等体式，都毫无例外地先有体制流变，次有各体比较。最有特色的是，均有"作法"之细致的概括。具体到微观文本，往往为一联诗的修改追根溯源，前赴后继，数百年不懈。最突出的例子莫过于宋林和靖的著名诗句"疏影横斜水清浅，暗香浮动月黄昏"，诗话家考证出自五代江为的"竹影横斜水清浅，桂香浮动月黄昏"。仅二字之改动，化竹与桂二体为梅之一体，点铁成金，不但客体统一，而且主体之风韵尽在其中。对于陶渊明"悠然见南山"之妙，不但以另一版本之"悠然望南山"相比，指出"无意"之妙，还与韦应物《答长安丞裴说》中之"采菊露未晞，举头望秋山"相比，显示"有心"之拙。

孙绍振认为，中国古典诗话词话另一特点，是把创作论建立在解读论的基础上。既有高度概括的"诗无达诂"，诗的"可解""不可解""不必解"之说，又把最大的热情放在解读正误的争辩之上。在解读之际，在内涵上，既有从表层到深层意蕴的深化之求，又有防止穿凿附会之戒。在想象和联想上，特别关注诗和日常实用价值的重大区别，如竹香、雪香、梦魂香之释。解读细到语句，有诗歌与非诗句法之别（如"香稻啄余鹦鹉粒"之辩），又有用事用典之疏密、成败之说。争执往往在一句一词，但是，又并不拘泥，而是重在关键词，提出"诗眼""词眼"的范畴。品评艺术水平之高下成为传统，争讼往往在同类中进行。如，同写岳阳楼，杜甫、孟浩然之优劣；同为近体诗，李白的绝句为何高于杜甫。至于唐诗七律何者为"压卷"，凡此等等，均以个案的唯一性，不可重复性为鹄的，以艺术的独一无二性为准则。孙绍振这一说，读者在阅读时就易于理解了。孙绍振一语中的：中国诗论范畴，大都从其内部矛盾来展开。除了人与我的关系以外，就是景与趣的关系。

孙绍振借明末清初文学家、戏剧家李渔一个"闹"字，引用其一段话分析说：在《窥词管见》第七则："若红杏之在枝头，忽然加一'闹'字，此语殊难着解。争斗有声之谓'闹',桃李'争春'则有之,红杏'闹春',予实未之见也。'闹'字可用,则'吵'字、'斗'字、'打'字皆可用矣……予谓'闹'字极粗极俗,且听不入耳,非但不可加于此句,并不当见之诗词。"

根据李渔此论,孙绍振亮出了自己的观点:显然,李渔这种抬杠是缺乏语感根据的。在汉语词语里,存在着一种千百年来积累下来的、潜在的、自动化的、非常稳定的联想机制。枝头红杏,作为色彩本来是无声的,但汉语里"红"和"火"自然地联系在一起,如"红火";"火"又可以和"热"联系在一起,如"火热";这样,从"热"就自然联想到了"热闹"。所以"红杏枝头春意闹"之"闹"字,取"热闹"之意,既是一种自由的、陌生的(新颖的)突破,又是对汉语潜在规范的发现。也就是"反常"而"合道"的,"陌生"而"熟悉"的。而"红杏枝头春意'打'",则是反艺术的。因为只有"陌生",只有"反常",没有"熟悉",没有"合道"。

说到这里,孙绍振不无欣慰地认为到了17世纪,中国古典诗话终于在理论上取得突破。清初文学家贺贻孙《诗筏》提出"妙在荒唐无理",清代词人贺裳和明末清初诗人、史学家吴乔,皆提出"无理而妙""痴而入妙"。方贞观在《辍锻录》亦持此说。沈雄在《古今词话·词评下卷》又指出:"词家所谓无理而入妙,非深于情者不辨。"从无理转化为妙诗的条件就是情感,比之陆机《文赋》中所谓"诗缘情而绮靡"、严羽"诗有别趣,非关理也"的陈说是一个大大的飞跃。吴乔《围炉诗话》在引贺裳语时还发挥说:"其无理而妙者,但是于理多一曲折耳。""于理多一曲折",就是从理性转换为情感层次,就把理性逻辑与情感逻辑的矛盾及其转化的条件提了出来。

孙绍振说苏东坡在《书摩诘〈蓝田烟雨图〉》中说:"味摩诘之诗,诗中有画。观摩诘之画,画中有诗。诗曰:'蓝溪白石出,玉川红叶稀。山路元无雨,空翠湿人衣。'"强调了诗与画的共同性。又说"在文中,理为主导,在诗中,情为主导",文是"实用"的,而诗是"虚用"的。这个说法相当系统,对千年的诗文之辨是一大突破。在这里最关键的是变形变质,涉及抒情的诗歌形象在想象的假定的境界中变异的规律。这在创作实践中,本来近乎常识,"一日不见,如三秋兮""谁谓荼苦,其甘如荠""露从今夜白,月是故乡明""回眸一笑百媚生,六宫粉黛无颜色",都是以感知变异的结果,提示着情感的强烈的原因。

吴乔在《围炉诗话》中这样写道:"文喻之炊而为饭,诗喻之酿而为酒。文之措词必副乎意,犹饭之不变米形,噉之则饱也。诗之措词不必副乎意,犹酒之变尽米形,饮之则醉也。"到了西欧浪漫主义诗歌衰亡之后,法国象征主义诗人和散文家马拉美提出了"诗是舞蹈,散文是散步"的说法,与吴乔的诗酒文饭之说,有异曲同工之妙。

在此《代序》之末,孙绍振说了这么几句话:缺乏艺术的规范形式范畴,耽溺于哲学化的思辨,就不能不在审美积淀的内涵上一味满足于从概念到概念的演绎,脱离创作和阅读经验,失去直接概括的基础。这正是西方文论解读文本无效和低效,与审美阅读经验为敌,最后干脆否定文学存在之根源。

面对千百条有关文例,孙绍振"评说"得精细入微。其中有这么一段,可以借以引用,以求窥一斑而知全豹,处一隅而观全局。在评说诗仙李白时,孙绍振如此说道:可以说在散文中和诗歌中,有两个李白。在散文中的李白,是个大俗人;在诗歌中的李白,则不食人间烟火。这是一个人的两面,或者说得准确一点,是一个人的两个层次。由于章表、书等散文是实用性的,是李白以之作为求得飞黄腾达的手段,具有形而下的性质,故李白世俗实用心态坦露无遗。我们不能像一些学究那样,把李白绝对地崇高化,完全无视李白庸俗的这一层,当然也不能像一些偏激的先生们那样,轻浮地贬斥李白,把他的人格说得很卑微甚至卑污。两个李白,都是真实的,只是一个是世俗的、表层的角色面具,和当时庸俗文士一样,不能不摧眉折腰,甚至奴颜婢膝地歌颂杨贵妃。李白之所以是李白,就在于他不满足于这样庸俗。他的诗歌就表现了他有一种潜在的、深层的,藐视摧眉折腰、奴颜婢膝的冲动,上天入地,追求超凡脱俗的自由人格向往。

第七节 笔耕不辍 丰收绵绵

孙绍振在不间断撰写理论文章的同时,走出了一条从诗歌到散文、再到小说和杂文随笔等多种文体的道路。他的各种文学体裁与当年的诗歌、后来的文学评论异曲同工、美不胜收。

《文学追寻的脚印》这部文集所收录的是孙绍振自1954年以来之诗歌、小说、散文，其中随笔大多为香港《新晚报》和《文汇报》所作的专栏文章，其他散见于多种报刊。书中美文美篇比比皆是。

孙绍振在1998年初于《光明日报》发表了一篇题为《应该有一支颂歌——悼念邓小平》，看看前面一段：

应该有一支颂歌，人人会唱的颂歌。用这个世纪最美好的旋律，调动下一个世纪最美好的感情。曲调应该是庄严的、神圣的，像五十年代的颂歌一样优美。颂歌应该是不朽的，就是千百年之后，子孙还能从歌声中领会到我们这个时代的真理：历史为什么选择了他，还有他的航程，不怕航程上看得见的漩涡，看不见的暗礁。在最艰危之时为什么他不能后退，因为他的肩头载负着全民族每一个人的命运、每一个家庭的希望，他的心头承载着比我们更灼人的忧虑。

我们并没有相约，却突然同时把他称作历史转折的总设计师。这么自然，谁都来不及感到惊异，就如同长江、昆仑的风突然从我们心头卷起，香江、宝岛的潮一齐从我们胸中流出一样。庄严的心灵旋律，顷刻间笼罩了长城内外大江南北。这么大的空间还是不能充分容纳一个民族全部的情感，表现了它的浩渺，又难以体现它的精致。如果旋律仅仅是庄严、崇高，能不能充分表现出他的风格？是不是该有一点亲切？亲切得像在天安门前游行队伍的横幅上所写的"小平，您好！"省去姓氏，直书他的名字，向他问好。好像是朋友，又像是亲人。遥远会心的微笑，无声的致意比之有声的招呼更加有感情的分量。

此文点到了"航程""漩涡""暗礁"，也说出了"命运""忧虑""希望"，又很快把笔尖转折为"应该有华彩的乐段，有激情的快板，有流水一般的行板。像高山上的锣声一样辉煌，像地下的流泉一样永恒……"此篇散文从一开篇就给读者展示出那一段历史，写出了改革开放"总设计师"的历程以及国人对邓小平的评说和悼念。

另有一篇《跟蔡其矫学诗——悼念蔡其矫》的散文。这是在蔡其矫先生逝世后不久，孙绍振为了悼念这位诗歌创作的老前辈，饱含着一种悲哀和回忆而作的。他在文中的开端就满怀着深情写道："蔡其矫先生突然走了，谁也没有想到。将近九十高龄，一直笑声朗朗，对身边的一切都充满着孩子似的乐趣。十几天前还和我们一起参加中国作家协会代表大会，忽而仙去……对于这样一个大诗人的逝世，我是很沉重的，不知如何纪念。想来想去，最好的办法，就是把年轻时代心中的蔡其矫写出来，尽最大可能还原此位诗人一个鲜活的侧面……"于是，在这篇散文中，孙绍振拾取历历在目的往事——回顾，以深沉的笔调、丰富的内容，写出了对蔡其矫不尽的怀念。

在《一滴透明的水——纪念冰心》这篇散文中，孙绍振把纪念冰心的"那滴水"，展现得淋漓尽致。他在文章的开端就语出惊人："人们常常习惯于把任何伟大事物比作大海，而把它的一部分比作一滴水。这样来比喻冰心，似乎太不够分量了。虽然英国诗人布莱克说，从一滴水可以看出大海。但是，它令人联想到的只是大海在一个短暂的时间里的汹涌，而冰心在现代文学史上的特点，是与历史同行的漫长历程。如果一定要把她比作一滴水，就必须加以说明，这是一滴从源头一直流到浩渺无际、滔天蔽日的洪波中去的水。但是这似乎也并不恰当，冰心的特点，从她的为人到她的作品，其特点并不是雄伟、宏大，使人望之产生渺小之感的；她的思想与其说是如洪波涌荡，还不如说是如晶莹的山溪，纯净透明，它不是在遥远的大海里，而是在自己童年上学的路上，在外婆家屋后的草叶上，在妈妈雨后归来的发梢上。从这个意义上来说，还是把她比作一滴水比较恰当。然而，她又仅仅是一滴平凡的水吗？"

从一滴透明的水生发开去，孙绍振说起关于百岁冰心的许多，特别是她以手中如椽大笔写出真挚深刻的文艺作品，而让人高山景行。最后一段，孙绍振以一种对冰心老人的敬重，真情地说道："非常遗憾，在冰心生前，我有许多机遇可以和她相见，甚至深谈，但是都错过了。唯一的记忆是1956年在北京大学，在那一年的'五四'纪念会上，她站在曹禺、孙道临、赵丹、黄宗英中间。那时，她就显得那么地娇小，轻盈得真像一滴水，圣洁而透明。"

孙绍振不仅仅只是写纪念名人名家的散文，同时也写平凡人平凡事，一样饱含着深情。有这么一篇纪念同学的散文，题为《祸福之间：纪念尹克杰同学》。大概是自己的同学，虽然只是粗略知道这位老同学的后来，却熟知他的当初。因此一提起笔，就以这种方式点明"当初"："老同学张毓茂从遥远的北国来信，附上另一个同学尹克杰几年以前写的信。展读之余，不禁感慨系之。在那'极左'的年代，他遭到了冤屈。他不是'右派'，出身农民。原因似乎是，他和好友在阅读《史记·高祖本纪》，以刘邦比附了最高领袖。还有，在1959年，他回到家乡安徽的农村，看到了农民吃不饱的惨状，因此还在小组会上发生了思想动摇。不料，他突然被抓走了，被判劳动教养。所幸到了1965年，就得知他已经就业了。二十多年以后，也就是1979年，他得到了平反，还为他补发了北京大学中文系的正式文凭，大家都为他感到庆幸。或许是在那个时期，该庆幸的人太多了，却没有仔细打听他的下落。直到不久前，才从另一位叫张毓茂的同学那里得知他的消息。或许是多年的业务荒疏，他不能像我等一样在高等学校施展才能，只能到一所中学去平淡地教书。到了六十岁，也就平淡地退休了，在自己的家乡种苹果。"一段简洁的文字，就让读者立刻知道了这位居于黄河岸边数间茅屋，又在数亩园地上种些花果，一天天打发着日子的老同学，也大体上知晓他的日子不容易，面对岁月的无奈何。

孙绍振在文中说，这位同学身材高大，相貌还颇为英俊，有着黄土地的朴质憨厚，而这种憨厚往往又是不设防的"陷阱"，再加上他的气质中不乏现代知识分子的清灵明秀之气，如果让他在高等学校的课堂上讲上几十年的课，不知要迷倒多少批初进高等学府的学生。但由于"另类"的遭遇，同学们的这种期待没能成为事实。柳暗花明的是，他迎娶了一位自己中意的女性，竟然因此"丰产"了四个儿子和一个女儿。这或许会让他觉得在人的命运中还有一定的公平性，至少这一小群儿女是"人无我有"的。为了补偿自己人生中的不足，他尽全力培养自己的孩子们，让他们在比较"优越的文化条件和环境中成长。他期待在孩子们之中至少有一个、最好两个会秉承他内在的秀气，在学术上乃至在实业上有所成就"。但让人唏嘘不已的是，正当众同窗为他祈愿祝福后不久，却传来了他的死讯。

在众人的感叹声中，孙绍振亦惊诧不已。之所以为这位同学写这篇散文，是香港《文汇报》专栏所求的。后来他又想把这篇文章编入自己的散文集，正在此时，有同学告诉他尹克杰已经于数年前过世了。孙绍振长叹一声道："他的身体比我强壮，心情又那么怡然，竟然先我而去？或许真是生死有命，不可测也。"

有些作者一旦有了新作，就耐不住寂寞，快快出手。孙绍振的散文常常写好后，就压在案头，如《受伤的蒲公英：怀念老同学杜念春》这篇散文就是如此。此文写的是一位移居德国的老同学杜念春。这位老兄在爱情和事业方面总是起起落落，不如人家高山流水般的顺畅。这篇长达六个页码的散文写好后，并没有拿出去发表。因为他并不是为了发表才写这篇文章的，直至编辑纂集时才想起还有这么一篇充满自己真情实感的文章，于是收入了集子。遗憾的是，集子面世后，老同学杜念春并没有看到，因为他也已经过世了。远在浩渺的天际，哪还能见到此文？

孙绍振在这篇文章的"附记"中说：他在当年的西德，凭着绝顶的聪明，当了多年的针灸"医生"。他是北大中文系新闻专业毕业的，当然不会有医学博士的学位。而没有医学方面的学位，在德国行医是违法的，也曾为德国警察逮捕入狱了几天。后来他只好和一个德国医生合作，以他助手的名义继续行医，也曾经红红火火地过了十几二十年，但后来不幸中风。由于抢救得法，活过来了。但如此大病之后，为了保全性命，只能离开德国，回到故乡漳州定居。又因为他生性好客，好美食，好出游，在一次出游云南时，于石林门前突发中风而逝。

孙绍振有一篇题为《中学纪事》的文章，挤在其散文的丛林之中，全文就是一幅个人写真的画面。其中可以看到中学时代的孙绍振曾经有过的那么鲜明的经历和理想信念，现在读了仍然会有一种热血沸腾的感觉。

孙绍振说自从懂得了"中国人民站起来了"这句话的意义那天起，自己就立志不能庸庸碌碌地度过一生。曾经引起争议的苏联小说《钢铁是怎样炼成的》，在当时却是把自己从武侠小说的沉迷中拯救出来的第一本书。起初是华中新华书店出版，白刃改写的，后来是华北新华书店的麻纸版全译本。保尔·柯察金不像武当豪侠那样有飞檐走壁之功，也没有玩弄采花大盗于股掌之中的超人本领。但是，他骑在战马上，在烽火连天的疆场上呐喊前进，先为流弹击中，后为伤寒折磨，躯体和爱情一样都受到了摧毁，甚至在双目失明以后还用他的笔为革命服务。这样壮丽的人生，是和自己灵魂中的民族浪漫主义有着深深共鸣的。

《中学纪事》这篇散文，顾名思义，讲的就是在中学生时期的所思所想所盼所愿。文中有这么几小段，所说的或许是每一个少年都有可能出现的懵懂情愫。文中说，有一个常常提高音量尖叫的黄毛丫头，少年孙绍振和她从小学同学到中学，从来都是不起眼的。小学六年级，为了一件永远也不可能回忆起来的事，他还勇敢地和她高举着算盘，打了小小的一仗，并且为把她吓得大哭而感到骄傲。这事虽然很快就忘得一干二净，可是稍稍长大些了，他就觉得为什么在单独和她相处的时候，舌头的运动就不像平时那样自然。特别是听到不少男同学在熄灯以后称赞她的美丽，自己却反而刻意对她表现得冷漠。而且不管她笑得有多么好听，孙绍振总是眼观鼻，鼻观心，假装特别无所谓的样子。那种莫名的情愫，至今想起来，仍然觉得珍贵。

开初并不真实的"冷漠"，完全变为迷恋是以后的事。在一次演出前，她用那世界上最为柔软的小手为自己的面部打底色。那时的孙绍振突然发现原来世界上还有这么美好的感觉，这种感觉就和她那突然变得美丽起来的脸庞，在自己的记忆里可能永远不会改变了。数十年过去了，少年时对这个漂亮女孩的那种情结一直记忆犹新。但数十年后的一天，孙绍振从母校的老师那里得知，她已经驾鹤西游了，甚是可惜。

面对各种文体都不在话下的孙绍振，肯定会写小说，果然他就写了。在他笔下有这么一篇小说《暮雨中的自行车》，是为福州市工人业余大学讲课中发生的故事而写的。写成后不久，就在《福建文学》面世了，那是80年代初始。在那个时候，孙绍振是骑着自行车，穿街过巷地去给工人业余大学的学员们上课的。这篇小说的头一段就在读者面前展开了这样一幅美好的画面："黄昏从马路两旁还没有完工的高层建筑群上飘然降落。街灯变得耀眼了、生动了。白天高高在上的天空，这时低垂下来，连星星也显得亲切了。马路变得宽了，宽得像平潮的大江。喧嚣的闹市声和烟尘失去了浩大的声势，大街变得相当温存。机动车道与自行车道之间新竖起堂皇的铁栏杆，漆成红白相间的颜色,体现着现代化交通秩序不可侵犯的庄严。"

之后,孙绍振写道,现在正是华灯初放时分,大街把它最优美的一面展示在自己和众人的面前。那时候,人人都很喜欢这个时候街上那种恬静的气氛,听任自行车的轮子带着双脚旋转,听任耳边的风轻轻地絮语,这种味道,不像是在骑车,倒像是在滑冰。你可以骑得快一点,享受一下清风拂面的舒畅,也可以骑得慢一点,欣赏一下新开张的展销部之类的橱窗。那些妖艳的霓虹灯有时也给人一种生气勃勃之感呢。对于那些像雨后春笋般冒出来的公家的和私人的新住宅,你可以用羡慕的目光鉴赏一番,也可以不去观赏,让脑子"懒"一会。不过即使不看,你也可以想象得出那些惹人眼红的阳台,它们使得三四年前造的没有阳台的房子变得丑陋而寒碜了。阳台上不再有鸡笼了,甚至连从老祖母出嫁时不断积累起来的破肥皂箱和纸箱也越来越少了。

这画面给读者展示的是刚刚改革开放的新景观,特别是现在的读者,会在优美的文字中,饶有兴趣地知道了四十多年前的福州街景。

历来在给学生上课这一重大任务上不出问题,特别是在不能迟到这一点上高度重视的主人公,为了按时到达目的地,此时心无旁骛地骑着车。途中,有一个叫阿美的、露出小虎牙的女学生朝他叫了一声"老师"。这时,主人公在文中讲述了关于阿美的故事,也和她一起忆起了一位"永远穿着工作服,戴一副很神气的钢窗式的眼镜。那眼镜是那样大,好像有一公斤重"的小伙子。这个小伙子也很有内容,看看这几行文字:"他和同房间的青年工人,故意三个人睡两张床。三个人三班倒,一个下班,叫醒一个,起来读书,自己才有床睡。小伙子也在念业余大学,还没有毕业,就已经考取了美国加利福尼亚大学的研究生了。"

这时候,天公不作美,下起了雨,且从小雨化成了较大的雨,街道上开始因为下雨而混乱了。准备讲课的主人公和前往听课的阿美果断地从重重围困中钻了出来,一连串的车铃声,似乎组成了一连串的"对不起"。这时小说开始描述生于长江沿岸的主人公,是怎样度过童年时代的。

接着孙绍振在小说中描写小时候就喜爱唱歌的自己是怎样顽皮得故事频出的。当时他老是仿效一个终其一生都说话不利索的放羊阿叔结巴说话,结果原本伶牙俐齿的自己说话也不由自主地结巴起来。奇怪的是,一唱起歌来并不结巴。有一天又跟随阿叔出去放羊，忽然发现有一户人家的草棚失火了，阿叔火速去挖火沟，派他回去报信。可是到了家里，结巴得说不出话来："不，不好……不好，草……草……草……"竟然"草"了好几分钟，还是说不出话来，把自己急得眼珠似乎都在冒火，家里人因为不知这"草"到底怎么回事，也急得团团转。正在干着急，善于"取其所长，弃其所短"的阿妈来了，她说："你别说了，你唱，你唱。"于是当时的小主人公就用山歌的调子很轻松地唱了起来："草棚失火了。"

小说中的主人公每每为青年工人们上课，感觉自己和学员们的心灵都是纯净的。在那里尘世间的一切邪恶和污浊都沉落到地平线以下去了，什么走后门时做作的干笑啦，拉关系时肉麻的亲切啦，自由市场上飞涨的物价啦，从《少年维特之烦恼》中抄来的文字给女朋友写信啦，统统都像水蒸气一样消失了。当在讲台上看到一百多双眼睛中透射出的那种虔诚目光，感觉就像秋天的晴空那样明净爽朗。

主人公内心深处明白，自己早已不像大学生时期那样在云端里生活了。当年是那么爱好幻想，总觉得现实得加上幻想才过瘾，才够味。因此他时常想象，如果出去救火，应该受点伤，扎着绷带回来。如果去游泳，希望有孩子在等待自己去抢救，而结果是自己住进了医院。虽然曾经是那样浪漫，可现在变得这么现实。为什么？主人公在这篇小说里说："人到中年了，上有老，下有小，那一点工资不够开销烟火之食的，于是不得不出来兼一点课。想起来真有点庸俗。"

接下去，小说里雨中的主人公却被一位骑着自行车横冲而来的小伙子撞倒在地，更糟的是上课的讲稿被他踩在脚下了。于是，一场争吵不可避免地发生了。主人公说那时自己"真像斯坦尼斯拉夫斯基要求的那样，进入了忘却自我的境界。我变得不再像是我了，可我仍然是我，但温文尔雅的风度消失了"。可是，后来才发现对方就是那位即将出国留学的优秀青年工人。

终于走进课堂了，可是就因为那场"大水冲了龙王庙"的争吵，让小说主人公在讲课中失常了，仿佛又回到小时候说话语无伦次的年代中去了。好不容易下课铃响了，主人公像逃离地狱似的溜出了课堂。可是此时背后传来那清脆而富有弹性的声音："老师！"这是阿美的声音。随着这叫声，她递给主人公一张相片，相片上的人居然就是刚才与自己争执的男青年。阿美说："这张相片的反面有字。"主人公反过来一看，看到的是："我永远感谢您把我引向一个崇高的精神境界。"

两个月后，那位叫明云的、已经出国的小伙子给自己的老师写了一封信，称呼是"亲爱的老师"。在这封并不算短的信中，明云向自己敬重的老师坦露了心迹，最后的落款是"永远爱您的明云"。读完信后，主人公与总是露出小虎牙的阿美相视一笑……

这样以第一人称作为叙事视角的小说，很自然、很流畅，凸显出一种真实性。虽然小说是可以虚构故事情节的，但也同样可以使用一些真实情节来描写，显得更加栩栩如生、有血有肉！

80年代后期、90年代初期，孙绍振已经成为欧美多所大学的访问学者，走出国门了。他在当时的西德特里尔大学有不少的所见所闻，让他有了所思所感。小说《梦碎汉堡》就是他在那时写成的，后来还被《香港东方日报》刊载了。

《梦碎汉堡》小说中的主人公叫紫薇，她从北京来到了西德。临行前夕，许多同学都来欢送她，她成为被诸多同学羡慕的对象。在那些羡慕她的朋友中间，她得做出像新娘一样幸福的、心满意足的笑脸来，但紫薇内心的苦恼和纠结又有谁知？因为她的另一半三年前就去了德国，此次去汉堡，不是为了夫妇团聚的，而是去迎接一场夫妻间的"暴风骤雨"的。虽然团聚的梦做了三年，结果却被他的一封信给粉碎了。他的这封信如同一份"通牒文书"，因为对方提出了离婚。不过这个叫李丹的老公总算还有一点曾经多年相依为命的情分，心还不是那么狠毒，请人担保了，让她来到西德以后再离婚。紫薇知道，这算是李丹给自己的一笔补偿吧。

紫薇在临行前之所以还能做得出笑脸来，因为她觉得还有一线希望。冥冥之中，她总觉得李丹和她十多年的感情不会轻易了结。只要到了西德，只要见了面，只要让李丹进入往日那种欢乐而痴迷的回忆之中，他不会毫不动心的。往日他们也吵过架，甚至赌气，几天互不搭理，可是只要紫薇主动依偎在他身上，或者在他读书的时候，抚摸着他的头发，一切隔阂、恼怒就会烟消云散。而且还有孩子玲玲呢，李丹不是早已把她当作命根子一样宠爱吗？

难道见了这么可爱的女儿,他的心情还会那么平静吗?

找到了李丹的住处,草绿色的建筑物,所有的玻璃门都紧紧关着,不管紫薇怎么用拳头在玻璃门上敲,都没有任何反应。西德的大学校园,总是那么人烟稀少,连个问讯的人都没有。据悉,变了心的李丹,已经和一个德国小姐同居了。他全部的心思,只有一个焦点,那就是拿到西德的公民卡,至少也得是永久居留卡。而要做到这一点,最可靠的办法就是跟德国姑娘结婚。可是那位姑娘只想同居,根本就没有考虑过结婚。

虽然紫薇终于听到了李丹的回应,居然是"我们还是不见的好"。紫薇绝对没有想到李丹会这样残忍地给她一个闭门羹,万里迢迢前来寻夫,丈夫连门都不让进,连面都见不到。于是问道:"为什么不能进去和你谈谈呢?"李丹回说:"不行,我说过不行就不行。过去的就过去了,人不是为过去而活着的。而且……"

就在这个时候女儿玲玲踮起脚尖大叫一声:"爸爸,我是玲玲,我要进来,我饿了。"好像是奇迹似的,门缝吱的一响,机灵的玲玲随手一拉,门开了。紫薇情不自禁地冲了进去,上了二楼,只见一个男人拿着耳机待在那里。紫薇还没有来得及反应过来,玲玲已经大叫一声冲了过去,吊在李丹的脖子上了。李丹蹲下来紧紧把玲玲抱着,玲玲喃喃地说:"爸爸,别生气了,妈妈投降了。"李丹的眼睛抬了起来,紫薇的眼光立即迎了上去,一刹那,李丹混浊的目光清亮了起来。

后面,小说中出现了那位与李丹同居的金发女郎。最让紫薇不舒服的,是她那大方的一副女主人的姿态,一进来,就把你推到客人的地位上。而她呢,连外衣都不穿,仍然穿着那比基尼,披着浴巾自由地走动,好像主妇在接待丈夫的一个莫逆之交。落座后,倒了一杯咖啡放在紫薇面前的同时,还递给玲玲一包巧克力。紫薇自然一下就意识到这个细皮嫩肉的嘴唇涂着口红、身上发出法国香水味的女人,就是她最可怕的敌人。她以为这个第三者一见了她会感到胆怯,甚至会躲避她的目光。其实不然,她居然那么坦然地望着自己。

接下去,小说描写紫薇极其复杂的心情,多么希望这个洋女人能出去一下,腾出空间让她和李丹好好谈一谈。但这种希望被那金发女郎漫然得让中国人接受不了的一系列举止，给彻底地破灭了。她不但把身体贴在李丹背上看书，且还把紫薇撂在一边，似乎在她身边的这一对母女都不存在。她和李丹直接讨论怎样到莫萨河钓鱼，用什么鱼饵等等。"局外人"的紫薇几乎所有的希望都成了失望，终于自我取消了原先的各种计划，但觉得至少得讨论一下对孩子的抚养问题。于是开口对那洋女人说请她离开一下，但那洋女人竟然说："你有什么权利，这里是我的私人住宅。"且相当理直气壮地声称："这不是在中国，这里是联邦德国，按照我们国家的法律，这是我们的私人住宅。如果你再不出去，你就侵犯了联邦德国的法律了，我随时都可以打电话请求警察的保护。"

紫薇终于忍无可忍，就连一直沉默地躲在一边的玲玲都忍不住跳了起来，在互相的指责中，洋女人真的拿起了电话筒报警。只过了十分钟警车便停在宿舍区，几个警察走了进来，温文尔雅又毫不动摇地把紫薇和玲玲"请"出门外。当玲玲在警察的手中挣扎时，紫薇看到李丹的眼泪流了下来，看上去很痛苦地把头靠到了墙上。

小说写到最后，说紫薇母女俩在一尊裸露的中年男人的塑像下坐了一夜。后来，据知情人说李丹已经搬走了……

孙绍振这篇可读性很强的小说，就以紫薇母女跨洋过海去德国汉堡寻夫见父为一根主线，揭示了中西方男女在情感问题上以及文化方面的巨大反差。看了这篇小说的读者或许都会沉重地想知道作为丈夫的李丹，为什么会那么地绝情？到底是什么原因让他如此无情地对待结发妻子？特别是那样冷血地对待自己的亲生女儿？在这表面现象的背后，到底发生了什么？这许多的问号，虽然在小说中没有一一说明。然而，这正是作者的高明。倘若都把每一个问号化成逗号，或者句号，抑或是感叹号，那么，这小说或许可以比喻成一杯"白开水"，没味道了。

孙绍振又何止写论文、写散文、写小说，他写的文化随笔也是妙不可言的。

在文化随笔这个类别中，有一篇题为《公共交通和社会稳定》的短文，孙绍振在不太多的文字中，就公共交通和社会稳定这个话题，把德国和美国作了比较。说有一次，孙绍振和一个老太太在一个还算热闹的街角等候汽车。

车子准时来了，却没有停，当然令人生气，但谁生气都远远不及老太太的生气，她竟然追着汽车狂奔。孙绍振觉得她真是太呆气了，凭她那已发胖的身材，再加上高跟鞋，和汽车竞赛速度，能有什么好果子吃呢？于是不胜同情地看着她的身影在人群中消失了。不久以后，老太太回来了，孙绍振不无幸灾乐祸地问她追上车没有？她笑眯眯地说，她没有去追车，是去街角打电话投诉的。汽车公司向她道了歉，答应十分钟之内，派一辆小轿车来把她和孙绍振一起送到目的地去。不久以后，孙绍振果然就坐在小车上享受舒适的同时，也享受着自己的惊异了。

孙绍振说美国是个装在汽车轮子上的国家，汽车太普及了，乘公共汽车的人太少。在洛杉矶那样的大城市，除非你是内行，否则根本找不到公共汽车站，连个显眼的标志都没有。就是找到了，往往也不免吃惊，比之福州的公共汽车站可是差得多了，既没有时刻表，也没有站名。只有一个若隐若现的柱子，似乎有些斑驳的字迹，根本就不准备让人看清，有本事你就等着罢。

德国的社会秩序很好，哪怕是到了夜间十二点，女孩子悠闲地从夜总会出来，没有任何的紧张。大不了在公园门口碰到一两个拿啤酒瓶的醉汉，沉迷在喃喃自语之中，他们大都是懒得去工作，靠救济金生活的。每天像上班一样到公园门口，一直喝到晚上。没有人去注意他们，他们也不搭理别人，互不相关。

而在美国则不然，比如社会秩序最坏的纽约，一般人到了晚上七点钟就不敢乘坐地铁了。在人员稀少的车厢里，只要有两三个人，其中一个拿一把小尖刀，把你往当中一围：拿钱来，否则就不客气。你怎么办？只好给他一二十美元，否则自讨苦果吃。至于在唐人街，各家商店到七八点就关门了，因为谁也不知道会不会闯进一个歹徒来。

就这两个国家的公共交通和社会稳定，只要看看这几小段文字，读者也就一目了然了。这些文字出自一位名教授的笔下，至少会让读者觉得美国并不那么"美"。

再如一篇题为《说说汉语中的"路"》的文化随笔，文中说了这么一个故事：猴子和青蛙背着一座山看风景，猴子看到前面是一座公园，公园外面是一片旭日冉冉升起的大海，青蛙却看不到。猴子就说了，你太矮了，得站起来看看。青蛙站起来,却连公园都看不到了,更别说太阳和大海了,因为它看到的是自己背后的青山。原来青蛙一站起来,眼睛就转到了后脑勺上。

孙绍振在文中说:路对于人是太重要了,路就是生命的象征。活着,不管多么倒霉,只要有一线希望,就叫作有"生路";再滋润一点,像西方人说的,"条条大路通罗马";灵魂升天,像鲁迅说的,"到上帝那里吃糖果";活不下去,叫作"走投无路",其严重性,不仅仅是脚没有地方放,而是"死路一条"。鲁迅又说过,地上本没有路,走的人多了,就成了路。古时打仗,先锋的任务是逢山开路,遇水搭桥,哪怕山穷水尽,也叫柳暗花明;这是开路的神通。这种神通,在古人看来最高的表现就是"道",道就是路,路就是道,所以叫作"道路"。老子说:"一阴一阳,谓之道。""道生一,一生二,二生三,三生万物。"有了道路,就什么都有了。老愚公为什么发疯似的不惜工本,甚至不顾自己生命的长短,也要把太行和王屋两座山搬了,目的就是想修一条路。虽然他最后壮志未酬,但是,这条路一直保存在中国人的心里。虽然它是看不见,摸不着,迷蒙溟漫的一种思念。经过多少年,思念变成了思路,思路成了智慧的索引,就了不得了。在汪洋大海面前,不用去学游泳,也会有水路。在茫茫云海面前,不用羡慕雄鹰展翅,也会有航路。

还有《义气和财气》《说说汉语中的"老"和"小"》《小Q的假儿子》《办公室里的自行车》《钱又不是抢来的》等等随笔之文,每每读之,总想借用一句北方流行的话说:得劲!

在这个篇章中,有一篇题为《孙绍振幽默箴言》的随笔,文中说道:面对一个脸红红的小孩子,如果要抒情,你可以把这孩子诗化、美化一番,不妨这样说:"这孩子脸红得像苹果,不过比苹果多了两个酒窝。"

如果想幽默,你可以打一个不伦不类的比喻,例如,这样说:"这孩子的脸红得像红烧牛肉。"

如果想让幽默带上一点讽刺,你不妨这样说:"这孩子脸再红,也红不过她爸爸拿到老板红包时候脸上的红光。"

如果你想在讽刺中带一点无伤大雅的调侃,可以这样说:"这孩子脸红得发亮,不过,亮度比她妈妈偷偷和他爸爸接吻被外婆撞上的时候还差一个档次。"

如果想让它带上一点滑稽的意味，那就干脆这样说："这孩子脸红得像猴子屁股。"

看看，写一个儿童的红脸蛋，就有这么有趣的比喻，真是"味道好极了"!

"文化随笔"之后还有一个栏目，叫"幽默杂文"，但此文不同于彼文。文化随笔是随意而写的东西，或讲述文化知识，或评析世态人情，在启人心智的同时引人深思。而幽默杂文则是以幽默为话题的随笔，擅长写这类文章的作者，没有生活情趣或缺乏语言幽默，与幽默杂文或随笔是无缘的。因为幽默杂文在文字上既要有趣或可笑，而且还应该意味深长，让读者在快乐之中有所悟。不妨择其两小篇，以窥整个栏目的精彩。

孙绍振在《钱锺书的幽默为什么尖刻》这篇文章中说：运用不伦不类的比喻是很容易的，但也要有不同凡俗的意味。如果意味太俗，就很难不停留在滑稽的水平上。

在运用不伦不类的比喻方面，钱锺书是很突出的，在《围城》中，几乎凡有幽默感之处，差不多都是由比喻的不伦不类造成的。例如在《围城》第一章，钱先生通过从欧洲留学归国的苏小姐的眼光去看风骚的鲍小姐：鲍小姐……只穿霞色抹胸，海蓝色贴肉短裤，镂空白皮鞋里露出涂红的趾甲……苏小姐觉得鲍小姐赤身露体，伤及中国国体。那些男学生……有人叫她"熟食铺子"，因为只有熟食店才会把那种颜色暖热的肉公开陈列，又有人叫她"真理"，因为据说"真理是赤裸裸的"。鲍小姐并未一丝不挂，所以他们修正为"局部真理"。

这里的比喻之所以幽默，首先是因为本体与喻体之间的不伦，把风骚女人的肉体比作熟食铺的肉和"真理"，在俗气和典雅两个极端上拉开距离，更加显得不伦；其次，对于这两个比喻的解释所提出的理由也是牵强附会的，熟食铺的肉是动物的肉，是死的，真理的"赤裸裸"是不用掩盖之义，并非女性肉体；第三，这里的意味，不仅在于对于风骚的鲍小姐的讽喻，而且也在于对苏小姐的成见、嫉妒、挑剔女性眼光的讽喻。

钱先生在《围城》中运用这种不伦不类的比喻太多了，而且过分尖刻的也屡见不鲜，故钱先生的幽默感不够宽厚，不免时时被辛辣的讽刺所淹没。

孙绍振认为钱锺书的幽默是尖刻的，紧接此文的下一篇则是一种对应：《契诃夫的幽默为什么不尖刻》。文中说要减少不伦不类比喻的讽刺的攻击性锋芒也不难，只要把它和自我调侃结合起来运用就是，攻击对方的锋芒可能因自我调侃的趣味而钝化。

在文学史上，作家和评论家的关系向来不甚和谐，因而作家就少不了对评论家不客气地尖刻批判。如，评论家是寄生在作家身上的虱子。这样的比喻太凶了，把批评家比作吸血自肥者。新闻记者问契诃夫对评论家的看法，契诃夫说："作家是马，它正在耕田，而评论家则是一群牛虻，它们不断地去叮马的屁股，弄得马不得不停下来用尾巴把他们赶走。"契诃夫把他们比作牛虻，也是吸血的，但显得好一点，这不仅是因为牛虻有翅膀，比虱子要体面些，还因为契诃夫把作家也比成了动物。

契诃夫的比喻之所以不显得尖刻，原因在于契诃夫在这里降低了作家的心理优势（也是动物），增加了可怜相，使得双方无声的对抗缓和了。这样就提高了幽默的品位。

孙绍振认为：中国作家中长于讽刺者居多，长于幽默者相对少。运用不伦之比，最容易走火，不但钱锺书先生之幽默有过硬之嫌，连鲁迅也自谦说他的《故事新编》有时失之"油滑"。《故事新编》不伦不类甚多，但是大多不出自比喻，而出自牵强附会，让古代人的生活、环境、食物和现代人的语言、心态甚至一些文化人有案可稽的典故扯在一起。例如，让古人说当时在知识分子中流行的英语"OK""好图有图"（How do you do），从神话人物口中说一个著名学者考证出来的"禹是一条虫"，嫦娥过着打麻将、上饭店的太太生活，这都显得突兀、不和谐，因而也就显得滑稽而谐趣了。

在"幽默随笔"中，有太多随笔中的幽默，不妨再看看相当有趣的《语义倒转》一文。有一则西方笑话这样说："妻子对丈夫说：'我想给小狗起个名字叫作拜伦。'母亲说：'这样会侮辱了这位伟大诗人。'后来，妻子想把丈夫的名字改给小狗。母亲又说：'不好。'丈夫说道：'你的母亲真好。'妻子说道：'她说这样会侮辱了小狗。'"

这样的幽默感来自语义错位。同样是"侮辱"的字眼，其内涵包含着这样大的错位，这种差异之所以强烈，是因为它完全是朝着相反的方向变化的。

这样的语义错位，事实上应该叫作语义对立，其喜剧性特别强。

这类故事的精彩性往往与情节和语言的精炼成正比。比如还有这样一个故事，只有三句话："妻子：'上帝啊，我嫁给你的时候，我的脑袋在哪儿啊？'丈夫回答道：'在我的肩膀上。'"这种幽默的效果，取决于语义在倒转之后化为对立：本来是妻子蔑视丈夫，说自己嫁给他的时候，脑袋很糊涂。可是丈夫说当时她的糊涂脑袋正搁在他的肩膀上和自己亲热呢。年轻时的两情相悦与现在的抱怨责骂形成的鲜明对立，具备了幽默的张力。

还有一则表达随机应变的幽默随笔，话说美国总统里根的幽默，不但在通常情况下能出奇制胜地发挥，就是到了他被行刺者的子弹打中，他的妻子悲痛欲绝的时候，他也能用幽默把亲人从痛苦中解脱出来。当他被送到医院抢救，妻子看到丈夫胸膛上满是绷带，禁不住掉下泪来，里根却说："亲爱的，不要紧，当时我忘了躲一下。"这早已成了美国人家喻户晓的佳话。

即兴调侃是口才奇好的孙绍振最擅长的，他说有一年省文艺界举办迎春文艺晚会，会上有抽奖的项目，他得了二等奖。正好女主持人曾是自己的学生，要求老师讲几句话。在这种情况下光讲一些一本正经的祝贺的话是绝对乏味的，要让大家开心一点、活跃一点，就不能太实事求是。于是孙绍振就说道："这几年我吉星高照，一连三年春节联欢都拿到二等奖。事不过三，这说明，明年我要拿到一等奖。"主持人问："那你最希望得到什么奖品呢？"孙绍振当即回答说："我所希望的就是我最缺乏的。我头发的状况已经是'绝顶聪明'了，明年的奖品，最好是像你一样亮丽的头发。"如此自嘲和自夸结合得十分巧妙的调侃，倘若你站在孙绍振面前，随时都会有此等享受。

黄永玉是一位大画家，他曾经有过这么一则幽默的广告词："一，热烈欢迎各界男女老少光临舍下订购字画。保证态度和蔼可亲，服务周到。二，价格合理，老少、城乡、洋人、土人不欺，无论题材尺寸，均能满足供应，务必令君开心而来，乘兴而返。"这里的幽默感主要来自于幽默学上的戏仿，仿的是旧式商店贴在门口的广告语。以艺术家的身份写这样的广告语，便有某种反讽的意味。接下去是："书画一律现金交易……铁价无二，一言既出，驷马难追。纠缠讲价，即时照原价加一倍。再讲价者放恶狗咬之，恶脸恶语相向，驱逐出境。"孙绍振说这一段更为幽默，其奥妙在于，摆出了利欲熏心、盛气凌人的姿态，好像是邪恶到了极点，但是由于高度夸张，达到了超现实境界，心照不宣地传达了开玩笑的意味。

在孙绍振多种文体中，最为精湛入神的是他的词赋。过往的作品暂不例举，但 2023 年清明期间所发表的一篇赋，却不能不收录。这是孙绍振在一次登临福州乌石山（简称乌山）之后挥笔而成的。其内容与文字精致卓越，似乎多一字不必，少一字则不成。

时维三春三月之时，序属日新日新之日，命驾多福之州，访榕城三山之冠冕。

拾级而上，文心攀越。崖壁如画，榕根交织迎吾作龙蛇之舞。兰蕙如锦，绿坪绵延，贻我以襟袖暗香。

坪不在广，思接千载则灵。山不在高，视通万里则雄。

白塔、乌塔肃立于前，旗山、鼓山分立两厢。云海扬波，群山奔涌，负势竞上，罗拜于前。

客有治地理学者讶曰：山围水绕，造化无心，古塔默默，斯人已逝，先生此言不亦虚乎？

余抚其肩而笑曰，异哉，小生之言。

游之智者，观古今于须臾，抚四海于一瞬。游之盲者，熟视闽水东流，无睹浪淘不尽八闽风流。君不闻，目既往还，心亦吐纳。思理为妙，神与物游。与天地共生，共万物为一，智且圣者也。

"道山"一亭，不过方丈，秦篆高古，骨气遒正。阳冰笔端，精气冲融，谪仙之血脉千年生生不息。林藏古寺，唐宋明清梵音杳杳，道贯古今。谁曰无形？大道无形，悦在目而赏在心，听其声而闻其馨，此谓之与道为邻，耳目可视，体肤可亲，与先贤零距离者也。

道可道，非常道，大道日亲，人杰地灵。

"般若"之书，大智大慧，勒石琤琮，金声玉振，为天地立精神之华表，为有司树亲民之高标，为生民辟造福之新径。

时闽地险远，官道崎岖，山迎人面，云傍马头。教化未申，蛮风犹存。仕者悼往，唯贤者无惧。先有知州蔡襄立碑戒巫，教民以俭。继有府君程氏师孟,践行孟子民贵君轻,不贱其荒僻,独喜其绿荫四季,暑不张盖,冬花烂漫,惠风和煦。仰观鹤翅庚云,俯察鹿步徜徉。乃更乌山之名曰"道山",意在胜蓬莱方丈瀛洲仙境。立"霹雳"之岩以申廉,堵贿求之隙,塞奸盗之门,废与民争利之制,曾巩挟唐宋八大家之风华,高之贵之。

为政以廉,亲民以灵。后之继任,一以贯之。广城池,新社祭。修渠筑堤,安民于稼穑。设贡院,广庠序,育民以文明。故米芾惊异,乃有"第一山"之赞,笔势奔放飘逸,山石为之温润有灵。李纲抗金被黜不屈,访此留至大至刚之气,朱熹以"伪学"避祸,留书"清隐",淡泊明志,大书"福"字,赖多福之州,福泽庇荫。

衣冠南渡,文脉至大至精,古刹名山,精英荟萃,歌笑不绝;时空隧道,代有才人长吟。民胞物与,亭曰"致养"。养以仁义礼信,育以五谷菜蔬。大旱之年,五谷不足,民罹饥馑。幸有长乐陈振龙者,出生入死,得吕宋蕃薯,历险过关,其子报之有司,广为移植,功同五谷,解灾脱难,生齿日繁,惠及九州。

"先薯亭"重檐日夜飞举,天理人情与共,旌表一介平民。

大道至简至深,般若至慧至精,食薯之博济生民。"饮岚"意,养自然之精华,"玉壶"情,育无瑕如冰晶莹;是以精神海拔与时俱升。

夷炮祸发连年,山河破碎。乌塔、白塔震颤,旗山、鼓山惊醒,闽江怒涛雷鸣。三坊七巷并发火星,救亡之炬点燃,烛照历史前沿风烟。

风云际会,天降大任于精英。

林公则徐至刚至烈,英夷鸦片烟灭灰飞。林旭变法图强,喋血京师。严复鸣钟警世,适者生存,灭种之祸将临。林觉民藏火药于棺木,黄花岗赴义。林长民首报巴黎和会噩耗,五四旗举提前,置棺木于天安门前,演说牺牲之决心。

黄钟大吕,大义凛然,俊彩星驰,星汉灿烂,虽"凌霄"之秀出,不足比其高也,"冲天"之一鸣惊人,难以比其美也。

客谢曰:先生胸罗锦绣,言信而美,醍醐灌顶,小子服膺。

余曰:今当百年巨变之枢纽,挺立于中华崛起之前庭。"道山","般若"仰止不已,紫气东来,中华复兴,历史重任幸落吾辈双肩。八闽风流再起,试问谁堪弄潮。后之视今,一如今之视古,赓续先贤伟烈,当仁不让,留后世刮目叹贤。

客乃赧然嗫嚅:往者极耳目之娱,蒙蔽慧心,今当自新。

吾乃携其手,游目骋怀,忘返留连。

客曰:不意今视其字若墨迹未干,观其塔则面面簇新。目击神遇,虔敬之心油然,足下不觉一步一步放轻。

余乃抚掌而笑,客亦笑,信步归去,留笑声萦回婉转于亭台山石之间。

孙绍振的《榕城乌山赋》,就是一部浓缩了福州千百年的历史大书,无论现在还是将来,都堪称经典。

第三章　耕耘教坛

第一节　致力于"写作教学"

　　回望当年，在"文革"中刚刚复办的福建师大中文系从文艺理论、外国文学到逻辑修辞等多个专业学科一个个先后建立起来。然而，作为中文系，在文科方方面面的学问中，还得教导学生们学会怎样写文章，怎样写好文章。特别是那个年代的师大学生叫法与后来的不一样，称为"工农兵学员"。在那一批又一批的学员中有较高文化基础的，或原先就是学校老师甚至是校长的，也有小学毕业的，甚至直接出自田间地头的。

　　他们进入了中文系，就必须要让他们学会写文章，至少得学会怎样看文章。于是，写作教研组就必不可少。身为写作组教师的孙绍振，认为学员们文化水平的参差不齐，是历史造成的。面对经历过风吹雨打的学生，在教学中，爱心与认真都要付之以行。让他们在毕业后，也能从容地教育他们的学生怎样阅读文章，又怎样由浅入深地写文章。从此，孙绍振就在这个写作组寒来暑往，业精于勤。

　　1977年，全国恢复了高考制度。从此，入学的学生从一张"政审鉴定表"换成了一套考卷，"工农兵学员"的年代画上了句号。学生们凭着自己的真才实学，把一张张考卷化作一面面旗帜，成功者手舞着旗帜、成竹在胸地走进了师大校门。

　　作为中文系写作教研组的顶梁柱，孙绍振认为要做好作文，应该从文艺理论起步，用文艺理论引导写作，分析文学作品。只有掌握了文学理论的基础，才能把握住文学艺术审美的关键点。他回顾自己的写作之路，就是从理论方面深学笃行，善思善谋的。当年，孙绍振就早早研读了马克思的《资本论》，列宁的《哲学笔记》等有关的权威著作。有西方的学者这样说："对于马克思，不论你赞成他也好，漠视他也好，反对他也好，只要碰到必须解决的社会、历史问题，就不能不向他请教。"孙绍振在反复阅读这些经典理论书籍之后，对这样的说法是认可的。

基于这种思想认识，孙绍振凭借自己多年来超出专业范围的阅读，可以心雄万夫地说："可能是当代所有博士生所不能想象的。"他还说对于《毛泽东选集》，自己是从第一个字读到最后一个注解，来来回回读了四五遍，如此苦学深研，才能真正体悟到其精华乃实践论和矛盾论。厚积而薄发，也才能先后在《中国社会科学》《人民日报》《光明日报》《新华文摘》接连发表文论作品。发表于《人民日报》的文章，在揭示西方文学理论的霸权"已经坍塌"的同时，呼吁建构中国学派文学理论。长年累月的读书学习和笔耕不辍，与其说是希望自己再立新功，不如说是以此激励学生并示范年青一代：在写文章或语文教学之前，重视研读经典理论文献。工欲善其事，必先利其器，说得何等在理。山村百姓也有磨刀不误砍柴工的民谚，语言质朴，但道理深邃。因为只有打好基础才是语文教学和写作的王道，当然，要走向王道之路，勤于练笔也是必不可少的。

要让练习写作的中学生们能够从自己的文章里找到自信，那就要在写作时学会创设情境，以情导学，这是写作教学的要领。通常来说，在语文课本中的文章都是文质兼美的诗歌、散文、小说、戏剧等，这些文章都蕴含着作者浓郁的情感，具有非常强烈的艺术感染力。如在教授诗人余光中的《乡愁》时，可以播放一段低婉的带着愁绪的乐曲，把学生带入到诗人对家乡对祖国无尽的绵绵思念中。这样学生便能更好地理解诗歌所流露出的思乡、思亲的情感，继而联想到自己的家乡那山山水水，坡坡岭岭，一草一木，以及清晨时袅袅升起的炊烟，耕牛犁地时农夫的吆喝声。类似这种"创设情境，以境动情"的导入能一下子吸引学生，激发起他们学习的兴趣和欲望，使他们在不知不觉中获得知识，也能在悄然无声中找到自己写文章的感觉，有了兴趣，就会主动拿起笔来。

同时，在给学生上写作课时，还应该重视朗诵，把课文有声有色地朗诵起来。这样，不但能避免枯燥，而且还能营造一种特别活跃的课堂氛围。毫无疑问，朗诵是一门艺术，是体验情感行之有效的方法之一。它不仅可以让学生受到感染，得到美的熏陶，而且能逐渐提高学生的鉴赏能力和艺术修养。学生通过聆听教师声情并茂的朗读，听教师将无声的文章变为有声的语言，就能发现课文中那些最美、最富有情感的地方，激发审美情感，忘却自我，融入作品的意境之中，潜移默化地受到熏陶和感染。例如，在教学《雨巷》时，让学生随着《丁香花》这首歌进行朗读，进而学生就能感受到那个像丁香一样结着愁怨的姑娘仿佛就站在他们面前。

教育界，特别是语文教学界的有识之士认为：教育如天，语文是地。为什么语文有着如此不可动摇的地位？教育部一位司长曾经这样说过：必须特别强化语文，基础教育是整个教育的基础，语文是基础的基础。同时还如此强调：今后高考的区分度主要在语文，语文的区分度主要在作文。今后高考的语文命题要增加难度，增加题量，增加卷面的汉字，增加古诗词，增加课外阅读。这是因为语文是母语，语文是第一工具科、第一大科，语文是学好其他各科的基础。语文学不好，其他各科都难以学好。一个人语文的水准，不仅关乎其高考的成败，而且关乎其一生的安身立命。所以，学好语文，强化母语，毋庸置疑！

著名的数学家复旦大学原校长苏步青还曾经这么说："如果政策允许复旦大学单独高考、提前高考，首先考语文，大量阅卷。语文不及格的，其他就不要考了。"连数学家都如此重视语文，作为专事从事语文教学的教师还能敷衍了事？因而，孙绍振坚定地认为：语文教师所肩负的职责是神圣的。

有了这些理论根据，再结合自己的思考，孙绍振一直在思考中文教学问题。如何能让教师教得好，学生乐于学、认真学。思考的时间长了，就有了思路，产生出一种著述有关文学创作方面论述的冲动与激情。唐代诗圣杜甫曾有此名句："读书破万卷，下笔如有神。"孙绍振觉得自己未必有破万卷，但数百卷应该是有的；下笔不必"如有神"，但"不走神"却是可以做到的。成竹于胸了，也就举棋若定。孙绍振以笔为剑，以墨为锋，以字为刃，驰骋于文学创作理论与教学的疆场。

第二节　文本与审美

教学中的文本

《文本中心的突围和建构》这本书是孙先生的又一部力作。他在自序的开端就说："本书以'突围'为名，并不夸张。百年来，语文教育元气不振，原因固多，其中洋教条当为罪魁祸首。尤其是半个多世纪以来，其危害之酷烈，积弊之顽固，罄竹难书。"

法国哲学家德里达曾说过"文本之外无他物"，其意思是说，一切对象都要通过文字的意义才能被理解，而文字只有在文本中才被赋予意义。

特级教师余映潮先生曾在谈到语文教师业务水平提升的八个"第一"时说：第一基本功是能够读出教材的味道；第一阅读能力是文学作品的欣赏能力；教材解读能力，是教学设计的第一能力；文学作品解读与欣赏能力，是语文教师的核心素养之一。认为补上这一短板，是对语文教师专业素养的提升。学贯中西的孙先生在文艺理论方面的分析中，指出了西方文学理论的危机，提出了中国式的文学文本解读学的建构。他认为西方文艺理论多为形而上的概念式、哲学式模式，渐渐用概念、理论、理性遮蔽了作品的唯一性和特殊性，指出文学文本解读学的建构必须回到作品的唯一性、特殊性上来。孙先生要求一线教师在解读文学文本的时候，需要从文章的意象入手，读出文章的意脉，精准把握作者的情感逻辑，在这三层结构中逐步深入。在文本的主体中、描写的客体中以及文学文本的规范形式（诗歌、小说、散文、戏剧）的综合解读中，才能找准每一篇文本的唯一性，才能做到最大程度精准地解读。

孙先生认为语文教师在登上讲台之前，首先需要明确的是语文课教什么，学生的语文素养该如何着力培养，如何才能引导学生产生对语文课的学习兴趣。同时要培养学生的语文素养，注意学习方法和策略，引导学生在语文学习过程中进行体验与反思，从而使学生具有正确地理解和运用祖国语文的能力。表达时则要求语言在简明、连贯、得体的基础上，优雅、生动和富于思辨性。只有这样，在语文教学的园地里，才会出现百花齐放的灿烂景观。归根结底，实践是检验真理的标准，而不是理论是检验实践的标准。确定理论的价值，别无选择的是：在更高的层次上回到实践，回到经验。这时，不是实践成全理论，而是理论服从实践、经验和常识。我们这个具有数千年教育传统的民族，本土的实践是与国情、传统血脉相连的。

孙绍振认为，绝对的读者中心论，作者已死，脱离了历史语境的多元解读，貌似强大，其实是很虚弱的。从中国千年的文学批评实践和教学实践来看，这些观念中饱含着的虚假是显而易见的。解读的学术立场只能是文本中心。作者可以死去，读者也在死去，唯一不死的是经典文本。说不尽的莎士比亚，说的人每天都在死去，而莎士比亚的作品却没有死。英国文学评论家伊格尔顿说："说不定到某一天，莎士比亚就不再是文学了。"从波普尔的证明不如证伪说来看，这种既不能证明，也不能证伪的说法，是幼稚可笑的。

这里有一段孙先生精彩的比喻：不少文人或读者会说，在一千个读者眼中就有一千个哈姆雷特。但无论多少，仍然是哈姆雷特，而不可能是李尔王，或者贾宝玉。一千个、一万个读者注定要死亡，而哈姆雷特却和《红楼梦》一样是永恒的。罗兰·巴特说，作者已死，但是，他却忘记了他也是作者，还活得很滋润。吊诡的是，他在几年前死了。如果他的"作者已死"是对的，那么他的这个说法，应该先他而死。如果这个说法没有死亡，没有被读者遗忘，那么，他的这个理论就是废话，因为他陷入了悖论。其理论生命，有如蜻蜓吃自己的尾巴，越是吃得痛快，越是短命，最终就是自我消亡。

文本分析之难，难在文本的表层结构具有封闭性，给人以一望而知的错觉，殊不知正是在一望而知的表层下面隐藏着一望无知的奥秘。阅读心理也具有某种程度的封闭性，读者看到的往往是已知的表层，以自己肤浅的心理图式去同化、遮蔽文本的深层。这是人性的局限，阅读就是对文本和人性的种种局限进行突围。这是一场已知和求知的反复搏斗。"一元"，就是以统一的观念对无限复杂的现象进行系统的阐释。要使吉光片羽的感想达到高度抽象的、层层深入彻底的一元化，没有理论的自觉和逻辑的严密是不可能的。

换一个说法，阅读的最高效果，应该是从低于经典的水准向经典的高度攀登，这是认真的读者追求的目标。

后来，在文本解读中，孙先生又有了更新且更深的见解，例如在《文本解读六法》（与赖瑞云教授合著）中说："要进行具体分析，如果没有一定的方法论的自觉，则有如狗咬乌龟——无从下口。"在他揭示创作奥秘的理论体系中，既是从解读的角度，又是直击创作奥秘的解读六法为还原法、替换法、矛盾法、专业化解读法、比较法、作者身份法。且又将替换法分为两种：第一种是个别关键词句的优劣比较，是为"换词法"。如著名的"推敲"，"春风又绿江南岸"；如"疏影横斜水清浅，暗香浮动月黄昏"是从"竹影横斜水清浅，桂香浮动月黄昏"改动一字成经典的。第二种是大段文字的变动，包括其中的结构、手法、句子，可称为"换表述"。如《红楼梦》《水浒传》《复活》《安娜·卡列尼娜》《静静的顿河》以及其他单篇诗文中的修改名例等等。

教学中的审美

孙先生认为，但凡教师在讲台上为学生授课，切记不能照本宣科，而应当给听课的弟子们以听觉上的美感。要做到这一点，教师首先要在备课中学会审美，其中的趣味无穷。

但如何才能在课文中或各类书本中审其"美"呢，孙先生同样列举了一些相关的古诗词，从审美的角度既可以把自己，也可以把聆听者或读者引入另一种境域。他说，人是理性的动物，从小学、中学到大学各式各样的课程，用人类文化全部的知识系统训练我们，其目的就是强化理性。人和动物的区别，首要就是人是理性的动物。但是如果仅仅把我们训练成纯粹理性的人的话，这是片面的。我们不是总说要全面发展吗？绝对的、极端理性的人，理性到不管干什么都很科学，科学到一切要符合定律，一切能够用数据来运算、遥控，真要是这样，就不太像人了，只能是机器人。

孙先生强调如何审美先从柏拉图说起：柏拉图曾经把诗人（除了歌颂神的），都从他的"理想国"里驱逐出去，他心目中最理性的人就是数学人。数千年来，为什么人类难以接受他这样的理念呢？因为这就涉及人的另一个特点：不仅仅是理性的动物，而且还是情感的动物，这样的人才全面。从人的全面发展上来讲，光有理性的教育是不够的，所以我们的教育方针包括了"美"。对美育的"美"，有些人往往有误解——美育是不是做到了"五讲""四美""三热爱"就可以了？孙先生当然持否定的态度，说这只是属于道德理性，美育主要是培养人内心的情感，主要是以非理性的情感为核心的。这对人的全面发展是非常重要的，以致就有了一种专门的学问，叫作美学。它从表层来说，是感知；从中层来说，是情感；从深层来说，是智性。从性质来说，包括正面的美，也包括与之相对的丑。这才是人类感性的全部。

孙先生明确这个词在汉语中没有对应的字，日本人把它翻译成"美学"，在古典文学时期大致还算可以，因为那时的文学一般是追求美好的心灵和环境的，以诗意的美化为主的。但是，文学艺术并不完全是审美的，也有审丑的。在我国文学史上，就是宋玉所说的登徒子之妻，丑得不得了。在传统戏曲里有三花脸，在西方戏剧里也有小丑。但是，在当时，似乎并不是主流，因而，这个矛盾给掩盖住了。实际上，到了19世纪末，法国象征派诗人波德莱尔在《恶之花》中拓展了以丑为美的境界，于是美学这个翻译，就显得不够用了。做一个全面发展的人，一方面是理性，一方面是情感，这样才全面，可偏偏人类往往偏重理性，而轻情感，用一度流行的话来说，就是一手硬，一手软。这不是偶然的，因为人类从一开始就是受到大自然的严重的生存的压力，随时随地都有种族灭绝的危险，于是能够提高人从自然界获得生活资料效率的实用理性，就自发地占了上风。因而，情感就压抑到潜意识里去了。这样的人，就是原始人，半边人。当人类文明发展到一定程度，就感到不满足，这样光是吃饱了，睡足了，不是和动物一样了吗？不行，要把那压抑了的一半找回来，这就有了艺术。

如果说《咏柳》中的柳树是到了春天就发芽的乔木，这很客观，很科学，但没有诗意。如果带上一点情感，说柳树真美，这也不成其为诗。感情要通过主观感觉，带上一种假定和想象并发生变异才能美起来，才会有诗意。诗人形容柳树是碧绿的玉做的，柳叶是丝织品，飘飘拂拂的。诗人为什么这样写呢？主要是表达一种感情。表达感情就要带上一点想象和假定，才能让它更美好一点。绝对的真不是诗，为了真实表达感情，就要进入假定的想象。真假互补，虚实相生。

所以，进入想象就不是一个绝对的真的境界，相反，想象就是假定的。孙先生认为：想象就是假定，假定了，情感才有自由。自由在哪里？就是自由地超越柳树单一的真实、一元化的特征。想象是"比赛"特征的多元化。贺知章说柳丝"万条垂下绿丝绦"，是特征。但是，他说过的话，别人就不能重复了。白居易怎么说？他说"一树春风千万枝"。白居易不敢重复，在诗中突出的是柳丝的质感："嫩于金色软于丝。"而李白想象的柳丝，气象就有不同凡响的自由了，如五律《望汉阳柳色寄王宰》：

    汉阳江上柳，望客引东枝。
    树树花如雪，纷纷乱若丝。
    春风传我意，草木别前知。
    寄谢弦歌宰，西来定未迟。

  这首诗里，柳树的特点不再属于贺知章、白居易的玉、丝和金。值得称赞的是，第一，并不是所有地方的柳丝都拉长了，只有东面的，因为"望客"，在等待来自东方的朋友。第二，柳丝很不整齐，很"乱"，为什么呢？显然是在暗示盼客的心情有点乱。李白的自由来自何处？来自自己对朋友的情感特征和由这种情感特征所选择的柳树的某一特征，而不是全部特征。同样的柳树，到了孟郊《折杨柳》那里，想象又变异了，它不是很长的柳丝，而是相反："杨柳多短枝，短枝多别离。赠远屡攀折，柔条安得垂。"长长的柳丝，到孟郊笔下变得很短了。为什么？送别朋友的痛苦太深，攀折太多。想象的自由是无限的，因为他，自由情感和想象把柳丝变短了。孙先生认为掌握住审美，柳树的形象是可以不断变化的、永远有创新余地的。
  孙先生建议古诗词爱好者去读读孟浩然的诗。这位诗人同样写春天，他的《春晓》就很不简单："春眠不觉晓，处处闻啼鸟。夜来风雨声，花落知多少。"就这么二十个字，流传了一千多年，为什么有这样强的生命力呢？如果按照传统的说法，它反映了春天的特点，写了鸟语花香。这样的解释很笨，而且诗里只有鸟语，根本就没有写到花香，相反写到花落。如果用审美价值来解释，那么它的价值就在于情感，对春天的情感，很有特点。特点在哪里？

春天来了,通常是用眼睛去看,去发现,"千里莺啼绿映红""碧玉妆成一树高""春色满园关不住,一枝红杏出墙来",都是看到的,色彩非常鲜明。孟浩然却是独树一帜。

惜春的主题,产生了许多杰作。《唐诗三百首》里有一首浙江诗人金昌绪写的《春怨》:

> 打起黄莺儿,莫教枝上啼。
> 啼时惊妾梦,不得到辽西。

这首诗写的是一个少妇,她的丈夫到辽西打仗去了,生死未卜。她做梦,梦见什么?梦见自己跟丈夫欢会。可是黄莺一叫把她吵醒了,她非常恼火,怪黄莺把她的好梦惊破了,就要惩罚黄莺。这种情感是很有特点的,为什么有特点?因为它完全超越了实用。想念丈夫,到梦里去相会,这是空的,是不实用的,也不科学。赶走了黄莺有什么用?就是把黄莺打死了,她老公也回不来。迁怒于黄莺是一点也不实用的,但由此表达的感情却很有特点,这个少妇的天真、任性以及她的无可奈何都表现出来了,很特别。因为带上了一点喜剧性、幽默感,感动了世人一千多年。

孙先生在研究古诗词中,提出了一个很有意思的问题:"二月春风为什么不能似菜刀?"他在主编初中语文课本时,曾在第一册上选了贺知章的《咏柳》:"碧玉妆成一树高,万条垂下绿丝绦。不知细叶谁裁出,二月春风似剪刀。"如果换成"二月春风似菜刀",行不行呢?显然是笑话。孙先生再问,为什么一定是剪刀呢?刀很多啊,比如说,菜刀、军刀。但"二月春风似菜刀""二月春风似军刀"就很打油。原因在哪里?在前面一句:"不知细叶谁裁出。"一定不能忽略的是有个"裁"字埋伏在那里,"裁"和"剪"自动化地紧密联系,是汉语的天然联想。

在总结古文学习的重点时,孙先生强烈要求读者应当重视字句,直译为主;找准文脉,把握情感;总结"体式",举一反三。同时,在文章中不能忘却审美,要体现审美之趣。集德国古典哲学之大成的黑格尔如是说:美是理性的感性显现。美学本身就是一种哲学,是哲学的一个分支。也就是说,美是感性包裹着理性。所以一个人如果能够讲出一件事物的美在哪里，那么他已经具备了抽象与具体的能力，已经开始向理性跃迁。希望每年面临中考、高考的学子们，在复习的时候，都能采用这样的方法，进行有效整合，在心中形成一幅清晰的脉络图。与此同时，对于古诗词中的"比喻""意象""意脉""意境"，必须读懂，而后善于应用。用美学原理分析作品的同时，用优异的学习方法，考好古诗文，让自己轻松成为语文尖子生。这是孙教授对学子们的希冀。

第三节 古典散文与古典诗歌解读精粹

古典散文

中国的古典散文可谓浩如烟海，孙先生在早期精选出60多篇古典散文进行解读，出版了专著《古典散文解读》。他在前言中明确地指出，比起小说、诗歌、戏剧花样翻新的理论，散文理论显得十分贫乏。所说的理由是"我国从先秦到晚清并不存在纯文学性的散文文体，只有'文'的观念。诗言志，文载道，文是与诗相对的。文又可分为古文和骈文。骈文具有一定的文学性，而古文则比较复杂"。被誉为"清代古文第一人"的姚鼐在《古文辞类纂》中将古文分为"论辩类、序跋类、奏议类、书说类、赠序类、诏令类、传状类、碑志类、杂记类、箴铭类、颂赞类、辞赋类、哀祭类"，虽然罗列了这么多，可并不很全面，至少还遗漏了"史传类"（诸如《三国志》中附在《诸葛亮传》中的《隆中对》等）。

台湾有着"散文研究家"之称的郑明娳教授认为："在中国散文虽然不居于文学的地位而生长，但在西方，散文却没有自己的地位。"郑教授援引董崇选《西洋散文的面貌》说："在西洋文学里，最初的三大文类是戏剧、史诗与抒情诗。可是后来文学作品的形式与内容渐渐增多，该三大古老的文类便不能涵盖众多不同的作品……"

针对以上观点，孙先生特别指出：为了顾及实际，现代三大文类便改为戏剧、诗歌与小说，但这三大文类还是不能概括所有的文学作品。比方说，有些文学成分很高的传记、自传、性格志、回忆录、日记、书信、对话录、格言录等，它们既不是戏剧，也不是诗歌，同样不是小说。而既然这些文类的作品，通常都是用（最广义或较广义的）散文写成的，所以就有很多人把这些文类的作品合起来，笼统地称为散文。有些文学史或者文学导论的书，便是把文学分成诗歌、戏剧、小说与散文四大部分来讨论。

在西方，最初的文学并不是只有戏剧、史诗和抒情诗这样的韵文，还有非韵文的对话体散文，如柏拉图的经典之作《苏格拉底之死》《理想国》等。在古罗马产生了政治家、哲人西塞罗那样的经典，甚至德国著名哲学家鲍姆嘉通的《美学》中还说道：美学同演说学和诗学是一回事。但是，这一切并未明确归纳到散文文体中去，散文作为文体，似乎至今并没有得到西方学界的普遍认同。这说明，在西欧北美，散文并不是作为一种文体而存在，更准确地说，它是一种表现方法。关于对话和演讲在散文史上的地位，类似的情况也发生在中国。

用古希腊古罗马的散文（演讲）观念来衡量，散文都具有抒情审美的性质。传统散文除了"记言"，还有"记事"的一面，如以《春秋》《左传》为代表的史传散文。中国现代被誉为"博学鸿儒"的钱锺书，则无异于提出了"六经皆诗"的命题。这就是说，从文体功能来说是历史的记实，从作者情志的表现来说，却无不具有审美价值。钱锺书以《左传》为例指出"史蕴诗心、文心"，特别指出记事性质的历史散文其实隐含着作者的想象和情志，与小说、戏剧相近之处不可忽略："史家追述真人实事，每须遥体人情，悬想事势，设身局中，潜心腔内，忖之度之，以揣以摩，庶几入情合理。盖与小说、院本臆造人物、虚构境地，不尽同而可相通。"

孙先生认为中国散文从娘胎里带来的"文体不纯"传统，在五四新文化运动发轫期曾经面临着某种可能的历史转机，早期《新青年》的随感录，与西方的随笔有某种接近。但是，西方的随笔以智性思绪为主，尚未从文化价值中分化、独立出来。这引起了早期作家周作人的犹豫，结果是他在1921年的《美文》中选择了晚明小品的"性灵"，确立了"叙事与抒情"的纯文学方向。这在当时反桐城派的载封建之道,张扬个性,有历史的功绩,但是,孙绍振认为这也造成了把散文局限于审美抒情的弊端。以至于到了如今,连鲁迅的杂文算不算散文,都还有争议。更有不少论者对"散文同时可能是——杂文、小品文、报告文学、特写、随笔、书评、文论、时事评论、回忆录、演讲词、日记、游记、随感式文学评论等"感到愤怒,表示要把散文理论"推倒重来"。

散文,特别是古典散文,如何审美、审丑、审智?孙先生列举了古代散文和诗歌的大家、在中国文学史上占有重要地位的柳宗元,在其众多的佳作中遴选出并不一定最好、但比较适合中学生研读的《小石潭记》。这是柳宗元被贬永州期间写的,在那个时期,柳宗元写出了许多传世之作,其中的游记以"永州八记"最为著名,《小石潭记》就是其中之一。当时的作者政治失意,生活也比较清苦。在政治上受到打击、家庭生活又不济的双重压力下,能够洒脱地写出《小石潭记》,不是每个人都能做到的。详解此文,读者并没有作者正备受打击、精神苦闷的感觉,相反,倒是很舒展。文章写的是美好的景致和心情:中心是石潭,但是如果直接写潭水之美,就太简单,没有体验发现的过程了。因而作者并不从看见潭水之美开始写,而是先写听到的水声之美。美到什么样子呢?"如鸣佩环",佩环是玉质的,玉环碰击的声音是美好的。环佩之声在古典诗歌和散文中都和高贵的身份、美好的品格联系在一起,这就不仅是声音之美,而且有品格之美的联想。其次,这样美好的声音还不是直接听到的,而是隔着竹林,而且是篁竹,密密的竹林,这也是与经典的诗意相联系的。泉水之声是美的,隔着竹林听这声音,整个画面就很有层次感和纵深感了。能显示逐步发现的心理体验的过程,美好的感觉就有了延续性。由于这两层的铺垫,还没有见到潭水,作者就被感染了:"心乐之。"但是,篁竹虽然美,却成为欣赏潭水的障碍:没有路。于是接下来要"伐竹取道"。这说明,听觉之美的程度不同凡响,非要看看不可,这就把读者对于美景的期待强化了。接下去就是开门见山的笔法了:下见小潭,水尤清冽,全石以为底。如此优质的小石潭本身就是罕见的,这里不仅写了水潭的表面特点,而且还写了水的清澈。"近岸,卷石底以出,为坻,为屿,为嵁,为岩。"自然界的统一和变化多端是联系在一起的。"为坻,为屿,为嵁,为岩"，强调的是形态的不统一，一派自然本色，多姿的山石与统一的潭底形成对比，美不胜收。

围绕此文，孙先生细致地分析说，文章的题目是"小石潭记"，潭中之水本该是主角。但是除了开头一句正面写"水尤清冽"以外，就再也不提水了，好像对潭里的水一点儿感觉都没有了。倒是对石头、对鱼，很舍得笔墨。特别是写鱼的时候，第一句就好像说，鱼倒是有的，就是没有水："皆若空游无所依。"这个"空"字，表面上是什么也没有，但是，妙就妙在没有"水"字，却恰恰写出了水之美。作者虽在潭边，却不提水，直接写鱼"空游无所依"。更精彩的是，柳宗元不从正面，而是从侧面写，来突出水的清澈。进一步用鱼的影子，用黑来反衬水的清澈，艺术感觉上的反差效果更为强烈。柳宗元这一大创新，对后来的诗人词人都产生了积极的影响。

原始的小石潭之美已经够美了，但孙先生笔锋一转，说柳宗元又有他诗歌里表现出来的另外一面，那里好像充满了不食人间烟火的境界。如他的《江雪》："千山鸟飞绝，万径人踪灭。孤舟蓑笠翁，独钓寒江雪。"开头两句强调的是生命的"绝"和"灭"，也就是佛家的"无"，与这相对的是一个孤独的渔翁，也就是佛家的"有"。在寒冷、冰封的江上，是钓雪，而不是钓鱼，也就是不计任何功利，孤独本身就是一种享受。这和《小石潭记》中"寂寥无人，凄神寒骨，悄怆幽邃""其境过清，不可久居"的境界大不相同。

在中国古典文学家笔下，自然界的鱼与游人是相乐的。这种相乐是很自然、很自由的，很无心、很无目的的。但是，恰恰在无目的这一点上，又是与游人（作者）是相通的。在美国人的诗里，只有人对光和影的效果的观察。孙先生回忆起20世纪初美国有一派诗人，声称师承了中国诗歌的意象传统，号称为意象派。其代表人物洛威尔就按照中国这种传统的原则写过《池鱼》，美国评论家迈克尔·卡茨认为他可能是根据一幅中国画写成的。其实洛威尔根据的不是中国画，而是柳宗元的诗。他的诗作译文如下：

在褐色的水中
一条鱼在打瞌睡
在阳光下闪着银白的光

在芦苇的阴影里显得清亮
在水底出现的
绿橄榄的亮光
透过一道橘黄色
是鱼儿在池塘里春游
绿色和铜色
暗底上一道光明
只有对岸水中垂柳的倒影
被搅乱了

这位研读中国古典文学的美国诗人，显然是把中国的明暗对比发展成多种色彩的反衬。虽然这样，美国人的诗和中国的传统美学还是貌合神离。因为在这里，明暗的对比是物理性的，而柳宗元的明暗对比是心理性的，是人与大自然的契合。

古典诗歌

关于中国的古典诗歌，孙先生依然是博引旁征、引经据典。在启迪中蕴涵着丰沛的学识，又在学识中画龙点睛式地引述了理论。

孙先生说绝句作为一种诗体，不同于律诗和古风之处在于：就外部形式来看，从第一、第二句的陈述，到第三、第四句的否定、疑问、感叹以及流水句的诸多语气变化；从内在情绪来看，唐人七绝的压卷之作常于开合、正反、虚实之间，聚焦于情绪的宛转变化。唐诗绝句何者压卷之争，古典诗话延续明清两代，长达数百年。如今看来，在接受唐诗绝句压卷之作这个命题之前，在理论上必须清场。孙先生明确指出：首先，中国古典诗论从根本性质上来说是文本中心论。文本的提出就因为不承认独立于读者之外的作品，根本不承认统一评价。当然，在中国传统诗论中，也不是没有读者中心的苗头，"诗无达诂"的说法颇得广泛认同。袁枚在《随园诗话》卷三说："诗如天生花卉，春兰秋菊，各有一时之秀，不容人为轩轾。音律风趣，能动人心目者，即为佳诗，无所为第一、第二也。若必专举一人，以覆盖一朝，则牡丹为花王，兰亦为王者之香；人于草木，不能评谁为第一，而况诗乎？"

历代诗话品评唐诗的艺术最高成就时，向来是李白杜甫并称，举世公认。但孙先生认为在具体艺术形式方面，二者的评价却有悬殊。历代评家倾向于在绝句上，尤其是七言绝句，成就最高者为李白。高棅在《唐诗品汇》中说："盛唐绝句，太白高于诸人，王少伯次之。"胡应麟在《诗薮》中也说："七言绝以太白、江宁为主，参以王维之俊雅，岑参之浓丽，高适之浑雄，韩翃之高华，李益之神秀，益以弘、正之骨力，嘉、隆之气运，集长舍短，足为大家。"连唐代诗人韩翃和李益都数到了，却没有提到杜甫。沈德潜在《唐诗别裁》中则具体说到篇目："必求压卷，王维之'渭城'，李白之'白帝'，王昌龄之'奉帚平明'，王之涣之'黄河远上'其庶几乎！终唐之世，绝句无出四章之右者矣。"不但如此，《诗薮》还拿杜甫来对比："自少陵以绝句对结，诗家率以半律讥之。"许学夷《诗源辩体》引用王元美的话说："子美七言绝变体，间为之可耳，不足多法也。"当然，对于杜甫绝句，不乏为其辩护者，如说杜甫的七绝是一种"变体"，"变巧为拙""拙中有巧"，对孟郊、江西派有影响等等。但是，这些都是消极防御，避免过分抹杀。究竟是哪些篇目能够获得压卷的荣誉，诸家看法不免有所出入，但是，杜甫的绝句从来不被列入压卷则似乎是不约而同的。这就说明有一个不言而喻的共识在起作用。古典诗话的作者们并没有把这种共识概括出来，我们除了从压卷之作中进行直接归纳以外，别无选择。

孙先生认为诗话并没有具体分析各首艺术上的优越性何在，最方便的是用直接归纳法，可从形式的外部结构开始。同时将压卷之作和杜甫遭到非议的绝句代表作"两个黄鹂鸣翠柳，一行白鹭上青天。窗含西岭千秋雪，门泊东吴万里船"作对比，不难看出二者句子结构和语气有重大区别。杜甫的绝句四句都是肯定的陈述句，都是视觉图景。而被列入压卷之作的则相反，四句之中到了第三句和第四句在语气上发生了变化，大都是从陈述变成了否定、感叹或者疑问。"但使龙城飞将在，不教胡马度阴山""羌笛何须怨杨柳，春风不度玉门关""醉卧沙场君莫笑，古来征战几人回""劝君更尽一杯酒，西出阳关无故人""不知何处吹芦管，一夜征人尽望乡"，不但是句法和语气变了，而且从写客体之景转化为感兴，也就是抒主观之情。

杜甫之作比之压卷之作，虽然有句法、语气变化，甚至是跳跃，但是心灵显得不够活跃，从意象来看，也流于平面。绝句在第三句要有变化，是一种规律。元朝杨载的《诗法家数》中指出绝句之法要婉曲回环，删芜就简，句绝而意不绝。多以第三句为主，而第四句发之，有实接有虚接。承接之间，开与合相关，正与反相依，顺与逆相应，一呼一应，宫商自谐。大抵起承二句固难，然不过平直叙起为佳，从容承之为是。至如宛转变化工夫全在第三句，若于此转变得好，则第四句如顺流之舟矣。

孙先生说，然所举压卷之作并非第三、四句皆有如此之句法语气之变。以李白《下江陵》为例，第三句（两岸猿声）在句法上并没有上述的变化，四句都是陈述性的肯定句（啼不住，是持续的意思，不是句意的否定）。这是因为，句式的变化还有另一种形式：如果前面两句是相对独立的单句，则后面两句在逻辑上是贯穿一体的，不能各自独立，叫作流水句式。例如，"羌笛何须怨杨柳"离开了"春风不度玉门关"，逻辑是不完整的。流水句式的变化，既是技巧的变化，也是诗人心灵的活跃。前面两句是描绘性的画面的话，后面两句如果再描绘，如杜甫的"两个黄鹂鸣翠柳，一行白鹭上青天。窗含西岭千秋雪，门泊东吴万里船"一味描绘，就缺乏杨载所说的"宛转变化工夫"，显得太合，放不开，平板。而流水句式，使得诗人的主体更有超越客观景象的能量，更有利于表现诗人的感动、感慨、感叹、感喟。

而李白的绝句之所以比杜甫有更高的历史评价，就是因为他善于在第三、四句上转换为流水句式。如《客中作》："兰陵美酒郁金香，玉碗盛来琥珀光。但使主人能醉客，不知何处是故乡？"其好处在于：首先，第三句是假设语气，第四句是否定句式、感叹语气；其次，这两句构成流水句式，自然、自由地从第一、二句的对客体的描绘中解脱出来，转化为主观的抒情。类似的还有贺知章的《咏柳》"不知细叶谁裁出"，离开了"二月春风似剪刀"，《杜牧》的《夜泊秦淮》"商女不知亡国恨"，离开了"隔江犹唱后庭花"，句意是不能完足的。《下江陵》这一首第三句和第四句也有这样特点。"两岸猿声啼不住"和"轻舟已过万重山"结合为流水句式，就使得句式不但有变化，而且语气也流畅得多。"宛转变化"的句法结构的好处，还为李白心理婉转地向纵深多层次潜入提供了基础。前面两句，"白帝""彩云""千里江陵"都是画面，视觉形象；第三句超越了视觉形象，"两岸猿声"转化为听觉。虽然已经飞过了万重山，但耳中仍留猿啼的余音，还沉浸在从猿声中穿过的那种感受之中。这种变化是感觉的交替，层层更进，这才深入到李白此时感情纵深的最底层。

接着孙先生又不无幽默地在书中说道：究竟李白是希望船走得快一些呢，还是希望船行得慢一点呢，只好由读者自己去领会了。孙先生认为这样去解析此诗，显然对绝句的特殊情绪结构，对其宛转变化工夫缺乏理解。把李白因为流放夜郎中道遇赦，归心似箭视听动静瞬间转换的欢欣歪曲成单层次的欣赏不够的遗憾。

孙先生认为对于绝句来说，宛转变化的中段和持续性的结尾，都是情感结构的转换功能。结构大于意象之和，是为真正意义上的意蕴。用中国传统的话语来说，就是意境。意境就是情境，在词与词、词与句、句与句的结构之中。这种结构有机统一中的瞬时变化，为传统的"不着一字，尽得风流"留下了最精确的注解。如《论李白"下江陵"》所述，诗中有画，当为"动画"，抒情当为"动情"。但是，这仅仅是一般的抒情，在特殊的形式，例如绝句因其容量极小，抒情应该有特殊性，这特殊性就是情绪在第三、四句的微观的瞬间转换。严格来说，每一种抒情艺术都应该有其不可重复的特殊性。绝句如此，律诗呢？毫无例外，也应当如此。这正是孙先生认为既是自身需要，也希望研修古典文学的学子们努力探索的课题。

在香港教育学院讲课时，有老师提出盛唐时期边塞诗人王昌龄《出塞》中的"秦时明月汉时关"的互文问题如何理解。孙先生回答说，此说出自沈德潜《说诗晬语》"秦时明月"一章："前人推奖之而未言其妙。防边筑城，起于秦汉，明月属秦，关属汉。诗中互文。""秦时明月汉时关"不能理解为秦代的明月汉代的关，这里是秦、汉、关、月四字交错使用，在修辞上叫互文见义，意思是秦汉时的明月，秦汉时的关。这个说法，非常权威，但是，这样就把诗变成了散文。"秦时明月汉时关"，矛盾是很清晰的，难道秦时就没有关塞，汉时就没有明月了吗？这在散文中，是不通的。这个矛盾，隐含着解读诗意的密码。诗意的密码就隐含在矛盾里，把矛盾掩盖起来，就只能听凭自发的散文意识去理解了。

王昌龄号称"诗家天子",绝句的造诣在盛唐虽堪称独步,然而,有时也难免有弱笔。就是《从军行》也有"黄沙百战穿金甲,不破楼兰终不还"一味作英雄语,容易陷入窠臼,成为套语,充其量豪言而已。用杨载的开与合来推敲,可能开得太厉害,合得不够婉转。王昌龄《出塞》有两首,这首放在前面,备受称道。另外一首在水平上不但大大高出这一首,就是拿到历代诗评家推崇的压卷之作中去,也有过之而无不及。

盛唐边塞七绝大抵极其浪漫,但以临行之醉貌视死亡之险,以生命暂短之乐超越醉死之悲,实乃千古绝唱。如此乐观豪情,如此大开大合,大实大虚之想象,如此精绝语言,堪为盛唐气象之代表。然而,盛唐绝句写战争往往在战场之外,以侧面着笔出奇制胜。王昌龄的七绝《出塞》(其二)以四句之短而能正面着笔,红马、玉鞍、沙场、月寒、金刀、鲜血、城头、鼓声,不过是八个细节(意象),写浴血英雄豪情,却以无声微妙之内审构成统一的意境。功力在于虽然正面抒写战争,但把焦点放在血战之将结束尚未完全结束之际。先是写战前的准备,不直接写心情,而写备马。骝马,黑鬃黑尾的红马,配上的鞍,质地是玉的。战争是血腥的,但是,毫无血腥的预期,却一味醉心于战马之美,实际上是表现壮心之雄。接下去写战争过程,诗人巧妙地跳过正面搏击过程,把焦点放在火热的搏斗以后,写战后的回味,这是唐代诗人惯用的法门。王昌龄诗作的精致还在于虽然把血腥的搏斗放在回忆之中,不拉开太大的距离,把血腥放在战事基本结束而又未完全结束之际,聚焦在战罢而突然发现未罢的一念之中。立意的关键是猝然回味。其特点是一刹那,却又是多重的体验。

孙先生针对以上诗例说道:还有,从视觉来说,月色照耀沙场。不但提示从白天到夜晚战事持续之长,而且暗示战情之酣,酣到忘记了时间,战罢方才猛省。而这种省悟,又不仅仅因月之光,而且因月之寒。因触觉之寒而注意到视觉之月光,触觉感突然变为时间感。近身搏斗的酣热,转化为空旷寒冷。这就是元代中期著名诗人杨载的"反接",这意味着,精神高度集中,忘记了生死,忘记了战场一切的感知,甚至是自我的感知。这种"忘我"的境界,就是诗人用"寒"字暗示出来的。这个寒字的好处还在于,这是一种突然的发现。战斗方酣,生死存亡,无暇顾及,战事结束方才发现,是一种刹那的自我召回。从中足见古代诗人用词的精雕细刻。

孙先生明确点明五言和七言是有差异的,一般说来,古典诗歌七言都是比较华彩的,而五言都是比较质朴的。五言绝句亦如此。如孟浩然的《春晓》就不以文采取胜,文字朴素到几乎没有形容的程度:"春眠不觉晓,处处闻啼鸟。"闭着眼睛都能感受着春日已经到来,本来是欢欣的享受,但诗意一转,却是"夜来风雨声,花落知多少",因为诗人突然联想到:春日的到来竟然也是春光消逝、鲜花凋零的结果。

这种一刹那从享春到惜春感兴的转换,成就了这首诗的不朽。同样杜牧的《清明》一诗,从雨纷纷的阴郁,到欲断魂的焦虑,变为鲜明的杏花村的远景,目光为之一亮,心情为之一振。这种意脉的陡然转折,最能发挥绝句这样短小的形式上的优越。

而李白的《静夜思》,语言就更朴素了。虽然有内心的微妙转折,见床前之明月,疑为是霜,为确定是否是月光而望月,却突然变为对故乡的思念。乡情是如此敏感,即使不直接触及,也会猝然袭上心头。这样的微妙的情感变化,并未借助文采,只蕴含在白话到接近口语的文字中。

孙先生又言:当然,绝句的压卷之作,瞬时感兴的特点,有时有外部的标志,如陈述句转化为疑问感叹,有时是陈述句变流水句。所有这些变化其功能都为了表现心情微妙的突然的感悟,某种自我发现,其精彩在于一刹那的心灵颤动,正是绝句的成功的规律。

然而,并不是绝句都有这样的特点,一些文采风流的七绝也不乏杰作:

日照香炉生紫烟,遥看瀑布挂前川。
飞流直下三千尺,疑是银河落九天。

虽然是杰作,但是,情感一直处于激动的同一层次,内在情感的瞬间宛转变化并不太明显,因而也就不会有人把它当作压卷之作。类似的还有李白《陪族叔刑部侍郎晔及中书贾舍人至游洞庭》五首都是好诗,以其中之一为例:

南湖秋水夜无烟，耐可乘流直上天。

且就洞庭赊月色，将船买酒白云边。

想象的独特，情感的乐观，可以说属于上品，但就是情绪仍然在同一层次，瞬间律动略嫌不足。

至于他的《赠汪伦》："桃花潭水深千尺，不及汪伦送我情。"第三、四句既缺乏转折，结尾亦缺乏持续性，情感更是在同层次上滑行。

孙先生针对以上若干首古诗如此的剖析和诠释，何其精彩！常挂在文人墨客话语中的唐诗宋词，无论是三百首还是六百首，应该都是世人耳熟能详的巅峰之作。真正出自唐宋的诗词数以万计，其中孙绍振先生熟读精思的古诗词知多少？倘不能在卷帙浩繁的唐宋诗词中背诵于口、熟记于心，岂能心到眼到口到、信手拈来又随口而出？读此书，不但能从中重温古诗的经典之作，收获更大的是，孙先生细致的剖析犹似课堂上听课。在润物细无声中耳濡目染，清新爽朗，沁入心脾。

第四节　倾心演讲、幽默与教学

孙绍振在演说与幽默方面同样具有突出的才能。他演说与幽默的才智，不仅体现在教学上，还在各个学术领域和各种场合流光溢彩。但不管怎样声名鹊起，他都始终以一个教师的神圣职责，坚守住自己的教学阵地，最为看重的是那方三尺讲台。即便在某些场合演讲，孙先生也侧重结合教学。特别是在课堂上，孙先生鼓励学生课本之外，必须在演讲也就是课堂教学口才上加强锻炼，这样走上中学讲台时才能够让中学生们因为喜欢老师的口才而认真听讲、勤于治学。因此，孙先生在《演说经典之美》《孙绍振演讲体散文》等著作中的浓墨重彩，也都围绕着教学一一展开。在此，就说一说孙先生对"演讲体散文"的有关精彩论述。

孙先生说"演讲体散文"古已有之，而且广及中外，特别是在中国、古希腊、罗马都有着浓厚的历史积淀。纵观中外散文史，演讲体散文，非但在中国，而且在希腊罗马演讲体还是一切散文经典的鼻祖。被南朝梁时期的文学批评家刘勰称为六经之首的《尚书》，在《盘庚》篇记载商朝的第二十位君王，因为告谕臣民要搬迁，于是在文中硬话软说，软硬兼施，把拉拢、劝导、利诱和威胁都结合得水乳交融，绵里藏针。这位君王在怀柔中结合霸道，又在神态上活灵活现，实在可算作了一篇杰出的情理交融的演讲体散文。

孙先生指出：在古希腊罗马，互相之间的对话与演说式文体，也都不约而同地"共存共荣"。因为演讲是公众生活中最重要的交流形式，经典之作比比皆是，如苏格拉底的《在雅典五百公民法庭上的演说》。西方古代先哲亚里士多德的《修辞学》，主要论述的就是演说术。罗马时代产生西赛罗那样的演说家和他的理论经典，演说风行于西方千年不改。

到了18世纪，德国著名哲学家鲍姆嘉通在《美学》中说："美学同演说学和诗学是一回事。"西方的演说经典云蒸霞蔚，差不多每一个时代之大政治家都有相应的经典演说。举其要者就有西赛罗煽动性的《对喀提林控告的第一次讲话》，华盛顿的《向国会两院发表的就职演说》，法国大革命时期革命家丹东的《勇敢些，再勇敢些》，罗伯斯庇尔被宣判死刑时的《最后的演说》，林肯的《葛底斯堡演说》，马丁·路德·金的《我有一个梦想》等等，都成为西方世界演说学的经典。

而在中国，到了辛亥革命前夕演讲就突破了语录，产生了新的经典。孙中山的《在东京民报创刊周年庆祝大会上的演说》，章太炎的《在"民报"纪元节大会上的演说》，李大钊的《庶民的胜利》，蔡元培的《以美育代宗教说》，梁启超的《为学与做人》，鲁迅的《魏晋风度及文章与药及酒的关系》《在左翼作家联盟成立大会上的讲话》，毛泽东的《改造我们的学习》《反对党八股》，闻一多的《最后一次演讲》等等，精深之演讲层出不穷。演讲作为一种文体已经积累了充分的经典。孙先生在举例中以别一种厚重感，阐明演讲与教学的重要性。

于是，孙先生这样说："是时候了，应该以'演讲体散文'命名，否则名不正则言不顺。"孙先生在这方面进行了系统的研究，写出了比较重要的著作《幽默逻辑与幽默心理》《幽默理论基础》。出版于1990年的《幽默谈吐的自我训练》因为比较通俗，在台湾和香港都先后出版了。两年后，中央电视台十套的编导，无意中在香港看到这本书，大喜。于是就请孙先生去录制了长达二十集的《幽默漫谈》讲座。

孙先生在《幽默心理与幽默逻辑》一书中简要地总结说，抒情、幽默和理性逻辑是不一样的，理性思维以形式逻辑的同一律为中心，辩证法也讲究对立统一，讲究全面性，力戒片面性，而抒情逻辑则是片面的，如情人眼里出西施。这些都是正理，而幽默是歪理，相声艺人说，理儿不歪，笑话不来。更复杂一点的特点是逻辑的"二重错位"。但是，幽默的歪理，只是在表层，在其深层却是有更深邃的理性。那就是我们古诗词理论中的"无理而妙"，只是"于理多一曲折耳"。在歪理歪推中，歪打正着。

孙先生回顾了自己所出版过的四本演讲体散文，其中有《演说经典之美》《演说〈红楼〉〈三国〉〈雷雨〉之魅》等。第四本还是精选的，在这个精选本中，主要是讲古典诗歌、经典小说的。演讲体散文，不取抒情叙事，不取诗化，不取审美。从内容来说，孙先生讲的是自己的理论发现和智慧；从表现风格来说，不重情趣，而是谐趣，就是幽默。

作为国内首倡演讲体散文的学者，孙先生说作为一种文体，他早在十几年前就提出了。但是，不论是刊物上连载，还是印成书籍，编者都把"演讲体散文"字体小到可以忽略不计的程度。他曾经在一个相当权威的大型文学刊物上发表一篇长达三万字的《幽默与雄辩》，编者居然把标题前面的"演讲体散文"五个字删掉了。孙教授明白编者的谨慎，因为毕竟是全中国，乃至全世界都没有这样的文体啊。但有幸的是济南出版社出版自己著作时，不但公然把"演讲体散文"作为书名，而且还把孙先生的"大名"放进去。于是孙先生就顺水推舟，干脆公开一下"老夫"的雄心。

演讲体散文最初是怎样面世的，这其中有一个情节虽然小但启发却很大的过程。当孙先生的《演说经典之美》和《演说〈红楼〉〈三国〉〈雷雨〉之魅》这两本演讲录出版后，很快就成为畅销书，多次重印。一位大学的管理者曾经告诉孙先生，他竟然从天黑读到天亮，用了一整夜，一口气把其中的一本都读完了。十几篇，三十万字啊，要从第一页到最后一页地通读，太不容易。这时候的孙先生才意识到这样的"散文"也是可以像小说一样地让人放不下的，那时那刻，脑海里猛然出现了"演讲体散文"这样的念头。

　　本着这种想法，孙先生征求了几位朋友的意见，大家听了都摇头，说中国文学史、世界文学史上从来没有这名堂啊。然而，这想法如同风中顽强的小火焰，尽管左摇右晃，但没有被扑灭。雄心难改的孙先生这样想：自己在讲授课程时常常博得满堂欢笑，这种笑，不纯粹是搞笑，而是在研究经典、学术上有独特见解为听众乐而接受。其中《鲁迅作为小说家和杂文家的矛盾》《红楼梦八大美女之死亡》等篇章还被《新华文摘》转载了。第一本演讲录，在没有什么期待的情况下随手拿到教育部去评奖，不久就传来获奖的消息。这至少证明，自己的文章之所以被认同，是有严肃理论基础的。例如，关于小说人物个性化，传统理论在共性个性上纠缠不清。自己就从创作论出发，提出把关系密切的人物打出常规，让人物的情感行为发生错位。这样，人物个性不仅出来了，而且还很鲜明。例如《西游记》中师徒四人九九八十一难，读者记忆最深刻的只有三打白骨精，因为此前所遇的妖怪都是雄性的，而白骨精却是女的，师徒四人的关系就打出常规，个性就鲜明了。如果单单在文章中写一写，或许会被当成一种胡闹，然而在演讲中，却是交流互动的亮点。显而易见的是，在演讲中荒谬构成了幽默感、喜剧性，生动地说清了把人物打出常规个性分化的规律。同时对听众进行轻度的调侃，比方说不想当和尚的男生，见了心仪的女生，绝对不会像唐僧那样无动于衷，以绝对虚拟的可能，调动听众会心地一笑，达到心理的零距离。没有这样的现场感知的零距离，纯粹的书面散文是不可能有这种效果的。

　　人与人之间的沟通困难，不能简单地归结为集体的因素，无可回避的还有人的个体因素。人与人之间交流的困难是和人的本性有关的。钱钢在《唐山大地震》中写道："在灾难中，那些失去自己亲人和财产的人们互相帮助，互相体贴，无私地共享有限的生活资料，一旦情况好转，有了私有的可能，就打起来了，亲密关系就崩溃了。"如果战争来到了人世间，参与国在战火中重视演说的力量，派出若干演说家到世界各国去为自己的国家演说，其效果或许比枪炮还强有力。

　　孙绍振先生说，我国是个会议大国，在某些特别的会议中是有演讲的。但是，在他看来，大多数当事人不会演讲，也就是说不懂得演讲是一种交流，造成其讲的话让听众味同嚼蜡。孙先生当过几十年的演讲评委，大量的演讲者都是用抒情的、非常美妙的语言，非常诗化的语言，像朗诵一样的，甚至还带着舞蹈动作。不过有的准备得很充分，有的准备得就不充分，有的就突然忘词了，在那儿待着，眼睛往上翻，还有的吐舌头就更糟糕，有的没有信心就下来了。实际上这就拉大了听众与你的距离，这样的演讲岂能成功？要在演讲中获得喝彩，还得读书破万卷后，站在高山顶上面对群山练一练。

常常坐在评委席上的孙先生说，最怕有人哗众取宠。打扮得很漂亮，一看到这样的人上台，孙先生就为她担心，因为她准备得太充分，演讲的成功率未必会高。因为演讲是一种交流，你所有的东西都准备好了，你就很难交流，你的思想成果都有了，交流起来或许就要像背书。孙先生说演讲、谈话或者交流是互相的，是双向的，包括你们之间都要交流的。是全方位的运作，除了动作、眼神、肢体语言、有声语言以外，还包括演讲者的语言情绪。他说演讲时一头想形成的观念一头表达，又一头寻找最恰当的词汇这个过程，都是跟你们在交流，都不是一个现成的东西。而如果一个演讲者上来以后，感觉到他是在背一个现成的讲稿，虽然他没有拿稿子念，但是能看到透明的玻璃在他的眼前，甚至可以看到他眼神里的恐惧，这样的演讲者最怕的就是某一段中的某一行会忘掉，他还没到那个地方就怕了，结果到那儿真的就忘掉了。

美国有一个卡耐基的演讲书说，演讲必须准备，但演讲不能完全准备！有一次，孙绍振受邀到人民大会堂开会。听的人很多，但台上讲话的没有半点演讲的样子，一字不落地念稿子。会场中有不少年纪较大的代表，就出现了一个不可控的趋势，头就开始歪过去了，而且一歪就是一排，如同有一种无声的口令。孙先生原本也想跟着歪歪头、扭扭脖，但觉得毕竟是在人民大会堂，基本礼貌还是要有，但即便全神贯注，还是难以领会台上讲话的人所说的是什么。幸而这个念稿的人修养很好，不管你底下头怎么歪，他照念不误。但由于效果差，会议的宝贵时间被他浪费了。

现场感、互动性、生成性，当此公众现场交际空前发达之际，演讲之重要性非昔日可比。演讲必须凝聚全体听众，哪怕有百分之十的人厌倦，导致心不在焉地交头接耳，也会造成会场精神涣散，严重打击演讲者。最好的办法就是营造幽默的氛围，特别要放低姿态。有了这种本事，孙先生在演讲中可以把过去的事、今天新鲜的太阳，以致对今后的展望都可以巧妙地连在一起说。他曾经在演讲中这样讲：在中学念书时，因为着迷于苏东坡，于是放肆地把课外时间全部都奉献给《东坡乐府》。又因为不能一心二用，导致两个月不交数学作业，数学老师能没有意见？他乐此不疲地在上海《青年报》上发表诗歌，在众人的夸赞中虚荣心得到满足，在荣誉感中产生幸福感。曾经有个漂亮的女同学看孙绍振时，眼睛在发直中闪闪发亮。对于这种"待遇"，孙绍振毫无感觉，因为她哪里赶得上苏东坡笔下的"冰肌玉骨"？

不幸的是，期中考试孙绍振的数学成绩无法及格，只得了五十七分。所幸疼爱他的数学老师以慈悲为怀，把孙绍振叫到讲台前，并不那么严厉地说了一句："你怎么搞的？"就这么一句话，让孙绍振坦然地回答老师说："阿拉晓得哉！"答应老师了，那就得诚实照办，那就把《东坡乐府》放一放，努力攻坚了两三个礼拜。这就改变了现状，再一次考试，获得差一分就九十分的好成绩。

那年，高考填写志愿，化学成绩不错的孙绍振也思想斗争过：将来是当化学家好呢，还是当文学家好？正当犹豫不决时，老师出来指点迷津了，对孙绍振说：你肯定要考北大中文系。这位老师的话无异于圣旨，孙绍振很果断地填写了北大中文系。托苏东坡在天之灵，一不小心，考取了。这当然是好事，可是对于中国的化学事业，损失就太大了。弄到现在还没有人得到诺贝尔化学奖，孙绍振觉得自己是有责任的。这在幽默学中叫作自我调侃，把自己讲得挺糊涂而好高、傻乎乎，笑声和掌声就是幽默的胜利，很轻松地和听众的心理融为一体。有了这样的效果，孙绍振的自我感觉就比较良好，觉得自己创造了一种从来没有过的散文演讲。因为一时间无以名之，孙绍振就姑称之为演讲体散文。

世上本没有文章，从传播学意义上只有现场对话和演讲。故文章的最早的经典就是后人记录的演讲，由于纸的发明，传播方式的伟大革命，文章脱离了现场，也失去了现场，特别是失去了即兴互动的生成功能。但经典的演讲体散文仍然没有完全消失，特别是现代公众生活的群众性，使演讲的现场直接交流高度发展，经典之作比比皆是。其现场互动特点，形成散文的一种独特的形式，幽默，调侃，鼓动，抒情皆有别于一般散文。这方面的系统的研究亟待引起学人的关注。

自古以来，演讲经典是层出不穷的，演讲作为一种现代公共交流方式已经积累了充分的经验。但是，作为一种文体，其不同于写作的特殊性却并未得到起码的重视。在"左"倾思潮压抑个人情志的时期，演讲和谈话被念讲稿所取代，以致至今政界、学界、商界人士离开了事前写成的书面发言稿，鲜有能够即兴讲话，达到情趣、谐趣、智趣交融者。在与世界学术、政治、文化、商贸交流方面，在演讲方面国民素质如此之欠缺，不能不令人扼腕。

现场对话，言为心声，有话则长，无话则短，虽黄口小儿皆可为之，但是，对于许多并不是没有水平的人士来说，离开了讲稿却往往患上失语症。个中原因，除了不能适应新时期之公众交流，经验不足以外，还在于在理论上把讲话、演讲、发言与写文章混为一谈。殊不知演讲与为文虽功能无异，皆为交流，然为文不在现场，与读者非直接交流，可反复修改推敲，以书面语告知思考之结果；而演讲在现场，交流具有直接性，其即兴性，互动性，明快性，其灵感性，生成性，过程性，其鼓动性，幽默感，率意性，乃是为了缩短与听众心理距离。此等规律与为文乃两路功夫。故念讲稿，虽锦绣之文，或令听者昏昏欲睡，而即兴调侃，虽大白话，亦能耸动视听，引发共鸣，兼以身体语言达到全方位沟通。此时虽一扬眉一举手亦能引发心领神会之笑声，甚至不经意之口误也能激起掌声。此乃演讲之极境，讲者与听众化为一体。故演讲与为文不同，为文之作者为一人，而演讲之胜利乃讲者与听者共同之创造。

演讲，在我国当代社会生活中占有如此重要的地位，但其特殊规律的研究却长期没有得到应有的重视。我们的领导、教师、经理可能多达千万人以上，在工作、生活中，演讲（做报告）占去相当长的生命。但是，在我们的集会上，在我们的课堂上，把演讲与写文章混为一谈的习惯势力从来没有受到挑战。哪怕是一个很小的会议，念讲稿，眼睛不看听众，几乎成了天经地义的常规。从理论上来说，这就是混淆了为文与演讲的最基本的规律。把原始的演讲按照录音转成文字，不难发现逻辑中断、用词错误、语法欠妥、修辞不当比比皆是，有时情况严重到令人害羞的程度。

正是因为这样,在记录稿中存在的明显的逻辑断裂和语言的空白,在现场似乎并不存在。这些空白大都由一些心领神会、无声的姿态和眼神等非语言的成分填充。西方有一种说法,在现场交流中,有声语言的作用仅仅占到百分之六十左右,其余都是无声的、可视而不可听的信号在起作用。如果这一点没有错,那么世上就没有绝对忠实的记录稿,损失四成以上的信息是正常现象。即使有了录像,效果仍然不能和身临其境相比。这是因为,交流现场那种共创的氛围,那种双方心领神会是超越视觉和听觉的。正是因为这样,任何电视教学都不能代替现场的课堂教学。

当代口语的反复叠加,好处就是把它挟带的感情强化到淋漓尽致的程度,保证其超越了古代语境,才能把演讲听众的互动效果推向高潮。我们的教师、学者在讲课、做报告前明明早已有了著作,有了讲稿,为什么还是开夜车备课呢?主要就是做话语转换,把书面语言,转换成口头语言。口语当然不如书面语言严密,但是,它挟带的情感色彩,能够迅速引起共鸣。

孙先生提醒他的弟子们,一般地说,演讲者和听众的地位和心态不同,进入会场之前,心理距离是极其巨大的。首先就是对于演讲者的陌生感,其次就是对于题目的陌生感。最严重的还是,各人心里有各人的快乐与忧愁,家家都有一部难念的经。这就使得他们和演讲者期待其高度统一的凝神状态有着极大的距离。演讲者必须在最短时间里,把他们五花八门的陌生感挤出脑海,以期缩短演讲者与听众的心理距离。古代的事情,离他们的切身感受很远,再用古代汉语来讲述,等于是拒人于千里之外。用当代口语叙述古代的事情,不但把听众带进当代,而且把听众带到现场,让他们从你的用词中感受到你的机灵,在词义的错位中感受到你的率真和谐趣、你的幽默感。他们的陌生感就可能慢慢淡化,和你之间的心理距离慢慢缩短。陌生感是交流之大忌,陌生产生隔膜,隔膜就扩大心理距离,距离最为严重的就是互相没有感觉。书面语言,尤其是学术语言的过分运用,或者滥用,在演讲现场容易造成隔膜。尽可能少用系统的书面语言,穿插种种当代口语,有利于缩短演讲者和听众的心理距离,使之在感觉上达到零距离。

另外,要明白幽默在学术演讲中之可贵是因为其难能。学术理性所遵循的是理性逻辑,是讲正理的,而幽默逻辑是一种错位逻辑,讲的是歪理。相声艺人制造笑料是有技巧的,"上下句不挨着,一点关系没有",他们在演出时通过这种反差来制造笑点,这是相声演员的基本功之一。与此类似的技巧还有重复法,即把同样的内容重复三次,然后在第四次突然变化,让观众措手不及,以此制造笑点。在演讲中,把正理和歪理,把理性和诙谐结合起来,不但需要水准而且需要一种把语言个人化的勇气。演讲还有一种技巧,那就是"即兴调侃,率性而言"。这肯定不是现成的讲稿能够早早准备好的,而是针对现场信息而随机创造的。正是这种随机的创造,把演讲者的个性、演讲者的人格和情绪充分地表现出来。

孙先生说现场互动的交流,需要更强烈的趣味,那就是情趣和谐趣。情趣当然是很重要的。他举了这么一个范例:马丁·路德·金的《我有一个梦想》就用了气魄宏大的排比句来表现激情,进行煽动。他面对超过十万的现场听众,以极端强化的情绪,强调黑人的要求很小也很少。要求通过新的民权法给黑人以平等的权利,争取种族平等。林肯早有承诺,却拖延了一百年,至今没有兑现。虽然当时马丁·路德·金提出的要求无法成为现实,但他的著名演讲却早早被刻在了纪念堂的台阶上,成为了一种"此时无声胜有声"的呼啸。

孙先生认为这种演讲风格,应该说更适合于政治鼓动,但是如果没有特殊的文化历史背景,太过强烈、持久的煽情,会造成疲倦,给人以矫情之感。而学术思考,要引人入胜,过度的抒情和鼓动肯定是不宜的,抒情往往夸张,容易变成滥情,一旦导致滥情,很可能破坏心领神会互动的氛围。在当今的历史语境下,人们对夸张的滥情是反感的,因而从某种意义来说,学术演讲似乎应该更多地依赖谐趣,也就是幽默。

孙先生认为在演讲中最忌讳的就是光念讲稿,见稿不见人。这样的演讲者就是忘记了演讲是要感动人的,除了讲道理以外,还必须要有人格。什么是人格呢?至少包括个性、情绪,现场的躯体、仪表、姿态、表情等。拿着稿子念,就把眼睛挡住了。而眼睛,是灵魂的窗户,恰恰就是最主要的交流渠道。苏格兰裔美国实业家卡内基的演讲术甚至要求演说都要让在场的每一个人都觉得你看到了他,你的眼睛在和他作无声的交流。这当然是不太可能的,但是其间隐含的道理很值得深思。

孙先生并未强调教师们面对自己的学生必须如同讲相声一样去讲解语文课，但不能按图索骥一样地照本宣科，很有必要保持一定的生动性，以妙语连珠的魅力征服课堂。最好能够在一堂课中间穿插些幽默的词语，以赢得学生们的笑声或掌声，力争让每一堂语文课在生动活跃中开始，又在欢声笑语中结束。

诲人不倦的孙先生如此用心地引导自己的学生，详尽论述演讲知识和技巧的最终目的还是归于课堂教学的效果，拳拳之情矣！

第五节 "炮轰"高考和英语考级

"炮轰"高考体制

孙先生多年前写了这么一篇题为《炮轰全国统一高考体制》的文章，先不看内容如何，单见此题就引人注目：为什么要"炮轰"？轰击的目的又是什么？孙先生积数十年研习语文之经验而坚定地相信：兴趣、热爱和痴迷，是永不枯竭的动力，那些使学生厌恨课程的考试方法应该举帚扫荡之。孙先生说："为了防止一代人的创造力遭受扼杀，是写此文的最高目的。意在改变语文课不讨人喜欢的现状，而应该致力于让语文成为青少年一处生命的家园。"

在捧读其文之前，可略为重温一下20世纪70年代后的高考历程。

福建师大在那特殊的年代连续五届从工农兵这些群体中招收学员之后，终于迎来了1977年的全国性统一高考，从一纸政审表、推荐表到一张张白纸黑字的考卷，宣告了高考体制在新时期的复活。从表现好到真才实学的检验，国家的高考体制在复活中得以创新，也象征着新时代的开始。

无疑，恢复全国性的高考体制为每个年轻人提供了实现梦想的可能，同时也有效地保证了高校生源质量。高考作为选拔人才的一种方式，能够促进社会阶层流动，特别是为农村贫困学子改变自身的经济地位、改变自己的人生和命运提供了必不可少的条件，很大程度上有益于个人与社会的共同进步。

这种优点，在高考体制恢复后的若干届考生中都得到了充分的验证。但是，一考而定终身的现象又给学生带来了巨大的心理压力，埋没偏科的特长生人才等等弊端也显现得淋漓尽致。

孙先生说，不少作文题是关于"理想的追求"与"实现理想"，或"生不逢时"与"生逢其时"的。有些省份所出的考卷精神基本是一致的，只是偶有深邃与粗浅之别。譬如在提出矛盾转化的条件中，事物的价值的认识和不被认识，时间是不是唯一的条件？类似这样的提问，思想的自由空间就更大了，有的也就更精致了。也有提出这样的问题：有人把得与失看成终点，有人把得与失看成是起点，有人却把得与失看作是过程。这看来并不是二元对立，而是三元。其实，只要归纳一下，还是二元。把得失看成起点和终点都是绝对化的，只有看成永不中断的过程才可能是全面的。因为真理不是一劳永逸的，而是永不停息的历史过程。

这种良性循环的高考作文命题持续了若干年之后，奇谈怪论一般的作文题不断出笼，从正常到不正常，从偏题到怪题，常常让考生在无所适从中哭笑不得。这种不正常现象，似乎各地都有，且有愈演愈烈之势，就像一匹脱缰之马。根据自己对高考语文试卷前后十六年的追踪，孙先生在这篇"炮轰"的文章中，不仅站在一所大学中文学科的位置上，更是站在广大高考考生的立场上——直击高考语文。对当今高考语文数不胜数的弊病——加以分析和批驳，呼吁中考和高考语文必须大刀阔斧地改革。让所有考生的智商都能得以正常发挥，而不是面对那些莫名其妙的考题无所适从。那种刁钻的考题，既捆绑了考生的手脚，还束缚了他们的心灵，其危害不可小视。

孙先生对每年全国性的高考如同洞若观火，临近高考的那个月，被高中学生称为"黑色的七月"或"黑色的六月"。对于家长来说，这些日子又岂止是黑色的、糟心的，所有考生和家长，都在这种精神炼狱中忍受着煎熬。即使暂时没有应考孩子的家庭，也没有本钱幸灾乐祸，因为"在劫难逃"。十余载的焦虑，四千多个日日夜夜的督促，几乎都是为了考试这几天。因为在这不同寻常的几天中，上亿家庭中孩子们的命运都得由一张张考卷来决定！

然而，随着时间的推移，高考中的偏题、怪题、难题与正常难度的考题鱼龙混杂、泥沙俱下。孙先生严肃地指出：以学生为敌的倾向在语文考卷中最为突出，有些甚至达到荒谬绝伦的程度。例如，有一道题是关于朱自清先生的《梅雨潭的绿》，题目要求考生指出作者的观察点。许多考生都选择了"梅雨潭"，但是非常不幸的是，正确的答案是"梅雨潭边"。有一道题要求在许多元曲作家中选出元曲四大家，但是，这个问题连大学教授都说在文献上有不同的说法，难以定论。这样的题目层出不穷，弄成了一个可悲的局面：中学教师辅导不了小学生，大学中文系教授做不好高考语文试题。这就不但把庄严的教学变成了儿戏，而且还把人类精神文明的传承化作了疯狂。这样庄严的疯狂不能不越来越引起全国有识之士的忧虑。

到了1998年春夏之交，这种人神共愤的考试引起的不满突然爆发了出来。从《北京文学》到《文艺报》，从《文汇报》到《羊城晚报》不约而同地发起了声讨。最有气魄的是《羊城晚报》，一连一个星期，头版头条，以通栏标题表示对语文怪诞考卷的愤慨。第一天是：《语文考卷，误尽天下苍生》。第二天是：《考倒鲁迅、巴金！》。一时间，语文试卷的刁钻、狭隘、阴险几乎成了过街老鼠，除之而唯恐不及。消息灵通的读者后来知道，大众传媒从当年的国家教委明智的领导那里得到了前所未有的支持，欲"轰击"高考体制的群情得到了鼓舞。

作为大学文科教授的孙先生大声呼吁：必须对考试本身进行全面彻底的反思！

他认为一切考试都意味着平等竞争，而不能有意，甚至蓄意为难考生。我国现行高考的特点是理想化平等的程度不断升级。高考命题是全国性统一的，因而判题也必须是全国一致的，目标是让北京、上海、广州、深圳的教师和穷乡僻壤的教师都能按同样客观的标准评分。这就很让人匪夷所思了，地域的悬殊、城乡的区别岂能如此一刀切？孙先生责问：有谁能把汉高祖、项羽、韩信的才能用百分制计算出来呢？项羽、韩信打仗比刘邦强多了，但是，最后项羽失败了，韩信被刘邦捉住了。刘邦问韩信，你看看我这样的人能带多少兵？韩信倒是天才地作了量化说，大概是十万吧。刘邦又问：那么你呢？韩信说多多益善。刘邦就说了，既然你带的兵比我多得多，为什么又被我抓住了呢？韩信说，陛下不善将兵，而善将将。也就是说，不会打仗，但是很会用干部。如果要给这三个人打分，不要说古代军事家没有办法下笔，就是当代的军事学院的教授也是无能为力评判的。

因此，孙先生说：考卷是规格统一的，而人才是不拘一格的，从根本上来说，两者是不相容的。所以，中国的圣贤在人才选拔方面费了几千年的脑筋，至今还没有出现一个十全十美的方法。在人才最为活跃的春秋战国时期，就没有什么考试。最流行、最先进的方法是自我推荐，或者叫推销。孔夫子、孟夫子、韩非子、商鞅、李斯、苏秦、张仪，举凡大政治家、大学问家为了推销自己，不惜周游列国。当时信息流通不灵，不如此就不能像毛遂那样脱颖而出。但是这个方法最明显的缺点就是不能排除偶然性和自我吹嘘。光是他自己吹吹，就相信他有经国济世之才，这就太危险了。汉朝就有一点改进，你一个人自己说了不算，要让大家来评议。这就是所谓举贤良方正的办法，从理论上来说，这比自我推销要严密得多。但是，走后门的问题来了。人情关系把这种方法的优越性彻底地扼杀了，于是就产生了腐败：举秀才，不知书；举孝廉，父别居。这种办法发展到最腐朽的时候，就干脆实行一种血统论，根据人的出身，把人分为三等九品，这就是有名的九品中正制。这当然是没有好结果的，到了隋朝就来了一种比较客观的办法——分科考试。这种公开的文官考试制度，曾经使西方人大为赞叹。的确，从理论上来说，这是最为客观的了，在考卷面前应当人人平等嘛。

不管是王安石还是曹雪芹，李白还是林则徐，都不是状元。当规格化发展到极端，就产生了滑稽而野蛮的八股文程式。许多可笑的事就这样产生了，范进中举的喜剧，孔乙己的悲剧，不过是艺术家表现出来的一个小小片段而已。如今的全国统一高考，是在1977年后毅然恢复了"文革"以前的考试制度。然而，这只是解决了竞争的平等参与问题，却没有解决考试规格化和人才不拘一格选拔的矛盾。参考者的平等期望更加集中在学业成绩上，高考的量化更进一步畸形地细化，比之美国托福考试中那更为刁钻的多项选择题型也就由此应运而生。

不妨把1998年全国高考语文考卷和上海的考卷进行一番对照，从中可以看到一线希望：在上海的语文考卷上，只有两种题型：一种是阅读理解，提供四篇文章（包括古文）的片段；还有一道就是作文，大作文和比较小型的作文各一题。这就无声地回答了那些位高而权重人物的问题。不以刁难怪恶的选择题整学生，并非就意味着无法进行淘汰制的考试。启示是：考生的范围越是小，考题的弹性就越是大；相反，考生的范围越大，弹性限度就越小，越有可能导致僵化。考试的范围如果缩小到不是面对全中国而是个别的人，刁钻古怪的多项选择题就完全失去了必要。

可不可以用会考的方法来解决中学生入大学的竞争问题呢？这在我国台湾已经实行多年了。在德国，中学生只要通过一种本校命题的"阿比托"考试（其特点是时间充裕，气氛轻松，学生们可以在几乎每个考试的题目中选择自己擅长的来回答），就意味着他可以申请进入所选择的大学。如果该大学名额已满，他的成绩可以长期保留，直到他所选择的大学同意接收他为止。如果再想远一点，1949年前，我国大学并没有全国统考，各校分别招考，不也培养出了像杨振宁、李政道、吴健雄那样的大科学家吗？

现状和习惯把人的思想束缚得紧紧的，人们的眼光常常只能看到习惯了的东西。这么多年来，我们对于德国人、英国人的考试方法，对于我们自己的考试传统，几乎视而不见。当我们被自己制造出来的试题怪题整得落花流水、头晕眼花的时候，也许并不应该用太刻薄的语言去责备出题的人。完全可以想象，他们并不是疯子，为什么要这样残酷地整人，是不是有什么力量在残酷地逼迫着他们身不由己呢？孙先生如此深度地质问！

摆在面前的问题是，在当前要最大限度地减少所谓绝对客观、绝对公平竞争的空想。从相对的、地区性的公平性出发，从乃至单个学校范围内的公平性出发，这在表面上是缩小了公平性，而实际上却扩大了公平性。在我们这样一个幅员等于西欧乃至南美许多国家之和的大国里，不顾实际情况，陷于无限公平的空想是绝对有害的。孙先生提出：倘要从根本上改变高考命题的混乱，不能仅仅从试题本身改革，而且要从束缚着试题的高考体制出发作更深层次的解剖。及早废除全国性统一的高考体制，是当前最为迫切的任务。让高考从全国大一统的镣铐中解放出来，然后，在条件成熟的时候，再进而把出题权下放到各级学校。这不是对于未来的幻想，而是重提起过去的历史。我们如果有魄力付诸实施，这不但不会对任何人有什么损害，而且对于后代无疑是功德无量的。

作为多年来关注中学语文教学、批评中学语文教学弊端的学者，同时也是中学语文建设者且主编过一整套语文教材的孙先生，对于中学生的现状是很明了的。那么，为什么会出现不按客观规律为考生出考题，全然忽视了作文之道呢？孙先生认为中国当代写作学至今仍然未能形成自身的学科理论体系，因而仍然停留在学科建设的草创阶段。草创阶段的学术理论其最明显的标志就是学科范畴缺乏稳定内涵，并且处于各自独立的状态，不能构成自洽性，亦即不能互相补充、互相说明、互相支持，以达到有机的统一。孙先生说任何成熟的学科理论其基本概念，或者基本范畴都应处在一种严格的逻辑关系之中，既不能任意抽出，也不可随意插入。

那么中学生当前写作的现状又是什么呢？始终关切中学生写作状况和高考作文的孙先生，在忧虑中也欣慰地看到了一些相当精彩的考场作文，数量也不像往年那样凤毛麟角。不少学生在题目苛刻的限制中，超常地发挥了独特的个性。他例举了其中一篇题为《被抛弃以后》的高考作文。年岁尚小的作者能够以童话的笔法用第一人称写道："我（意指'诚信'）绝望地沉下了海底，遇到一个贝壳。贝壳安慰说，不要伤心、绝望，总有一天他会后悔，会来找你的。最后，那个青年果然千方百计地把它找了回来。原因在这个青年把诚信扔下水以后，那个艄公，就把他劫掠一空。艄公说，你自己都把诚信扔了，我还和你讲什么诚信？"文中言明诚信在被抛弃了以后，又转化为它的反面——从被抛弃转化为被追求，这就有一点思想了。

另一个作者则以第三人称写道："'诚信'和'健康'、'美德'、'机敏'、'才学'、'金钱'、'荣誉'同为兄弟，而妈妈却是'虚假'，每天'诚信'都要受到妈妈的虐待。后来他出外寻找幸福，到了一个叫作'虚假'的城市。旅馆的老板，本来笑容可掬，一听说他没有钱就把他赶了出去。这个老板的名字叫作'虚伪'。一个姑娘收留了他，她的名字叫作'同情'。但是，他拒绝了'同情'。待他来到一个叫作'欺骗'的城市时，人们强迫他行骗，他拒绝了，结果是他被打昏在地。一个姑娘救了他，她的名字叫作'可怜'。他不要'可怜'，继续寻求幸福，终于倒在了路边。一个叫作'运气'的人救了他，把他交给一个在破庙里的老人。他诉说他追求幸福的绝望。老人取出一把叫作'公平'的秤，让他的六个兄弟站在一边，他站在另一边。奇迹出现了，他的分量居然比六个兄弟还要重。从此以后，他继续出行，但已经不是为寻求幸福，而是为了传播幸福。"孙先生感叹："如此精彩的文章使我惊叹。我不得不承认，如果叫我做作文，在这么短的时间内，题目限制又这么严酷，是写不出这样的水平的。"孙教授把这篇文章的大意转述给舒婷听，她听后也十分惊叹地说："我也写不出。"孙先生和舒婷有同一个感叹："这篇文章的杰出之处不但构思独特，而且思想深邃。"

孙先生说，做作文就要这样自然地、自由地表达自己的所思所想所经历的。只有这样的文章才有特点，才能既舒坦了自己，又服气了他人。这种有生命力的文章，才是属于自己的文章。他由此回顾说：当时自己读中学时一样，那时的作文水平多数是中等，文从字顺，尖子不多，落后面也很窄小。然而，现在的两极分化却很明显。报上、网上发表的优秀作文，确实令人拍手叫好，但还有许多同学却犯了"失语症"，一旦握笔为文，便左支右绌。如何能让他们自然地、自由地表达自己？孙先生认为这需要语文教师做许多艰苦的努力，而不是年复一年地在教学中照本宣科。有些学生在作文中为什么会有那么多的套话、废话？这不能完全责问学生为什么这样写，为什么不那样写，而应首先质问教师是怎么教的。"教不严，师之惰"这六个字，应当是一面镜子。

孙先生再度回想："自己的女儿在念初中二年级的时候，曾经写过一篇题为《清道夫》的作文。她描写我们院子清扫道路的工人，说是穿着白大氅，戴着白口罩，手里提着摇铃。一听到清道夫摇响的铃声，女儿就感到充满了诗意，同时也对这个清道夫产生由衷的敬慕。她把作文拿给我看，我说你真是见鬼了！我们家院子里的工人难道是你写的这样一个白衣使者吗？明明是一个发育不健全的侏儒，连说话都有困难，动作也并不利索。你为什么面对明明白白的现状不去写，而去胡编乱造呢？你天天见到的写不出来，你根本没见过的却大写特写，你这样怎么能获得得心应手的表达力呢？"女儿回答说，如果按照真实情况写，老师可能会说"立意不高"的。原来在女儿的脑袋里有一个标准化的模式，如果生活和她的模式不一样，她不是修改、丰富她的模式，而是修改生活。

怎样做作文，特别是做高考作文？面对这个问题，孙先生果断地说：毫无疑问，必须要有文学性。那么，怎样的文章才有文学性？比方朱自清的

《春》"从儿童天真的眼睛看春天的诗意",文学性就很强。从表面上看,这篇文章先写春天的一般景色,接着分别从几个方面去描写:第一,是春天的草;第二,是春天的树;第三,是春天的风;第四,是春天的雨;最后,综合起来赞美春天的美好。朱自清先生以最大的热情,从各个方面去渲染春天的美好:春光明媚,鸟语花香,从城市到乡村,从老人到孩子,天上的风筝,牛背上的牧笛,都写到了,都写得很美,好像再也不可能想象出春天还有什么美好的景象了。但是,朱先生所写的春天,只是中国东南沿海,主要是江浙一带的春天,他所表现的春天的情趣也只是中国传统文化中比较婉约的情趣。因此,这种写法也有其不足之处,这种不足就是顾此失彼。

造成中国当代写作学这种状况的历史原因固然很多,但是就理论本身而言,最根本的原因还在于缺乏写作学科的自觉性。相对于语言文学等学科,写作学科是比较后起的。正因为后起,不免借鉴,又由于借鉴不慎,竟至变成了依附。孙先生因此提出:中国当代写作学在引进任何新学说时必须步步为营,力戒浮躁,不能像东北民间故事中的那个黑瞎子(熊)那样,来到苞米地里十分贪心。掰了一个夹在腋下,又去掰另一个,因而腋下那个就掉了。如此反复,以至折腾良久仍然只有一个。

如何能做到怎么想就怎么写、怎么说就怎么写?这的确不是那么容易。孙先生认为要把这个难点化解,光与模式化、标准化作斗争还是不够的,同样重要的是对学生观察感受能力的培养。在有限的目的性指导下去观察、去体味、去限定、去拓展,然后才能自己贴近自己,亲切地表达自己。一句话,首先得开窍,思路要开阔、联想要丰富。还必须让学生在文章写作的进展过程中设法控制住自己的思路。记叙文写到两件事、几个人,就要把这些人和事组织到一个主题、一条思路上去,金线穿珍珠一般地让每一件事、每一个场景、每一个细节都能发光。如果不是这样,而是思路混乱,事件、场面、人物、故事彼此若即若离,甚至互相矛盾,哪怕局部事件、场景、故事再动人,也是铁丝挂尿布,挂得越多就越难看。倘若七颠八倒、多而杂乱,每一件事都会失去光彩。

有一段时间,话题作文流行在学校和学生之中。话题作文限制少、自主性多,鼓励发挥写作个性和写作特色,评分采用基础等级和发展等级相结合的标准，是高考语文命题的一个创举。针对这种话题作文，孙先生再建言：应该知道作文是对自我、对智慧的一种挑战，只有大胆地去迎战，才能取得属于自己的成功与胜利。要做到这点，每每得到素材之后就要有一个直觉，让这个直觉调动自己经验中最强的一个方面。当第一印象和第一念头出现的时候，很可能就是个非常精彩的念头，但很可能这是个大家都能感觉到的念头。如果要参加考试的话，你的目的不是写得越多越好，而是写得比别人更好。当然，全国性的或各省市所研讨出的高考题，有许多是令人鼓舞的，但也有让人推敲以至费解的。有的作文题对于一般的中学生，倘若不能尽速抓住要领，发挥出正常水准，是不可能在规定时间内完成的。

孙先生警示说：同学们背诵了许多名言，但要知道那都是死的，只有用在论述的焦点上，才是活的。由此观之，坚持真理需要敢于向权威挑战的勇气，正如坚持"日心说"的布鲁诺，不惜自己的荣誉甚至为之献出了生命，却因此换来了千古不息的歌颂与赞扬。布鲁诺的例子虽然举得好，放在文章中很雄辩，然而美中也有不足，简单了一些。如果把具体细节亮出来就更好了，比如把鲜花广场、宗教裁判所的火刑点出来。布鲁诺面对火刑，还是坚持自己的看法，不惜为自己的信念献出生命。如果能再举出伽利略，虽然口头上检讨了，脚却还画着"不"，这样的论证就丰满得多了。提出坚持真理要有能力和才干，论点就从第一个层次深化到第二个层次。应该体现的是真理往往掌握在少数人手里，通往真理的道路也往往是崎岖的。这样就会引申出第三个层次，力求让文章更加严密。

在对立的统一中作具体分析是马克思主义活的灵魂。孙先生这样认为：从根本上来说，涉及青年的世界观和方法论的问题，命题在这方面日益自觉。几乎所有的省市命题都表现出在对立面中进行具体分析的趋向。如北京卷：北斗卫星导航系统55颗卫星总体功能和每一颗卫星的特殊功用。天津卷是"中国面孔"：伟大诗人杜甫、挽救数百万人生命的屠呦呦和普通快递小哥的统一，关键在局部与整体、伟大与平凡的关系。遗憾的是，北京卷的命题一方面提供了整体与个体之间的矛盾，另一方面又有"论点明确，论据充实，论证合理"的说明，仍然不自觉地受到先有论点，后找论据的思维模式的束缚。对于考生来说，最迫切的任务，在于面对别无选择的题目如何在六十分钟左右的时间内把十几年的思想、智慧、知识积累聚焦在800字的文章中。

孙先生提示考生，写文章光讲道理是不够的，要使文章有血肉，就要正反相对，深邃雄辩，盘活文中事例。例如，孙膑和庞涓的故事：二人本是同学，庞涓出仕魏国，担任魏惠王的将军，感到才能不如孙膑，捏造罪名将孙膑处以膑刑和黥刑，非常凶残地挖掉了孙膑的膑骨，还在他脸上刺字并涂墨。但是，后来孙膑的才智，还是被齐国发现了，而且受到重用，留下了田忌赛马的典故。又如，唐太宗和魏征的关系，魏征本来是李世民的对手李建成的部下，多次建议李建成杀了李世民。等到李世民胜利了，魏征成了阶下囚。李世民问魏征，为什么要挑拨我们兄弟之间的关系，魏征很坦然地回答，如果他听了我的话，这时坐在这里的就不是你了。李世民看出魏征有远见，乃放手大胆地使用他，甚至忍受他的当面顶撞，有时还收回成命。就是这样，造就了中国历史上最辉煌的贞观之治，唐太宗成为一代明君，魏征成为贤臣的楷模。还有李斯的《谏逐客书》用敌国人才的故事等等，大多出现在高中语文课本中。

孙先生列举了类似很有说服力的文例，既要求出卷人尽可能发挥出高水准出好卷子，同时也启示考生尽自己的学识让考卷因灵动而鲜活起来。走进考场时胸有成竹，走出考场后因为稳操胜券而踌躇满志，这才是高考的应有之义。

尤为难能可贵的是，从1977年恢复高考制度之后，漫长的二十多年，孙先生年年岁岁都在关注从国家层级到省市地方的高考试卷，以深厚且广博的学识功底从中屡屡发现错漏之处。叹息的是，考过了，也批改了，定分数成绩了。一两个月后，达到各层级分数线的学生从中学的校门转向大学的大门。有错的试卷封存了，将错就错地成为历史，孙先生为此留下深重的遗憾。因此，从2001年起直至如今，孙先生没有哪一年搁置高考试卷的评说。从作文考题的立意是否合理，到具体内容的发挥，以及考生的理解程度和写作能力等等，孙先生都一一放到"桌面"上点评，孜孜不倦地不放过任何细枝末节。每年的评说文章写出来后，很快刊载于报纸上。

有一年，孙先生以审慎的态度、开阔的眼界精细而详尽地阅读当年高考语文卷后，发现内容存在不应该出现的问题，有的还比较严重，涉及到高端理论问题，按常理是不应该出此错的。为了防微杜渐、以正视听，孙教授决定上书教育部考试司，指出错误之处以及防范措施。考试司接到孙教授的来函后，高度重视，研究后上报教育部分管领导。无论是考试司还是部领导，面对出现的问题并不避讳，郑重其事地专此以教育部的名义致函福建师范大学，请福建师大以组织的名义向孙先生致谢并表示敬意。孙先生建设性的见解引起教育部考试中心重视后，每年高考一考完，考试中心就会函询孙教授的意见。

孙先生的评判多了，时间长了，也就聚沙成塔，拓展出了社会影响面。福建人民出版社敏锐地看到孙教授之论是别一种高考热点，会受到考生及其家长广泛的关注，若将孙先生的高考点评编集成书，必有可观的发行量，这应当是出版社的一个机会。于是在2020这一年，福建人民出版社出版了孙先生的新作《孙绍振论高考语文与作文之道》。出版社的"内容简介"说道：本书收录孙绍振教授从2001年到2019年连续19年追踪评论高考语文试卷文章，直陈高考语文命题之弊病，并提出叙事与抒情作文应从贴近自我到超越自我，议论文则应以具体分析为纲，演讲稿写作应是三方信息的高度交流，并附有两篇访谈录。全书既有理论剖析，又有作文点评与修改，其见解独特、观点犀利、点评到位，提出的教育理论具有很强的指导意义，对高考作文命题趋向的判断具有前瞻性，同时对作文写作指导又有实操性，是当代中学语文教学的必备工具书。

翻开此书看今日，又是几个春秋、几轮高考过去了。孙先生在已有的高论中又产生出多少新的论断，让读者期待孙先生下一册的论著吧！

"炮轰"英语四、六级考试

勇毅可敬的孙绍振，架起"炮"来轰了高考体制，弥漫的"硝烟"尚未散去，又架起一"炮"猛轰英语四、六级考试。

孙先生回忆，在上世纪40年代末期，那时还是国民党统治时期，他在上海读小学。在那特殊的年代，最重要的课程是英语、国语、算术。之所以把英语的重要性排在第一位，理由是那时的教育有殖民主义的色彩，这并不奇怪。然而，1949年以后，中国人民站起来了，英语的地位一度被俄语所取代。

但是，经历了四五十年的变迁，沧海桑田两度轮转，英语又恢复了它的"霸权"地位。前几年，小学考初中，只考三门：语文、数学、英语。初中考高中、高中考大学，英语仍然和语文、数学作为基础教育的三个轮子，从重要性来说，并列第一。可是，进入大学以后，英语却还要独占鳌头：把民族语文的阅读、写作和国人引以为骄傲的数学等课程渐渐扔在背后，英语课雄踞着课程表的王位。

在中国大学里，本国语文的阅读和写作在众多现代必修课程的冲击和挤压下，已经从课程表里悄悄萎缩，这是不争的事实。就是在某些特殊的理工科院校，因为一些有远见的校长们的大声疾呼，最多也只能争到一个聊备一格的身份，每周有两小节就算不错了。而数学，在所有文科大学里，则顺理成章地告退了。旧时代称雄于中国教育界的英、国、算三轮摩托，两门的重要性失去了普遍意义；英语成了唯一的轮子，绝对的霸主。

以大学教育为例，它本是专业教育，按常理，决定学生命运的是专业课程。然而，孙先生十分诧异地说道：奇哉，怪也，决定性的竟然不是专业课程，而是英语。对于大学生来说，最可怕的并不是专业课程不及格，专业课程有一门，甚至两门不及格，还有补考的机会，而补考过关的概率少说也有百分之九十以上。这就是说，并不对学位和文凭构成威胁。一旦英语不及格，只要这一门，你就可能成为一个没有文凭和学位的"次品"大学生。

首先，英语分级考试（对于本科生来说是四级，对于研究生来说是六级）有极大的威胁性，因为其及格率远比专业课程低。在本科大学生中，专业课程的及格率高达百分之百、百分之九十几并不是什么稀罕的事。然而英语四级考试的及格率即使在重点大学，比如北大，据报载，也只有百分之八十多。一旦英语不及格，不管你是学中文的，还是学艺术的，抑或是你醉心于继承爱因斯坦的未竟之志，而且已经表现出辉煌的天才的，也极有可能永远拿不到学位。在有些大学，还可能从本科贬谪到专科去。对当代中国大学生来说，每考一次英语，不亚于但丁进入一次炼狱。英语分级考试已经成为大学生的鬼门关、奈何桥。

孙先生严厉批评说：这样可悲的教学效果由谁来负责？原因何在？至今没有引起全国性的讨论，实在是咄咄怪事。孙先生在难以理解中明白地告诉有关部门：事实上，我国学生的素质是没有任何问题的，甚至可以毫不夸张地说是世界一流的。许多在中国考不上大学的，到了美国、日本，不是用自己的母语，而是用人家的母语考上了大学，有的还考上了相当名牌的大学和热门系科。

问题出在哪里呢？孙先生不无忧患地点明，问题出在考试的体制和模式上。不管大学生从任课教师那里拿到多高的分数，居然毫无用处。在学校考试之外，学生们必须在四级考试中取得及格成绩，才能拿到学位证书。不管其他课程多么优秀，只要在这样的考试中英语没有达到六十分，你就拿不到学位，也就是说，你就可能被视为毕业生中的处理品。

孙先生如此质问：为什么要赋予四级考试那么多的"特异功能"呢？在我国的高等学校有那么多的专业，有数以万计的课程，为什么独独只有这样一门课程要实行如此严酷的考试制度？是因为它特别重要吗？我们应当理直气壮地说，比它重要的课程多的是。祖国的语文不是比之西方的英语更有理由拥有特殊的显要地位吗？不管从教育学还是从政治学的角度，都无法为这样古怪的考试体制提供有效的理论根据。人们不明白，为什么要迫使年轻一代把最宝贵的年华、最大的关注奉献给难度超常的英语考试？

如今，不管你去问任何一个一般大学的学生，在所有的课程中，哪一门最重要，得到的回答肯定是英语；哪一门的时间投入最多，所回答的同样是英语。真是难为了家长们的子女、师辈们的弟子。作为大学教授的孙绍振，也对此匪夷所思。

由于出现了莫名其妙的英语"权威"，于是，荒谬的现象、令人瞠目结舌的事件就不断发生了。本来学生要求政治上进步与英语四、六级考试风马牛不相及，在一些大学，居然有英语四级未过关者其入党申请不予考虑的不成文的共识。这样荒诞的事情并不是发生在个别地区。更有甚者，有一所办学水平并不高的大学，好大喜功，蛮横地规定本科学生不但要过四级英语考试，而且要过六级，还堂而皇之地写在了招生简章上。甚至还强制学生暑假补习英语，这当然引起了学生的反抗。每逢暑假，在许多高校都有大量的学生要留校补习英语。孙先生任教的高校，有一年暑假就有上千学生不得不交费补习英语。

许多怪事都是从考试体制过度膨胀的权威中派生出来的。比如，在南方的某一个省会城市，但凡医学院毕业的学生，要在省会医院工作，英语必须要过六级；在地区性城市工作，英语要过四级。如此抬举英语考试，不知受制于哪根指挥棒？孙先生深表遗憾地说：派生功能扼杀原生功能，这就是英语四、六级考试的特异功能。其实，课堂和考试的功能是有限的，提高英语水平的真正法门是实践。不把英语作为一种工具来使用，没有使用的机会，是我国英语水平迅速提高的最大障碍。

不少大学生怀着投考研究生的远大目标，而取得研究生入学资格最严酷的并不是专业考试，竟然是英语的六级考试。十分忧患的孙教授直接指出：六级英语考试成了许多有才气、有前途学生的拦路虎。不得不如此质问：我国的研究生是不是除了英语必须研究外，别的就无须研究了？这显然是相当荒唐的！因为研究生肩负着我国科技创新的历史使命，研究生的质量决定着我国在未来的世界知识经济中的竞争力。多少英才被古怪的英语考试拒之门外，失去了发挥其创造力的机遇，多少智力资源在无声中流失，这一切对我们的国力，将造成多少损害！也许我们今天还无法看得十分清晰，等到我们能够目睹问题严重性的时候，就该悔之晚矣了！

孙先生为此深感痛心。他想用比较凶狠的"炮轰"而不是用比较温雅的"质疑"来表达自己的忧愤，也更能引起有关部门及有关人士致力于改革的紧迫感。功夫不负有心人，孙先生毕竟是资深教授，虽然"炮轰"四、六级英语考试已经过去了很多年，但影响力却始终存在。一石激起千层浪，此特别的浪花随着时间的推移，愈加四起飞舞。

时至今日，"炮轰"的声响越发响亮，很多学校已大幅裁减英语老师！早在2013年的全国政协会议上，有政协委员提案就建议高考外语改为选考。有一位全国人大代表明确提出"高考外语科目所占分值过高，建议将分值降至100分"的议案，理由很简单：学英语耗费学生过多精力和时间，学生实际用在外语学习的时间远超出课时分配比例。不仅不利于城乡教育公平，而且分值越大对农村学生越不利，这样下去对于落后地区，特别是农村的学生太不公平。因此建议将高考外语必考科目改为选考科目，中考英语实行等级考试，完善"一年两考"制度。同时提议全面取消小学一、二年级英语课程，降低英语课程在初高中教学中的比重，注重个性化教育，切实提高英语学习效率，引导社会对英语学习回归理性。

这些建议或提案的内容，不都是孙先生当年的"炮轰"所呼吁的吗？"炮轰"高考体制和四、六级英语考试，不仅仅是孙先生的先见之明，更令人敬佩的是孙先生始终怀有忧国忧民忧学子的博大情怀，真正怀有一种荐才荐能荐贤德的大视野和高境界。

在以孙先生为代表的诸多有识之士的呼吁和有力推动下，四、六级英语考试制度的变革一直都在进行时。由此举一反三，在教学上还有类似不合理的、亟待改革的方式方法，特别是一些陈旧的制度都应当只争朝夕地实现鼎新。

第六节　始创"课标试验教材"

身居一座百年学府的孙绍振，在不愧对胸前校徽的自觉之中，担当起自己教书育人的职责，因为这种义不容辞的使命担当在时时召唤着自己。他面对讲台上陈旧的教材、跟不上时代步伐的过时语境，心中很是忧患。

他在自己《经典小说导读》一书的"后记"中有这么一段话："一个偶然的机遇，写了一篇'炮轰高考'的文章，其结果就是卷入了中学语文教学的改革浪潮，并主编了一套初中语文课本。经教育部审查通过之后，要编一套供一线教师使用的参考书，按常规做法，编写组的同仁收罗流行的解读文章，适当剪裁、串连一下就可以交差了。但是，材料拿到案头，仔细研读之际，我不禁倒抽了一口冷气，其中除了一些随处可查到的常识不无参考价值以外，几乎全是在文本表层滑行，充满了从一望而知到一望而知的套话。对于经典文本深层内涵，如'木偶探海'，此等弊端可谓滔滔者天下皆是也。"

为了一改莫衷一是、鱼龙混杂的教案，他正想着力变换当下教学的尴尬现状，十分契合的是，新千年之初，国家掀起了第 8 次基础教育课程改革，并在全国范围内组织各界权威人士编写多套全新的语文实验教科书。面对此项重任，孙绍振一跃而起，挑战前行。即使前路布满荆棘，也要为那一朵绽放的花而披荆斩棘。

在那四个春夏秋冬、一千多个日夜中，孙先生的工作室里摆放着各个版本的教材和各种各样的参考资料，斗室里除了书还是书。孙先生除了必要的三餐和个人事务外，就在电脑前致力于"课标试验教材"（亦称"闽派语文教材"）的撰写。空前的辛劳，让他的失眠症加重，服用安眠药成了常态。孙先生不但严格要求同事，更是近乎于严苛地要求自己：不但不可马虎将就，而且力求字斟句酌、精益求精，因为面对的是中华人民共和国成立以来福建省第一套初中语文"国标"教材。回看当年，那时已经年过古稀的孙先生以前所未有的努力投注于其中，他总是显露着一种激情以至兴奋。坐在电脑前，只闻键盘噼啪响，电脑上出现的汉字有如他讲台上的演说滔滔不绝。

虽然在孙先生的帅旗之下有着一支精干团队，诸如福建师大的五位博导、十多名教授以及著名特级教师陈日亮、王立根等名师的参与，但仍然存在"想象不到的困难"。最是在编写初期屡战屡败，然而屡败屡战，坚持不懈，一直保持着战斗的激情。在最严峻的时刻，副主编赖瑞云教授还曾经晕厥在印刷车间里。每年3月份的教材送审，为了提前请评委提意见，整支编委会队伍宵衣旰食，兢兢业业，无一闲人。在那个非常时期的非常"战斗"中，不仅仅是电脑前争分夺秒的鏖战，印刷厂也成了另一战场，编排、审校、修正，反反复复，酣战不息。四年磨一剑，砺得梅花香。直至2004年岁末的冬日，由孙先生领衔编写的初中语文教材终于获得教育部审定通过。

教材编写成功后，长舒了一口气的孙先生说道："编写这套教材是在《炮轰全国统一高考体制》之后。那次的'炮轰'在教育界是引起轰动的，改革之'战'的打响就难以避免。自己所提出的'打破全国统一高考体制改由各省命题'已经实现，战果丰硕，惠及八方。之后就是要贯彻闽派语文的观点，把几十年福建中学教师的教学经验体现出来，在体现的过程中力求改革。"孙先生并不讳言，做到这点的要求是最高的，也是最难的。因此，深入中学教学第一线，针对全国和省内对中学语文教学实际进行多方面的调查研究也就是必不可少的。

自从参与编写中学语文教材以后，孙先生就将学术研究的重点转移到了基础教育的改革上。由于自己执教的学校是师范大学，"师"字当头，服务的终端是中学教学，长期关注中学语文教学就成了孙先生自觉的职责。他不断反躬自问：为什么不少中学生把语文课当作休息课，是可上可不上的课？存在这种认识的中学生说"不懂的地方，看看注解就明白了"。究其原因，是他们觉得课堂上的语文老师讲不出什么有新鲜感的课文。那么，怎样才能让学生愿意学、语文老师教得好？孙先生率真地说：编写"闽派语文教材"这套书就是为了让孩子们找到读语文的乐趣。之所以亲自写教参，就是要让语文老师明白怎么去教学生，在给学生传授语文知识的同时能够引起学生的乐趣。因为有了乐趣，学生就会从被动上语文课转化为一种期待。而这一理念和心声几乎也成了这套书的编辑思想和努力方向。

孙先生与参与编写"闽派语文教材"的课文练习以及教学建议部分的著名特级教师陈日亮先生有着一种共识：这套教材能够激发学生的学习兴趣，学生喜读爱学。因为入编的文章都经过了精心的"过滤"，十分切合中学生年龄段的心理需求，可以满足其自主探究的欲望。课文内容和形式也有序地跟着拓展和变化，人文教育主题的覆盖面广，读写的训练既互相配合，又独立自成体系。这种思路和做法是对过去语文教材旧框架的一个明显突破。编写教材时，编委会的先生们考虑得更多的是如何给学生们一个开阔的视野，使其对人的内心的复杂性有更为深切的体验。孙教授说：这套教材显著的特点就是以相同或相近的主题组成单元，为教与学提供了历史和现实的可比性。

孙先生指出在旧教材中，但凡提到父爱，就似乎只有《背影》，提到母爱，就肯定是冰心的文章，好像天底下只有这么一种父爱、一种母爱。可事实上，人心不同，人的情感世界也是极其丰富多彩的。用一种模式来涵盖一切，对青少年所造成的不利影响是：兴趣如同久晒的苗木而枯槁。无论是学生，抑或是家长，对这种一个模式的语文教学都会有抵触情绪。单一的一种说教模式无法让学生更好地理解，教材没有与当代实际情况结合，就不能得到学生们的认同。将经典的历史性和当代性更好地结合，是孙先生在编辑这套教材时很注重的一点。同样是母爱题材，课本选择了梁晓声的《慈母情深》和杨新雨的《养母》，同时把泰戈尔的诗歌《金色花》也入选其中，日本川端康成的《父母之心》，以及加拿大名文《母亲节》等都被归入了同一个单元。

这样做，在同一题材上内容就丰富了，更有了现成的可比性。若干篇比较课文中，有历史的、当代的也有外国的，将历史的经典性和当代性相结合，反映出人性的无限丰富和多样化。

孙先生认为，现行的一些教师参考书不是编成教案的缩本，就是成了教学参考资料汇编。许多写教参的人，并没有深刻地去分析课文。他回忆还在少年时，自己就已经读过叶圣陶先生写的关于朱自清《背影》的评论。那篇评论是上世纪30年代写的，至今已经远去了大半个世纪，无论世人和世事都有了很大的变化，在教学《背影》时该有些创新的词句了。这次写这篇课文的文本解读，孙先生注重三个关键处：我和父亲有隔膜，对父亲的关心不买账；父亲用不优美的动作和行为给我买橘子；儿子被父亲的爱偷偷感动了，其中有忏悔的成分在里面，而且含义也不单一。

孙先生分析，仅读一篇《背影》，难以真切理解和体验作者在亲情方面的表达，而有了一组同一主题的作品，学生就容易感知和把握了。学生置身于中外作家所描绘的父母亲情的世界里，对每一篇文章的情感认知就容易得多。老师在教学上可抓住文本，解读文本，以文本培养学生的语文素养和能力。"其实比较阅读不是一个新东西，但我们的教材把它作为一种思维训练的基本方法，从多方面对不同文本进行比较和把握。"

有了理论与教学实践都甚为丰富的孙先生亲自撰写，"闽派语文教材"的分量加重了太多。孙先生不无忧患地说，有很多的语文老师已经不懂得怎么去教学生了，"一篇流传千古的美文，它好在哪里，老师该怎么去引导？这就是语文老师的水平问题"。比方讲解《木兰诗》，花木兰当然是位女英雄，在古代，女性是不承担保卫国家职责的，因此在讲学中就应当突出一个"雄"字。花木兰从战场回来后没有接受封官，而是回到家中恢复女儿身，她没有男人的政治野心。也就是说语文教学的策略是要重视文本回归文本，从概念出发，花木兰是一位英勇善战的英雄，而从文本出发，她是一位勇敢地承担国家的责任，看重亲情的女英雄。

那么，作为一位中学语文老师，又该怎样让学生上课的感受和思想都不至于茫然麻木呢？有一位倾听过孙先生课程的学生如此回忆道：孙先生让学生写一篇关于《再别康桥》的文章，下节课课前交上来讲评。孙先生浏览了一遍同学们交上来的作文，现场选了几篇，念一句点评几句或者念几句点评一句。据说当年北大的沈从文教授就是这样教写作课的，因此，沈从文的课也就成了经典。怎样才能在学生面前"问不倒"？让他们有一种"听君一席话，胜读十年书"的感觉，这就要求教师有丰富的知识积累，上知天文地理、下知鸡毛蒜皮，学生还能问倒你？

孙先生特别关注中学阅读教学文本解读的严重缺失问题，认为这正是中学教学的难点和弱点。因此，他在自己的《名作细读》和《直谏中学语文教学》两本书中，多有告诫。在《名作细读》中一开篇就写道：自然科学或者外语教师的权威建立在使学生从不懂到懂、从未知到已知，而语文教师却没有这么轻松，面对的不是惶惑的未知者，而是自以为是的"已知者"。如果不能从已知中揭示出未知，再雄辩地揭示出文中深刻的奥秘，让学生们恍然大悟，就极有可能辜负了语文教师这个光荣称号。因此，编写合格的语文教材，是让许许多多的语文教师不再辜负自己的称号。

孙先生的真知灼见都闪烁在字里行间。孙先生始终认为基础教育事业的重要性，不去做，就是作为教师的失职；做好了，为后人铺就一条走向成功的学问之路，则功德无量。在"学高为师，身正为范"古训的鞭策下，孙先生兢兢业业地主编了两套共计一千七百多万字的中学语文教材。且还年年深入各地教学第一线，面对面地培训指导教师，让博大精深的中华优秀文化的精髓真正嵌入青年学子的头脑。

孙先生之所以亲自按照这种思路撰写中学教材，目的在于"让孩子们的思维飞起来"。孙先生说：对语文教材进行比较大的改革，其实就基于对从前语文教学理念的反思。"尽可能去掉那些机械的、教条的、扼杀学生个性和心灵的东西。首先让语言具有天然的童趣，唤醒他们内心深层的共鸣。"他认为，最理想最有效的语文教学应该是学生有兴趣，不是为考试才读书，你不考我照样读，照样写，不让你读，还觉得难受。在大量阅读、大量写作中不仅找到也自然而然地感到一种乐趣，"只有让学生进行大量的、自由的阅读，心灵才能得到解放"。

正因为有孙先生的严格把关，"闽派语文教材"一经出版，迅速在八闽内外响起此起彼伏的叫好声。从 2005 年秋季开始，这套教材已在中、西部多个省市投入使用并获得一致好评。国家基础教育课程改革"语文课程标准"专家组组长巢宗祺教授在公开场合评价这套教材时说:"是所有通过的课本中最有特点的。"专家组成员方智范教授更直率地说:"最有特点是比较委婉的说法,应该说是最好的。"他特别提到教材中的"比较阅读"是非常有价值的,将"比较阅读"引入到教材中,作为教材的贯穿红线,这是一个带有革命性的变化。它不是一个纯粹的方法问题,它是个思维方式的问题。兰州十四中的一位老师在谈到对这套教材的教学体会时十分感慨地说道:教材在无声地提醒教师永远把教育的着眼点放在"人"上而非"书"上,引领执教者成为"教育家"而非"教书匠"……类似这样的交口称赞的高评,天南地北都有,用一句"好评如潮"一点都不过分。

这次教学教材改革的尝试终于让福建省理直气壮地亮出了"闽派语文教材"的声音,飘出了"闽派语文教材"的旗帜。由于种种原因,这套北师大版的初中语文教材没有列入福建省初中用书目录,导致福建几乎"无自己的教材使用"。情急之下,孙先生和陈日亮先生共同上书教育厅。历经一番艰辛后,才让这套"闽派语文教材"堂堂正正地列入了初中学生用书目录。

孙先生说,教材编写的成功,并不仅仅是编委会的成绩,这实质上反映了福建省基础教育改革从理论到实践在全国领先的水准。他多次强调,这套教材是"闽派语文教材",他认为课本的特色相当部分来自本省的教学实践。相比较若干兄弟省市的教材,它与本省的教学实践结合更为紧密,各方面更加易于贯彻。八闽大地的中学语文教师大多毕业于福建师大中文系,都直接听过孙先生的讲授。他们在大学期间,对孙先生的经典解读早已耳濡目染、耳熟能详,使用起来就有驾轻就熟之效,改革的精神也就不容易走样。对于这方面,孙先生是自信的。

孙先生领衔编写的初中语文实验教材申报教育部后,很快获得立项。此后,孙先生率领团队耕耘多年,编写出含课本、教师用书、教辅在内总计36册700多万字的初中语文教材。自己作为主编,不挂虚名,该教材近300篇课文的文本解读,全由自己扛下,篇篇均万字左右。他还亲自动手编写练习,感动了团队中所有著名的中学特级教师。为能在教材中博采众长,孙先生辗转奔波于大西北等7省市实验区,听、评课近千节,实在是让兄弟省市的同行们感佩不已。有一年在暑假期间，远走炽热千里的西北戈壁，培训点经常都在偏远的山区中学，一下飞机就得转乘汽车，到达后往往已是夜间，但第二天照样按时 8 点到课堂，一听课一讨论就是一整天。古稀之年的孙大先生如此"南征北战"、鞍马劳顿而不知疲倦，陪伴于教授左右的弟子们戏言问道：老师如此充沛的精气神，是否得益于当年德化的攀山越岭？

有一年，孙先生应邀到教育部的课标研制大会上发表自己的见解，在场的基础教育司的司长、处长及数百位专家们对他令人动容的演讲报以了经久不息的掌声。孙先生无愧于这长时间的掌声，因为他不为自己名闻遐迩的"上位学科"理论家的称号所累，自觉自愿地献身这最基层的"下位学科"的操作性工作。不久，孙先生就被聘为国家基础教育课程改革项目的核心成员、教育部高中语文课本专家组成员。他受此头衔后说：无论过去、现在和将来，都应当向叶圣陶先生学习。叶圣陶认为，中华文化的经典作品不仅要熟读、背诵，而且要指导学生精读。故叶圣陶亲自动手，撰写了著名的《文章例话》，解读了《背影》等一批名篇。孙先生不仅赞同此观点，而且还不断实践此观点。

1684 年清朝设置台厦道，将台湾明确隶属于福建，台湾成为福建省的第 9 个府。因此，大陆与台湾是名副其实的一家亲，亲如手足。秉持同胞情、同理心，推动两岸文化和教育交流合作，以正确的历史观、民族观、国家观化育后人，强化精神纽带，一直是孙先生心心念念之事。

2021 年，"孙绍振中国语言文学拔尖学生培养基地"入选教育部第三批拔尖学生培养计划 2.0 基地。设立此基地时，其初衷就是要立足闽台两岸，面向全国。力求培养出两岸认真研读原典、扎根传统文化、专业基础厚实、研究能力和创新能力强、视野开阔、思维活跃、引领潮流的拔尖人才，同时着重培养具备中国学派当代文论素养的理论家和批评家，讲好中国故事的创作名家，文本解读水平高并热心基础教育的教育名家。基地举办两岸师生暑期文创研修营、文学研修营，邀请台湾著名学者来校授课，与台湾高校的互动交流，就从无到有地开展起来了。

已步入耄耋之年的孙先生，不顾年事已高，为在台湾青年一代中加强中华文化认同，加强两岸教师间的情谊，探索两岸融合新路，在 2014 年借两岸关系和平发展的东风,他举起"聚民意,育两岸新人,兴中华文化"之旗帜,主持两岸合编中学语文教材项目。老骥伏枥的孙先生义不容辞地率领师大文学院教师团队,联合台湾合编团队,历时五年,圆满完成在台使用的全套《高中国文》教材。其中包含课本、教师手册和教师用书,以及《中华文化基本教材》《国学常识》共34本,合计1000多万字。此套合编教材在突出"九二共识"的基础上,大篇幅突出中华传统文化。仅是中国古代经典作品的比例就高达百分之七十二,成为台湾各版本教材之中中国古代经典作品比例最高的教材,受到了台湾钟爱中华文化广大师生的欢迎。正如台湾合编团队主编、台湾"中华文化教育学会"会长孙剑秋先生所言:合编教材为中华传统文化"点了一盏灯",让台湾莘莘学子"走在发展的坦途上,能有一个明确的指引"。截至目前,整套教材已在台不断再版,多次增印,广为传播,有达人女中等二十多所中学的师生同步使用。

  孙先生又应台湾教师们的请求,率领团队将合编《高中国文》的古代优秀诗文一一改编成《中华文学经典文本教材》,并按时代排序,充分体现了中华文化的博大精深、源远流长。所编写的新版本不仅在台湾各校中应用于课堂,还受到台湾文化知识界人士的高度赞赏。

  这一两岸文教融合发展、心灵契合的成功典范引起了热烈反响,得到了央视、新华社、《人民日报》与台湾《旺报》等两岸数十家媒体及香港主流媒体上百次的聚焦报道。

  特别令两岸同行以及界外人士折服和敬佩的是,在主编合编教材时,孙先生已过八旬,仍先后十数次前往台湾听课、演讲近百场,脚印几乎遍及全岛,收获了台湾同胞们的兄弟情谊,众多的"孙粉"不断涌现。无论是教师还是学生,都将聆听孙先生的授课与教学点评看作一件幸事。每每孙先生授课或点评之时,不仅座无虚席,而且走廊以至窗口,都是听讲的学生们。

  每一节课,在孙先生的讲授中都显现出一幕幕诗情画意。恰到好处时,孙先生的激昂之声戛然而止,此时那刻,在座同行们全体起立致意,掌声经久不息。有一回,一位名叫易理玉的大学女教师听课后激情难抑,冲上前去,热烈地拥抱了孙大先生。无独有偶,孙先生在彰化大学演讲后,又一位名为杨晓菁的女教师以易理玉同样的激情拥抱了这位来自大陆的演说家。这两位女教师的忘情之拥抱，不仅仅是对孙先生的敬重，更深层次的意义是体现了一种两岸同胞情。再有一回，孙先生又一次率队访台，来到最后一站的台南市。在既定一应教学任务完成后离台返程前夕，该市的一大半中学校长们闻讯而至，纷纷前来送行。由此可见孙先生的个人魅力以及所率团队在台的影响力。

两岸教师学者的相互访问、热络交流，让孙先生的多本著作在台岛广受青睐。最是充溢着孙先生教学理念的《经典小说导读》《教师用书》《教师手册》等著作或课堂教学用书，许多语文教师争相把其中内容作为教材教参为学生讲课。

孙先生领衔的团队从大陆基础教育到宝岛深入交流的杰出成果，获得福建师大、福建省，特别是教育部的多种奖项。两岸教学双向交流的相关经验，已入选教育部"高校思想政治工作精品项目"。

第四章 为人为师为友

第一节　对话与争鸣

孙先生与贾平凹等名士互动会话

有一年的夏天，著名作家贾平凹与来自两座学府的教授孙绍振、谢有顺聚于一堂。这三位南方北国的文学和文学理论方面的大家，一起参加了"穿越千年对话东坡——三苏散文的当下意识"座谈会，就如何读懂苏东坡、苏东坡文章的特点、散文创作为何要坚持在场等问题进行了研讨，并与参加座谈会的三百名文学爱好者交流了观点，给蜀地眉山这片钟灵毓秀的土地吹来了新风。

关于为什么评价苏轼是千古文人第一人，怎样才能读懂苏东坡，贾平凹说：苏东坡是千古文坛第一人，是一位天才、大才。有人也能写出千古文章，如《古文观止》里面的文章都是千古文章，但一个人往往只写出一篇或者几篇。苏轼是绝对的天才，他的文学成就像一座大山，千古名篇众多。要读懂文章，前提是要充分了解作者的创作背景甚至作者的生平。虽然文人们都喜欢苏东坡，但几乎没有人能充分理解苏东坡。苏东坡的文章不仅仅是抒情的或者审美的，而且是审智的。我们读苏东坡的散文不应该光看其中抒发的情感，还应该关注其中包含的智慧、情趣、谐趣。

谢有顺接过贾平凹的话题说道：如今，我们反复提到苏东坡的《赤壁赋》等文赋，而忽略了苏东坡的奏折、杂谈等文章，其实这些奏折、杂谈是苏东坡著作的重要构成部分。苏东坡文章中写的往往不是多么正式的内容，而是信手拈来，率性书写生活趣事。我想贾老师也许是受了苏东坡的影响，他的散文往往是一两百字、三四百字。文章虽然短，却更显功力。这些短小的文章整理成集，读起来错落有致、风格多样，这样的散文就具备了多样性、丰富性。

孙绍振说道：要读懂苏东坡，不仅要读文还要读人，这是因为苏东坡的一生是非常精彩的。他只是用了一小部分时间来写文章，只有全面地了解苏东坡，读懂他的精神，才能将文章写得更好。其次，在读苏东坡的时候，不仅仅要审美，还要审智，因为苏东坡是一个十分有智慧、志向、志趣之人。因此，仅仅看他的文章光抒情是不够的，还要看透文章里所蕴含的智慧。苏轼为何能写出这么多千古之文，他文章最大的特点又是什么？

贾平凹接话说：苏东坡是一个有作为有抱负的文人。他在做官的时候，可以说为国家为苍生奉献了自己的所有。古代文人几乎都有大抱负，希望在官场挥洒自己的才能，这是文人的意识，是男人的意识，是男人对权力的意识。然而，现实的打击往往会让这些有志报国的文人就此因失望而消沉。苏东坡跟他们完全不一样，苏东坡对父母、兄弟、爱人有着深厚的感情。这种感情，扶持他在苦难中无形地建立了自己的理想国，充分了解自己的角色，从灵魂深处获得了自由，他超越现实，成为思想家。他深入民间，壮大了人生的情怀，创造了人生之大意义，参透了天地万物，而进一步成就了文学的大自在，所以他一旦写抒情的东西，就能脱口而出，不做作、不矫情。

谢有顺说道：苏东坡的一生命途多舛，在做官的时候被一贬再贬。被贬黄州时，苏东坡生活穷困潦倒，写下诗句：心如已灰之木，身似不系之舟。问汝一生功业，黄州、惠州、儋州。当时，他住在城东的一个简陋居所里。他的老朋友马正卿帮他要了一块城东的荒地，让他打理。苏东坡带领家人一起劳动种植，并因这块城东的荒地自号"东坡"。苏东坡最终被贬到了当时的不毛之地——儋州（今海南省儋州市）。苏东坡在那里的生活可以说是非常可怜的。虽然如此，在苏东坡的文章里不见丝毫怨气、抱怨、阴暗，他的文章总是刚健的、明亮的，他用自己的生命能量超越现实的苦难。

孙绍振说道：爱是不容易的，现在的人不会爱，所以，经常会因爱造成悲剧。然而，苏东坡懂得爱，懂得珍惜生命。他领悟到人生短暂，所以穷尽了一生所有的可能，成为了一代大家。苏轼文章最大的特点是对生命的领悟，融入对生命豁达的理解，让人能感受到生命的伟大。

散文创作应该坚持什么呢？贾平凹如是说：苏东坡超越现实苦难，成为思想家，获得灵魂的自由，我就想到了在场主义散文。在不在场就等于到不到场，在当下社会，在场或到场就是一种良知。一般情况下，任何事情发生后，你先有直觉，并作出反应，你获得了自我，一旦有了自我，你会有正确的处理方法，这就是常说的"冷处理"。一旦有了自我，你就不会偏颇，不会愤怒或者痛苦。愤怒和痛苦都是在毫无意识时才会发生。这就是说，任何事情一旦来临时，你就会在那里，你都会接纳，而不是逃避谴责和辩护。可以说，在场不在场，作出反应是一时的，而自我接纳又是一时的。到场是一种良知，到场或在场作出的愤怒和痛苦是良知的精华，是接纳自我的存在，这是人生的超越。

谢有顺则说：当下我们有太多文学作品在表达阴暗、仇恨，我们应该像苏东坡那样，多表达善的方面。人为什么会有恨？因为人生境界的狭窄。人有非常复杂、丰富的一面。莫言曾经说过：我把自己当做罪人来写。他讲过这样一个故事：他很讨厌单位的一个领导，认为他是不折不扣的坏人。然而有一次，他在街上看到这位领导带自己女儿逛街，无论是这位领导对女儿的态度，还是看女儿的眼神，无一不在告诉他，这是一位慈父。这位他心中的坏人，在他女儿心中可能就是世界上最好的父亲。那么，这位领导的哪一面才是真实的？是单位里的恶领导还是家里慈爱的父亲？所以，我们要多关注生活中善良的一面。在《红楼梦》当中，几乎没有真正的坏人，整部作品就是"好人的悲剧"，人人都有罪，人人都无罪。鲁迅认为造成悲剧的原因有：蛇蝎之人、盲目的命运、自我和时代的错位。在写作中，我们应该汲取传统的滋养，创作明亮的作品。

孙绍振最后总结道：写作的秘密就是不要太把写作当写作，太把散文当散文。很多作家写作的时候，他并不觉得是在写文章，他是跟随着自己的心走的。所谓心之所至，心中的文采就流向了那里。实现了为文的最高境界，随意、随心。俗话说"文如其人"是有道理的。文章的气质能反映一个人的气质，反映一个人生命的广度、深度。

孙绍振曾着力写了一篇面对文化界名家余秋雨的散文。孙绍振得知余秋雨曾撰文说：一直遗憾没有找到合适的机会，期待与在福建一座学府当教授的孙绍振先生面对面地谈古论今。他想，虽然暂时不能"面对面"，但可以先用文字互道世态万象。那时正好又听到社会上对余秋雨有不少"杂音"，某些舆论方面的不公正，让急公好义的孙绍振出于一种本能的道义，站出来为余秋雨鸣不平，落笔惊风雨地写下《为你不平——致余秋雨书》一文，鲜明地表达了对余先生的肯定和尊重。孙绍振在文中表明长久以来一直是余先生文章的忠实读者，也曾经在一篇文章中对余先生的散文作了相当富于情绪色彩的高度评价。

其实，早在80年代中期，孙绍振就注意过余秋雨的文学理论专著《艺术创造工程》，读后，很为余秋雨把文学理论文章写得那样文采风流而惊叹。当然，也认为其文采情采以及诗人气质妨碍了余秋雨的逻辑思辨能力，因而孙绍振认为在80年代那个时期，余秋雨在文学理论界并不属于最前沿的人物。90年代初，孙绍振因为出国了两次，而且时间较长，对国内文学创作的进展情况也就比较生疏了。但是当时身边有文学青年向自己推荐了余秋雨的散文，看着看着，竟然被打动了。孙绍振说虽然缺乏时间认真系统地阅读余秋雨的全部散文，但是他坚信，余秋雨已经找到了自己最好的表现形式。孙绍振说，"余秋雨在现代散文史上的重要地位已经确立，哪怕从现在起一个字也不写了，也是一样"。

孙绍振认为余秋雨曾经载于《羊城晚报》上的《敬告全国读者》就非常让人振奋。因为多年来在无人发声的情况下，是这位余先生打破了沉默，对那些盗版者、文化盗贼发出了檄文。对此人神共愤的文化公害，孙绍振坚信全国的读者和作者都会站在余先生一边。另一方面，孙绍振认为余先生已经正面提出了一个"文化杀手"的问题，这一定是蓄积已久的话。从字里行间可以看出来，话虽然说出来了，但却是意犹未尽的。因为只是指出每逢盗版猖獗的时候，总是会有一些人对余先生吹毛求疵而抹杀其文章中的原创性。孙绍振认为这是很不正常的现象，必须要站出来说几句公道话。

继续为余秋雨因抱不平则鸣的孙绍振如是说："有些学者有寻弊索瑕的癖好，我除了佩服他们的耐心以外，同时也劝余秋雨先生也要耐心一些……"1997年的鲁迅文学奖，散文得奖者有十名以上，居然找不到余秋雨的名字，不能不让熟知甚至崇拜余秋雨文章的读者扼腕长叹。因为孙绍振和许多热爱余秋雨散文的青年读者都这么认为：如果散文只有一个人能得奖，那么这个人就应该是余秋雨。在如此不公平的现实中，孙绍振果断地站出来告诉余先生说："这不是你的损失，而是鲁迅文学奖的损失。"

在余秋雨被某些刻意贬低和挖苦言论所包围的困难时段中，如此中肯的表达，倘若余秋雨能够读到此文，不就是如同一阵温润的春风，拂去了遮蔽在余先生眼前的雾霾么！

孙绍振与名流们的对话又何止于贾平凹、余秋雨等人。《当代作家评论》刊载的《当代智性散文的局限和南帆的突破》、载于《南方文坛》的《审智散文迟到的艺术流派——南帆在当代散文艺术发展上的意义》就与问世了多部散文集的南帆常说常新地对上了话。载于《当代作家评论》的《见证当代中国文学话语变革——序陈晓明》这篇文章中，孙绍振不仅仅是与陈晓明对话，而且是在与文学理论界对话。与女诗人舒婷无论是面谈还是笔谈都不少，诸如《恢复新诗的根本艺术传统——舒婷的诗给我们的启示》等文，文中就"恢复新诗"的话题，再次称赞了舒婷在诗歌上的创新精神。在《当代作家评论》中还以《审美价值取向和理性因果律的搏斗：刘心武论》为题，与茅盾文学奖获得者刘心武展开对话。

与名家的众多对话，孙绍振都以自身渊深的学问，重在一个"理"字上。让每一场对话都在严谨中不乏诙谐，说理中而不失风趣，促人力学不倦，精进不休，凸显其精彩。

古诗词解析的高端争鸣

孙先生在数十年治学的历程中参与文化争鸣的事例不少，比如，中央电视台当红节目《中国诗词大会》中出现了一些显见的文学错误，就让他忍不住发声了。为了给古诗词鉴赏正本清源，他撰写了《诗歌狂欢的背后》一文，很快在《中华读书报》发表了。文中，他善意又直接地指出谬误，以正视听。社会人士品评《中国诗词大会》本不足为奇，但孙教授这个级别的文化名人参与其中，自然就产生了名人效应，一时引起了此起彼落的争鸣声。有一些文人雅士也就此加入，参与者纷纷专此撰文，展开探讨。

孙教授在《诗歌狂欢的背后》中说道：

人们更关注的是，千年不朽的诗好在哪里，其与平庸的诗、坏诗区别在何处，以什么样的准则和方法来品评？将这样的课题置之度外，必然导致传统文化的深厚性为大众文化的娱乐性（游戏性）压倒。

通俗化、娱乐化、游戏化是电视节目先天的宿命吗？编导和主持人显然并不认同。不言而喻，这不是一般的娱乐节目，更不是那种娱乐到死的节目，最高宗旨乃是深厚的文化传统的继承，在新时代的发扬光大，战略目标是提高民族文化的自信、自尊。这个大前提无庸置疑。编导和主持人设置了专家点评。专家们的成功在于介绍作者生平、写作背景、相关的掌故和趣闻，加上了知识性，对于娱乐性有互补之效。在所有专家中，康震先生是最有学养、最自觉地弥补摘句寻章的局限，故其解说往往不限于句而兼及全诗，甚至是全人。在解读李白的《将进酒》"黄河之水天上来"时，定位为岑勋和元丹丘与李白三人会饮，甚为到位。解读毛泽东"斑竹一枝千滴泪，红霞万朵百重衣"时指出湘竹与泪的典故，联系到杨开慧的小名霞姑，又深化到楚文化，皆醒人耳目。提出张九龄《感遇》的写作背景乃在罢相，表面上孤芳自赏，实际上清高自守。接着他上台的是李林甫，从此唐王朝江河日下。康震不但把作品还原到诗人当时的处境和心态中，而且诗画并长，以画引诗，成为节目的亮点。有些专家则长于知识性的点拨，虽然对古典诗歌烂熟于心的参赛者来说，在注释本中司空见惯，对于现场观众仍然不无新鲜之感。

但是编导、主持人和专家一样，似乎并未清醒地认识到这一切并不能完全消解游戏性带来的缺陷。康震先生以前的以画引诗就曾出现画不达意而歪曲了诗意的现象。例如他在中央电视台的《中国诗词大会》节目上画曲折山路，远处白云屋角，近景大车，一人坐于石上，身边些许树叶。参赛者立马猜出是杜牧的《山行》："远上寒山石径斜，白云生处有人家。停车坐爱枫林晚，霜叶红于二月花。"另一位专家王立群和主持人董卿女士皆首肯，却并未发现一个极其低级的错误。"停车坐爱"的"坐"是坐在石头上的意思吗？小学三年级语文课本上就有注解，"坐，因为"。车子停下来，不再神往远在白云生处的隐逸之所，因为突然发现身边的霜打的枫叶比春天的鲜花还美艳。更令人惊异的是，王立群专家说这是一首"悲秋"之诗，中国诗人对于季节的转换，生命的盛衰非常敏感，故秋季即引发悲凉。董卿随即附和，秋天都会引发诗人悲凉的感情。

但是，秋天的霜打了的枫叶，都比早春二月的鲜花还要鲜艳了，这样的秋天的还是悲凉的吗？在古典诗歌中，固然有大量悲秋的经典，从宋玉开始就有"悲哉秋之为气也"，到杜甫的《秋兴》八首，元曲中马致远的《天净沙·秋思》"枯藤老树昏鸦，古道西风瘦马"都是悲秋的神品，但是，如果逢秋皆悲，感情进入老套，不是为诗之大忌吗？后来的节目显示，颂秋的也不乏横空出世之作，刘禹锡的《秋词》"自古逢秋悲寂寥，我言秋日胜春朝。晴空一鹤排云上，便引诗情到碧霄。"孤立地摘句寻章，造成了个案分析错误，整套节目前后矛盾。

……

有些专家对作品的解读带着相当的随意性。如刘禹锡《乌衣巷》"朱雀桥边野草花，乌衣巷口夕阳斜。旧时王谢堂前燕，飞入寻常百姓家"，蒙曼解读说，燕子不落愁人家，迎来归燕，写出富贵气象。百姓居家是"革命"的家"和平幸福"的家。这似乎离谱。乌衣巷为晋时王导、谢安等大贵族所居，堂宅豪奢，繁华鼎盛，如今却野草丛生，夕阳残照，为寻常百姓所居。而燕子不觉盛衰变幻，不辨贫富，仍依季候往还。刘禹锡表达的是高门贵第化为野草丛花的沧桑之感，哪里谈得上什么寻常百姓和平幸福？

倘若没有古诗词方面深厚扎实的功底，这样能够与亮相在央视的节目的"争鸣"之文是写不出来的。有意思的是，孙教授针对央视《中国诗词大会》的争鸣文章发表后，即便不说一石激起千层浪，也是一语唤醒几多人。不少同样关切诗词大会的高人不约而同加入了争鸣与评论的队伍。

有一篇署名为"暮城烟雨遥"、标题为《诗词大会上的康震，因"停车坐爱枫林晚"引专家质疑，他真错了？》的文章，文中不乏精彩，很值得一读。此文一开端就说道：中国的古诗词浩如烟海，深不可测，如何才能读懂古诗词？孙教授在其《月迷津渡：古典诗词个案微观分析》以及《演说〈红楼〉〈三国〉〈雷雨〉之魅》等专著中已经给予阅读者以丰富的"营养"了。但凡能够熟读其书者便知其意，尔后放之四海而皆准。

正因为这个"放之四海而皆准"引发了对古诗词解析的争议，这争议之"剑"直指央视的《中国诗词大会》。曾有若干年，央视播出的这档节目，既鼓励了新一代努力传承中国的古典文学，也让全国观众重温了唐诗宋词。最是康震、王立群、蒙曼、郦波等研究古典诗词的大家,其高水平的解析让观众享受着祖国传统文化经典的盛宴。话说康震,那是怎样有学问的一位教授!他在央视《百家讲坛》主讲《诗仙李白》《诗圣杜甫》《李清照》《唐宋八大家》系列,担任中央电视台《中国诗词大会》《经典咏流传》《朗读者》等重要栏目文学顾问,可谓古典诗词界的名家名嘴,且还是书法与绘画的高手,名气甚广。能够站出来品评他的专家学者寥若晨星,而学富五车的孙教授就是那"寥若晨星"中的一颗亮星。

孙教授在称道此栏目的同时又要与康震、王立群、蒙曼等几位教授讨论什么呢?在"暮城烟雨遥"的这篇文章中能够窥之一二。

《山行》这一首诗真可谓是唐诗中的"分歧之王"。前一阵有人在分析这首诗中第一句"斜"的发音,后来又讨论第二句中"白云生处有人家"的"生"字到底是"生"还是"深"。现在,轮到诗的第三句中的"坐"字出问题了。

该文作者说,找到一幅看起来像是康震手笔的画,但是画中人并没有坐在石头上,而是下车步行。孙教授在文中说:这名参赛人发现康震画中的人"坐"在石头上,因而联想到了"停车坐爱枫林晚"。这显然是受到了康教授的误导。在此同时,孙教授在文章中还批评了王立群和主持人董卿,因为他们二人也没有去更正康震的错误,显然他们也误读了这个"坐"字。读过小学三年级的人都知道,这首诗的第三句中的"坐",应该理解为"因为"。杜牧因为看到好看的风景,于是停下来欣赏,而不是"坐"在石头上欣赏。并且王立群教授还把杜牧的这首诗解读成一首"悲秋"之作,这就更是错得没谱了。

文章作者说他虽然没有看过这档节目,不过似乎孙教授有可能没有看仔细,当中一定出现了什么误会。这个"坐"字在古汉语字典上一共有五种解释,其中头两种是我们平时常见的解释,一个是坐,一个是座。第三种是指"某人因为……罪或错误",和古装剧经常提到的"连坐"类似。第四种就是"因为",应该是从第三种引申出来的意思。第五种是"公堂对质"。后面三种平时我们都用不到,所以很多人不清楚。那么这里就有一个问题:为什么我们只能把"坐"当成"因为"理解,而不能理解成"坐着"呢?这里有什么说法呢？有人说是因为理解成"坐"，那么"停车""坐""爱"就三个动词连用了。但是，汉语有不能三个动词连用的规则吗？这个暂时存疑。

再说回康教授这档子事。无论"坐"当成何种解释，都不表示康震教授在作画的时候不能把人物画成坐姿，因为节目的设计是康教授先画画，再让参赛的人来猜。他画画的目的是给对方做提示，而不是为了对《山行》进行任何"解读"。至于杜牧当时是坐了还是没坐，根本不影响它原来的解读。不管这个"坐"字应当理解成"因为"还是"坐下"，都完全不妨碍杜牧可以在"因为"之后再"坐下"。杜牧采取哪一种姿势来欣赏风景，和他欣赏风景的动机是没有冲突的。所以康教授当然可以画一块石头，再让上面坐个老人。再者，非要让人家画一个"因为"出来，这也太不现实了。"因为"只是一个抽象的词汇，根本没有办法画下来。

不过，撇开康教授有没有理解错误不谈，孙教授提到的一些问题也的确值得普通的诗词爱好者注意，因为孙绍振鞭辟入里的批评很有见地。孙教授的一个看法，那就是认为《山行》表现的并不是"悲秋"。古人虽然爱写悲秋的诗词，但是并不能机械地认为只要写到秋天就是在悲秋。正如孙教授所言，王维写《山居秋暝》，最后一句化秋愁为春芳，刘禹锡作《秋词》就说：我言秋日胜春朝。人家杜牧都"停车坐爱枫林晚"了，为了看风景不赶路了，最后一句也很明显是夸秋天的枫叶比二月的鲜花还要红，他还悲什么秋呢？

早就有人在网上感叹过，现代的人读古人的诗词文章和读外语没有太多区别。不过让人高兴的是，尽管古诗这么难读，依然有一大批的中国人在坚守古诗词这个阵地。既然在学，就得学个明白，因此对诗歌的解读就特别感兴趣，这应当是一件很好的事情。

而今不少父母让孩子念古诗、学古词，就是觉得古典文化里有太多的营养。既能锻炼孩子的理解力和想象力，又能传承祖国的古典文学，其中的精粹与精髓是无价的。读古诗词既可以无形中培养一个人的气质，同时也能增加学识和见识。如今新教改的内容变动也足以说明这一点。

孙教授为了避免学古诗词的孩子们因为某些方面的误导，对央视当红诗词节目所出现的误解和误读提出尖锐的批评，率直地指出："专家水平良莠不齐，对诗词的解读带有任意性。"目的在于提醒电视节目，能够在严肃中更加严谨，力求做到滴水不漏、无懈可击。这不是挑剔，也无意褒贬，更没有攻讦之说。

针对诗词大会中出现的一些偏差，署名为"南宫钦"的作者也写了一文，主要内容如下。文学作品数不胜数，在不同时期不同的人有着对生活不同的感慨和感悟，而他们的作品也大多反映了当下的社会现状。在后人的解读中，由于时代的变化，我们只能从对历史的了解角度上去还原当时的场景，然后再设身处地地去分析作者当时的心境，自然而然地就滋生出了多个解读版本。

作为中国新一代的国学教授，出身于书香门第的蒙曼，曾以中国民族大学学生的身份考到了北京大学的博士。看着她集于一身的头衔与光环，就知其付出的努力。她曾经数次登上《百家讲坛》，还做过《中国成语大会》《中国诗词大会》等知名节目的嘉宾，受到观众的普遍欢迎。但是关于她在节目中解读古诗词的一些误差以及有关言论却引起了争议。更有知名教授孙绍振先生对她的言论大为光火，公开指责她"亵渎诗圣"。

诗词解读当中的讨论发生在《中国诗词大会》第五季播出之后。蒙曼教授在节目中讲《悯农》，其中"锄禾日当午，汗滴禾下土"这两句诗词是我们耳熟能详的。蒙曼将其解读为农民在烈日下播种，而正是"播种"一词引起了争议。网友们认为，播种应当在春天，而诗中对应的时节是夏天，并且诗词中的"锄禾"是指锄草，并不是蒙曼所说的"播种"。

因为央视节目面对的是全国观众，所解读的古诗词作品力求精准与精辟。作为在教育、学术界晖光日新的蒙曼教授应该是百无一漏，但不仅漏了，而且还漏得很明显，于是"星星之火"，也就"燎原"了。舆论在节目的影响下迅速发酵，时值当时的网络上"假专家""假大师"的声音庞杂，蒙曼教授也就不幸被卷入其中，甚至被混为一谈。这件事也成为蒙曼是否有真才实学的重大论据。蒙曼曾经发表过对《乌衣巷》的解读，她指出诗中呈现了一片富贵祥和的氛围，而通常对其解读为萧杀沧桑，正是因此孙教授才提出指责。蒙曼教授出名之后，批评之声也随之而来。孙教授的声音似乎比较洪亮，指出蒙曼教授解读诗词不得要领，有些地方错得离奇。孙教授认为对一首诗的解读，为人师表了，尤其是有了知名度了，那是会引起社会广泛关注的，所以就要在一言一行上"谨言慎行"。如果她的说法与传统公认的不契合，那么向她学习的学生们则会质疑课本的真实性，由此引起不必要的甚至是一系列的麻烦。

孙绍振评说蒙曼教授："晓看红湿处，花重锦官城"这一句是杜甫在《春夜喜雨》中写下的诗句，当时杜甫因为陕西旱灾到成都居住，与农民同吃、同住、同劳动。他对可以滋润万物的甘霖非常喜爱，见到眼前勃勃生机的喜雨，情景交融地写下了这千古名句。蒙曼教授在讲解中提到"很红火啊，火辣辣的，连火锅的味道都出来了"。孙教授认为这句古诗本来是很严肃的一种写法，而蒙曼教授这种解读是对诗圣的亵渎。如此不严谨且过于个性的教师是不能成为孩子们榜样的。

孙教授的言论站在学术的角度上敲击了蒙曼的"不学无术"，显然，孙教授站在传统教学的角度是可取的。孙教授的抨击以及蒙曼的个性教学或许最终都会找到各自的受众群体，但二位知名教授最终的目的是统一的：那就是希望下一代可以接收到更多的、更精到的知识，胸中装下更多的古今文化。只是二者的方式不同，但也都做出了各自的努力。

《中国诗词大会》是官方推广中国文化的重要平台，在央视集中录制播放，旨在文化益智、文化育人。"赏中华诗词、寻文化基因、品生活之美"是其宗旨。参赛选手有很多是诗词达人，甚至还有普通外卖小哥。他们在平凡的生活中诵读的每一首诗歌，都是他们生活的花朵，特别让人感动。妙语连珠的主持人董卿女士，以其温柔典雅的身姿点亮了诗词大会；点评嘉宾康震、王立群、郦波、蒙曼等几位知名教授也让这台戏别有韵味。作为知名节目的知名嘉宾，无论对大、中、小学生，还是成年人，所产生的影响都是不可估量的。

但蒙曼等教授嘉宾们在一些细节解释上是需要详细考究的，不能随口就来。在孙教授眼中，是容不得半点沙子的。这也提醒我们新一代的学人不断地丰富知识，让自己的知识体系贯通并注意细节，尽量减少一些常识性错误，这是每位学人应该坚持一生的严肃之事。孙教授的所有学术以及独创之真善美三维错位和形象之三维结构等理论，自成系统，其学术造诣受到了文学界的广泛认可和赞誉。应该说，孙教授对于古诗词解析正确与否的评说，给古典文学领域吹拂了一缕缕清新之风。因为古今文学的发展是充满争议的，特别是那许多经典之作，在众多名家的争议中不断升华。

让我们尽情享受着文学的争议之美吧！

《中国诗词大会》在"百花齐放"中引发了"百家争鸣"。评论者林伯南写下一文，针对的是"停车坐爱枫林晚，霜叶红于二月花"这两句诗。文中说，孙教授说凭直觉判断一望而知，最后一句"霜叶红于二月花"最精彩。因为这个比喻出奇制胜，属于朱自清先生提出的"远取譬"。远取，相对于近取。这里是双重的远：一是叶子比花美，二是秋叶比春花艳。这都不仅仅是时间上的远，而且是心理上的远，越远越新颖。双重的远取构成双重的新异，触动读者的审美惊异。光是分析到此，还只是意象之美。分析的难度在于以局部为索引透视整体。如果没有前面三句的铺垫，则此首诗还是构不成统一的意脉。开头"远上寒山""白云生处"两句，意象都是大远景，情感随目光向远处延伸，越是遥远，越是有凝神观照之美。后面两句则恰恰相反，转折点在第三句。本来是一边行车一边从容观赏，突然车子停了下来，也就是停止了远方白云生处的凝神，转向近处，车边、身边的枫林。视线的转移也就是意脉的变化，显示枫林之美超过了远方白云生处之美，心灵触发了一种震惊，震惊的原因又是枫叶色彩之鲜艳胜过春花。意象的前后对比，意脉的前后转换，完成于一瞬间。"霜叶红于二月花"，正是这个意脉的高潮，使得意境在前后对比中完成统一。在唐诗绝句中，关键就是这种瞬间的情致转换的潜隐性。在情致转换上不够潜隐，就会影响意境的圆融。孤立的分析往往难以深入，这时就用得上比较。有比较才能有鉴别，叶绍翁的《游园不值》因为有前承的诗作，提供了现成的可比性，有利于分析的深化。

因为孙教授在文中主要指出康震、王立群、杨雨和蒙曼的一些关于古诗词错误理解的问题，而对于蒙曼所理解的部分则进行了更加长篇的讲解，所以人们认为《诗歌狂欢的背后》是针对她的。其实，孙教授在自己的文章序言中就已经讲明，文章纯属学术探讨，无意针对任何人。尽管如此，一些人还是对其进行了添油加醋的理解，这绝不是孙教授的本意。

虽说文无第一，但是比较之下，有理有据的说法更让人信服。偏向于理想主义和非理性主义的文学讲解固然让人听之一暖，但有的时候真的就会偏离真实的历史事实和作者想要表达的意思。就如孙教授在自己的书中评论

《中国诗词大会》嘉宾们一样，他的本意并不是针对他们而著书，只不过是想要讨论一下文学知识而已。人无完人，无论是谁，只要做了一件事，就不可能一定会做得非常完美。就算是知识渊博的教授们，他们在学术上也可能会出现一些错误，这是极其正常的。绝不是让一般的观众以此学术讨论作为一种武器去攻击这些学者。倘若真有这样的人，那就要为他们的浅薄与无聊而遗憾了！

在高端争鸣方面，孙教授不限于古诗词的解析。但凡觉得有必要"争鸣"的，孙教授都会毫不迟疑地在课堂上发声，于笔下"文章真处性情见"。例如散文大家余秋雨在一篇文章中出现了一些错漏，他恳切地撰文说："作为你散文艺术的激赏者，不能不指出：你的文献资料不是没有任何问题的。连我这个疏于文献的人，也在《三峡》中发现，你把巫山神女的典故说成是楚襄王的，其实是楚怀王的。这并不是什么了不起的大错，古人就弄错了，后来有学者发现了。所以才会有'荆王枕上原无梦，莫柱阳台一片云'的诗句。你不可能对一切文献重新到实地考察一番，有错在所难免，也无可厚非。就是渊博如鲁迅，他的杂文中不也是有并非个别的文献方面的错误吗？稍稍翻阅一下人民文学出版社出版的《鲁迅全集》中的注解，便可以知道。"孙教授劝说道："如果情况正常，发现了文献错误是好事，要改也不难。例如上面所说的楚襄王的问题，改一个字就成了。"

不尽的高端访谈

但凡文学创作、文学理论、教育教学、高考制度，以至高考作文题解等等内容的高端访谈，从首都北京到本省当地，只要孙绍振能够拨冗，在嘉宾位置上就未曾缺席过。即便因故无法出席，孙绍振也会以书面访谈方式不让听众失望。无论是央视的大演播厅还是地方上各家电视媒体的演播室，孙绍振都不求高朋满座，只为好学不倦的求知者能有所获。借秦朝丞相李斯"太山不让土壤，故能成其大；河海不择细流，故能就其深"之名句来形容孙绍振，那就再贴切不过了。倘若要问孙绍振这大几十年来曾有过多少回次的高端访谈，想必是无法统计的。

单是评论高考语文与作文之道和高考话题作文失分原因，孙绍振就曾与谢冕、曹文轩等九位著名学者、作家携手，连续进行九场深度对话，也曾与著有《作文智慧》《老根说字》等作品的语文特级教师王立根高水准地进行访与谈。

有一年高考开考的当天，孙绍振被一个名为"恬恬的最佳距离"的高考节目请进演播厅直播间，面对众多倾听者侃侃而谈。访谈议题是如何应对高考作文，就这道议题，孙教授开门见山、直奔主题，说道：每年高考作文命题有一个大概演变的过程，从原先较多的抒情散文，逐步变成多种文体，借用一句话说，叫"百花齐放"。面对一道作文题，能不能运用自己分析事物的能力，展开自己的观点，这是需要智慧的。高考是竞争，若是要比他人略胜一筹，那就要以独特的、有个性的笔调写出独特新奇、独树一帜的文章。这就需要平时在读书学习上的努力和信息量的积累。

如何在有限的目的性指导下去观察、去体味、去限定、去拓展呢？在立身立德立言立行的前提下，很关键的一点就是从"贴近生活"到"贴近自己"。孙教授断言只有贴近自己了，才能写出别人所无法表述的文章来。世人都说"千人千模样，万人万思想"，不同的人，不同的生活，不同的个性，有如万花筒，动一动就是一幅图像。写文章时，就要动脑筋了，要盘活自己平时储存的所有故事和知识，从中优选出最适合化诗入文的句子与细节。特别强调的是"贴近自己"去写文章，只有贴近自我，才能写出富有特点，甚至相当特异的文章。

贴近生活写文章不是不可以，关键是要看你怎么去"贴近"。倘若一味地强调"贴近生活"，那么，考生们写出来的文章，就很有可能出现雷同，因为贴近自己的可能性已经很小，自己的空间被挤压了。这就很难表达自己的独特性，那是很不幸的。譬如说，卷子上出现一大堆的名人名言或励志类的经典语录，都是人人耳熟能详的大路货，这样的文章就很有可能人云亦云、了无创见。

比方说，出一道"有志者事竟成"的励志作文题。但凡读过这句名言出处的考生，都会说起西汉宗室、经学家刘歆所写的《光武帝临淄劳耿弇》，此文的最后一句就是"有志者事竟成"。说的是光武帝来到临淄，亲自慰劳军队，群臣都在这里集会。光武帝对耿弇说："过去韩信击破历下而开创汉朝的基业，而今将军你攻克祝阿而由此发迹。这两个地方都是齐国的西部地界，因此你的功劳是足以和韩信相比的。然而韩信袭击的是已经降服的对手，而将军你却是独立战胜强劲的敌人，取得功劳要比韩信困难。另外，当初田横烹杀了郦食其，到田横投降的时候，高帝下诏给卫尉郦商，不允许他与田横为仇。张步以前也杀了伏隆，如果张步来归降听命，我也要诏告大司徒伏湛，解除他和张步的冤仇，这两件事又更加相似。将军你以前在南阳的时候，就提出这项重大的计策，我曾经以为这事无人理解难以实现，如今看来，真是有志者事竟成啊！"

倘若有一部分的考生引用了这个典故，从这个典故展开做作文，其内容的大致雷同就难以避免，这又如何去发挥考生们的创造力呢？况且"有志者事竟成"这句话是很片面的，固然没有志向的人很难成功某件事，但有志气的人，就一定能成功吗？答案是未必。杜甫的《蜀相》有这么两句：出师未捷身先死，长使英雄泪满襟。谁"出师未捷"呢，诸葛亮呀。那么，诸葛亮有没有志向？他的志向大得很，不仅理想远大，且统一天下的抱负很坚定，但他成功了没有？没有。因为多次出师伐魏，未能取胜就"身先死"了。还没有取得最后的胜利就先去世了，于是常常使后世的英雄们泪满衣襟。

杜甫写《蜀相》是有一个背景的：唐肃宗上元元年，经过了四年多漂泊流离生活的杜甫来到了成都西郊的浣花溪畔，在朋友的资助下，终于有了一个暂时栖身之所——草堂。这里恬静幽雅的环境让诗人漂浮疲惫的心得以安稳休憩，那曾经千万遍思量的开济老臣怀抱却不时地跳将出来，敲击着诗人渐渐平静的心。于是，在一个风和日丽的日子里，杜甫带着朝圣般的虔诚，去拜祭那忠心报国的两朝元老诸葛亮。但这并不是一篇游记之作，怀人的心情远远大于游览的兴致，所以杜甫给这首诗取的诗题是"蜀相"而不是"诸葛祠"。

怎样才能做到"贴近自己"，甚至亲切地表达自己呢？首先文章的思路要连贯，主题要统一。把许多场面、细节、人物、故事连贯性地统一起来，这叫作金线穿珍珠，让每一件事、每一个场景、每一个细节都发光。如果不是这样，而是思路混乱，事件、场面、人物、故事彼此若即若离，甚至互相矛盾，哪怕局部事件、场景、故事再动人，也是铁丝挂尿布，每一件事都会失去光彩。思路开阔了,联想丰富了,好文章就出来了。写作文是对自我、对智慧的挑战,考生们要直面这种挑战。只有挑战了,才可能超越自我,也要当成是对自身的一次磨炼。

在逻辑判断的题型当中,有这样一类题目。题干部分逻辑性非常强,但是可能是明显的错误推理。比方说"所有的天鹅都是白色的",但人们只要发现有一只天鹅是黑色的,就要推翻"所有"之说。有史料说:在发现澳大利亚黑天鹅之前,17世纪之前的欧洲人认为天鹅都是白色的。所以欧洲人在没有见过黑天鹅时"所有的天鹅都是白的"就成了一个没有人怀疑的事实,一直到发现黑天鹅之后,欧洲人的想法因此来个一百八十度的翻转。这种翻转造成人们心理很剧烈的震荡,因为"所有的天鹅都是白的"有无数只的白天鹅可以作证,但是要推翻它,只需要一只黑天鹅就足够了。因此,"黑天鹅"常被用来指那些极不可能发生,实际上却又发生和存在的事件。根据这个事例,孙教授告诫广大考生,在高考作文中一定不能犯类似的错误。

考生们应当重视一种常识,那就是归纳推理。什么是归纳推理呢?孙教授说凡是从个别知识的前提出发,推出一般性的结论的推理,就称为归纳推理,比如"黑天鹅"的出现,"哺乳动物都是胎生的"等等。人们说马是胎生的,羊是胎生的,狗是胎生的,兔子是胎生的……所以,哺乳动物都是胎生的。这就是一个归纳推理。但是,当有一天,人们发现鸭嘴兽虽然是哺乳动物,但并不是胎生的时候,这个归纳就被推翻了。

还有,如果有这样一道题:"光在宇宙中奔跑,到底是走直线呢还是走曲线?"或许会有不少同学回答:"光是直线行走的。"但孙教授说,其实,宇宙之间的空间会出现各种各样的引力波的歪曲,特别是像黑洞附近,光不仅不会直线前行,而且还会被扭曲呈现曲线的状态。这就好像在平坦的路面上行驶的一辆汽车,有的时候路面会被某种外力作用所扭曲,例如遇到了盘山公路,那么汽车也只能在上面歪七扭八地运行。其实这和光线的运行状态是一样的,它在地球上大部分都是一种平坦的运行状态,都是直线前行。但是在宇宙那样复杂的空间条件下是极有可能出现曲线前行的,甚至遇到黑洞的时候,它还会被吞噬,连运行的机会都没有了。

因此,孙教授认为要有能力论证世界上万事万物的"是"与"非",那就要注重平时的阅读，从阅读中获得广泛的信息量。这样，知识面就不会太窄。通过阅读，精准的答案就可以信手拈来。倘若能达到这种境界，又还会有什么难题能难倒你呢？

孙教授说，高考作文有多种文体，诸如论辩文体、记叙文体、散文体、幻想体以及寓言文体等等。无论什么样的体裁，只要平时有不拘一格甚至不拘于时的阅读，从中积累丰富多彩的故事情节、语言文字，你就能得心应手，应付自如。

孙教授举例道：明末清初有位叫柳敬亭的著名评话艺术家在评说武松这个人物时，说是武松到一家酒店沽酒，见店内无人，蓦地一吼，店中空缸空甓皆嗡嗡有声。这个细节，就让人们感受到武松的豪放与勇武。孙教授说：高考做作文时，在大的方向把控好之后，就要注重细节的描写。同样，只有不拒细壤不拒细流，才能长驾远驭、自由前行。

又举例说，战国前期道家代表人物列子著有《列子·汤问》一书，书中这样形容音乐之美：乐曲优美悦耳，其美妙的声音长久地在屋梁上回荡，余味无穷，犹如天籁，即便已经数日了，仿佛仍在耳边盘桓。列子这位文学家、教育家用了"余音绕梁，三日不绝"的成语。"余音"是听觉，"绕梁"是视觉，仅仅四个字，就把听觉和视觉通感起来了。如此的言简意赅、辞微旨远，值得我们后人仿效。

有些考生往往在写作文时痛苦地感到讲不出故事来，即便有那么一点，也不精彩，无法运用到卷面上去。其根本原因就是平时未能好好地阅读，故事或情节都很贫乏，无法展开想象力，思路拓展不开。可以说，要写好作文，不仅仅要广为阅读文学方面的书籍，而且还要数理化全面发展。这样，知识面才能宽广，在关键时刻才有能力跨学科，做到"跨界大通感"。

有一回，著名特级教师王立根先生访谈了孙教授，并以"让贫乏的思想和感觉变得丰富——访谈孙绍振"为题将它收录到《高考作文访谈》一书。

孙教授在访谈中重点谈到如何才能写好高考作文，首先否定的是模式化、理想化，也就是概念化。概念化的东西反复灌输就会有一种权威的力量，有一种虚伪的闪光。虽然它在本质上是无力的、虚弱的，但在表面上却是闪光的、动人的。因此，它会搅乱青少年的视线，有时会像一座山那样挡着他们的眼睛，使他们的感官在真正生动的有特点的事物之前发生视觉瘫痪，在真正活跃的心灵面前发生感觉麻木，这是何等的要不得。

在这种情况下，首先得解决如何让高考生们贫乏的思想和感觉变得丰富，如何在有限的目的性指导下去观察、去体味、去限定、去拓展。至于那些头绪过分杂乱的学生，则同样可以用有限的目的性去帮助自己梳理出一个线索来，鼓励自己把线索以外的一切勇敢地割爱。以上所述，还是层次较浅的，光有了这些，文章的某些部分、一些段落和句子可能写得很精彩，甚至语言闪光，但是文章的各部分却可能还是不统一的，文章的思路可能还是徘徊不前的。

要有效地提高水平，还必须让学生在文章的进展过程中控制住自己的思路。记叙文写到两件事、几个人，就要把这些人和事组织到一个主题、一条思路上去。如果两件事都写得不错，但却互不关联，或者联系是薄弱的、外在的，那这样的文章仍然有根本性的缺陷。文章的思路要一贯，主题要统一。对于议论文，要保持论题的统一，论点与论据的配合，概念的内涵不被转移尤为重要。学生的思路要保持一贯，就要有一种控制自己的能力，对自己使用的材料、观点有精确的辨析毫厘的工夫，同时对自己的论点有分析、深化的追求。所有这一切，难度自然是很大的，但是却是塑造一个人的心智的基础。只有在这些方面基础打好了，将来不管是升学还是就业，前途都会很广阔。一切伟大的科学家、政治家、文学家、企业家没有这样的基础都是不可想象的。

孙教授还谈到了中国的传统散文，从孔子、司马迁再到唐宋八大家，一直到清代的桐城派。散文不仅仅是抒情叙事的，抒情叙事的散文只是散文中一个小小的部分。孙教授认为，目前为止，我们中国的散文和散文诗所走的路，都是非常狭窄的路，讲一些风花雪月、人生小感悟等等，这是离开了深邃的思想、心灵的宇宙，而把自己关在一个小笼子里了。孙教授提出中国的散文诗要有独立宣言，就是要摆脱所谓的抒情、叙事，特别是摆脱仅仅是抒情的，散文诗里面应该有很深邃的哲理、象征、人生的反思、生命的感悟与深刻的自我解剖。它不能够只是一种颂歌、赞美和美化。比如，鲁迅写的散文诗《过客》，是生命的过客，也有充满着战斗精神、孤独而绝望地反抗着的战士形象，是革命者，更是鲁迅本人，有着非常深刻的甚至很悲观的自我解剖。

应该说，中国的散文是大品，因为原本中国的散文思想就是非常宏大的、庞大的，但是五四时期竟然变成了小品，因为有人又把散文关进了抒情叙事的笼子里。余秋雨最大的贡献就是恢复了散文的大品地位。孙教授觉得他的最高代表作是《一个王朝的背影》，写热河避暑山庄和颐和园，通过这两处皇家园林写出了清朝三百年的历史与文化人格的强悍和衰退。余先生用散文的文体写出了这么宏大的气魄，让散文回归了大品，所以说他对散文的贡献是历史性的。另外有一位散文家就是南帆。南帆的散文写得非常的冷静，一点也不抒情，后来他的《辛亥年的枪声》获得了鲁迅文学奖。他不但恢复了而且拓展了散文的智性、思想和对历史的思考。当然，还有不少散文诗还满足于抒情叙事，缺乏生命的哲学思考终极关怀，还停留在天真烂漫的美化和诗化的层次上，以为散文诗就只能是这个样子。孙教授说，这不能不让自己感到忧虑。

在多次的访谈中，主持人大都提到了孙教授反复再版的《名作细读》，强调要写好文章，特别是要做好高考作文，《名作细读》是不可不读的一本书。因为书中收录了对中学语文教材经典篇目的赏读分析文章，这些分析文章深入浅出，在文学评论领域中占有领先地位，对中学生阅读具有十分有效的启发意义。书中应用的阅读分析方法，就像一种简单好用的工具，方便学子们掌握。《名作细读》，不仅仅要细读，而且还要多遍研读，才能把书中的许多观点化为己有。这本书当然也很适用于语文教师，如果想让学生们喜欢上你的阅读课，那么，就多读几遍《名作细读》吧。

但凡在访谈之后，孙教授都会说不无幽默的这么两句话：喜欢我的我很感激，不喜欢我的可以慢慢喜欢。并强调说自己是愿意接受挑战的，凡是打问号的问题都可以一一解答。

第二节　幽默大师与幽默散文

说到孙绍振的幽默，是他另一项过人的才能。他人说不出来的，孙先生能够信口说出；倘若他人也说得出来的，那么孙先生又能以精辟胜其一筹，无论在课堂上还是在日常生活中。

幽默一词最早出现于屈原的《九章·怀沙》，形容有趣或可笑而意味深长之意。后来，明末的文坛泰斗、朝廷命官冯梦龙编写出《智囊》一书，集有上起先秦、下迄明代的历代智囊人物及其故事千余则，被世人认为是一部反映古人巧妙运用聪明才智来排忧解难、克敌制胜的处世奇书。内有诸多金句，如，孟不云乎，言近指远；组以精神，出之密微；不烦寸铁，谈笑解围。大意是说，控制舌头（言辞）的，是我们的大脑，有见识、有智慧的人才懂得其妙用。孟子说过：越浅显的言辞，往往就越蕴藏着大智慧，就越包含着深远的意思。历代古人创造出的幽默，让人们惊叹先人的智慧。幽默乃是智慧的另一种化身，就算当今，幽默之师亦为少有，而孙绍振先生就是教育界、文学界公认的幽默大师。

早在上世纪 90 年代末期，孙绍振就在海峡文艺出版社出版了他的《幽默学全书》，此书共七篇。第一篇，幽默理论篇，介绍了幽默的基本知识，并对幽默与情绪、理性，幽默与雄辩、诡辩，幽默与滑稽、玩笑，幽默与吹牛、自嘲等作了系统考察。第二篇，幽默操作篇，具体分析了有关幽默的一些技术性问题，如心理调节、神经放松、颠倒逻辑、歪曲推理、机智游戏。第三篇，外国名家论幽默，包括古希腊、罗马、英国、法国、德国、奥地利、美国、加拿大、俄国、日本等国家的经典理论。第四篇，中国名家论幽默，包括西汉、南朝、明、清、近代、现当代的著名作家的言论。第五篇，外国幽默名著介绍，从古希腊的《伊索寓言》到当代美国的《第二十二条军规》。第六篇，中国幽默名著介绍，从《史记》的《滑稽列传》到钱锺书的《围城》。第七篇，中外幽默故事选粹，分"调谐戏谑""智对巧辩""冷嘲热讽""痴愚滑稽"四个部分。可以说，他的这部书涵盖了古今中外有关幽默的学问。

孙绍振如是说：幽默是治疗情绪膨胀最好的药方。幽默中既有诡辩又有雄辩，说透了幽默就是讲歪理。因为正理也有讲不通的时候，虽然正理能让人肃然起敬，那么就应当"混淆机智与幽默"，但必须明白诡辩不是幽默，雄辩高于诡辩。有没有本事把颠倒黑白的胡话转化为幽默呢？那就要掌握好心照不宣的转换生成作用，用强硬的语言表达友好的感情。学会把滑稽提升为幽默，要明白滑稽是缺乏意味深长的语义错位的。硬性幽默是可以软化的，但是光有幽默方法缺乏幽默心态怎么办呢？孙绍振认为幽默有一种不可或缺的心理基础，那就是善意和宽容。同时幽默又是一种精神的境界，具有一种文明的高度。孙绍振说幽默方法有利于幽默心态的养成，笑是心灵间最短的桥梁。又特别提出了讽刺、幽默与滑稽的反比定律；幽默在什么情况下行不通，艺术欣赏性幽默和谈吐幽默的区别；讽刺性越强，幽默感越弱，讽刺性越弱，幽默感越强，接过荒谬的逻辑模式顺水推舟；用意志来抑制愤怒不如用幽默来宣泄愤怒等理论。要想让自己成为幽默的人，首先得思路灵活，心态自由，从开玩笑中提升幽默心理素质。但开玩笑的笑和幽默的笑是不同的，这就要有超越常规、违反常识的魄力。学会脑筋急转弯，喜怒不形于色，比常人多一个心眼，在吹牛和抒情中产生幽默。切忌先笑不已，而应该用大智若愚去拯救对方，因为自我嘲弄比自我美化好，一脸聪明相不如一脸傻相。也可以学会突然把不相干的东西扯在一起，故作大言不如自我调侃，即便是歪理也要歪得有理，更为关键的是要有真诚与实感。

掌握了以上的功能，那么，丑人就会在自我调侃中变"美"了。虽然错位得离奇，但能够巧合得精致，因为"理儿不歪，笑不来"，或者根本笑不起来。

孙绍振认为在人世间，只要你愿意且有水平幽默，幽默就无处不在。例如，意在表明自己清高的人能够这样说：严重的恐高症，害得自己终身无法低头捡到钱。敢于面对困难挫折的人则会说：今天淋雨了，确实担心自己会可爱到发芽。为失眠症所困扰的人也有幽默：除了睡觉时间不想睡，其他时间都想睡觉。一个段子说：暑假到了，一非洲留学生认为山东太热了，准备回非洲避暑了。

孙绍振是一位无可替代的幽默大师，那么撰写孙绍振的"传"，就不能不说说他独有的"孙氏幽默"。他的幽默不是滑稽，因为滑稽常常让人只想到引人发笑的丑角表演；也不仅仅只是风趣，或许风趣被人们认为只是轻松地笑一笑，没有特别的含义。幽默不仅集滑稽诙谐风趣于一身，且又意味深长，是一种内隐的表达方式。孙绍振在解释幽默一词时，这样概括之：在人类宝贵的心灵财富中，幽默感是最神秘的。你不能指望它帮助你解决发明创造的难题；它也不是一种操作能力，你不可能依靠它提高企业的产品质量；你工资入不敷出，它不能变成钞票；你考试成绩下降，它不能变成分数。它的特点就是既不科学，也不实用，它是情感的优裕和自由，只有心灵天地特别宽广的人才能获得这样的自由，而这种自由就是美的象征。因此，它才有那样神奇的力量，在人生纷至沓来的困惑中，它会帮助你化被动为主动，以轻松的微笑代替沉重的叹息。当你在严重的沮丧中不能自拔时，它会给你一种魔法让心灵的翅膀飞起来。

这种解释是有深度的，亦隐含着别一种幽默。

二十年前由中国作家出版社出版的《美女危险论》，收录了孙绍振幽默散文四十余篇，幽默论文数篇，这些作品充满了谐趣。在幽默散文家中，孙绍振是唯一对幽默逻辑有特殊研究的。其幽默理论之核心为"逻辑错位"，制造幽默就需逻辑诡异，尤善歪理歪推，将谬就谬，在荒谬中见深刻。有一位既是作家又是责任编辑的女士针对该书说："孙绍振先生的幽默达到了中国文人幽默前所未有的坦白和自然，《美女危险论》的出版，是中国幽默文学一次解放性的突破，她有可能改变中国幽默散文的语言模式。著作中充满了谐趣和不老的激情……"

书中描写了著名文艺评论家、诗人谢冕教授。孙绍振说谢冕家的藏书"迅猛地膨胀"，当他来到那显得窒息的书房之时，不得不堆了一脸的苦笑。说向来号称整齐的谢冕，连过道都不放过，居然堆着高及胸口的杂志。而他那书房则成了书堆的峡谷，孙绍振说他只能"像海底的鱼一样侧着身子'钻'进去"。

当孙绍振说起他若干很有才气的学生的时候，心情很是舒畅。胸前佩戴福建师大校徽的中文系师生，从根本上说可以分成两类：第一类，以其品格和学业为学校增光的,这是少数;第二类,学校以其历史和成就为他们增光的,这是多数,其中包括那些获得了最高级职称的。等到谢有顺等一批学生的出现之后,孙绍振觉得这个想法还要加以补充:为校徽增加含金量的不仅仅是那些公认的权威教师,而且还应该包括如谢有顺这样脱颖而出的学生。他顺着这个意思感慨地说,在我们这个多山的省份,人们的艺术和学术目光免不了为高耸的武夷山和太姥山所阻挡。乡土观念奇重的福建人,一辈子把大王峰当作喜马拉雅山的大有人在。而谢有顺却以1.73米的个子站在大学嘈杂的宿舍窗口,目光一下子就超越了武夷山的大王峰。

孙绍振曾把所教过的学生也分成两类,一类是可爱的,另一类是可憎的。当他说到一个富有才气的学生时同样感叹:上帝对人是很不公平的,虽然在一切方面都很大度,不惜把最美好的品行给予人类,但是在才气方面却很吝啬。也正因为如此,伯乐才比千里马更为难得。如果能发现并培养出一个比自己更有出息的大才,那么假设一辈子只能当一回伯乐,自己也觉得值。于是,他在这位有才气的学生面前当起了伯乐,毕业的时候力荐他留下来当助教。有关方面见是孙教授推荐的,立刻高度重视,便通知这学生去考外语。而这学生却不识抬举,以为这是学校故意为难他,气得当场拿起墨水瓶子一扔,哗啦啦地砸碎了一扇玻璃门。这种无端生事的行为,校方岂能容忍?但对他恩重如山的孙教授却并不以为意。黎巴嫩裔美国诗人、画家纪伯伦曾写有一首长诗,诗中说有一个人死了,来到天堂门口,守门的问他,这一辈子做过什么好事没有,他说,没有。于是他被天堂拒绝了。他又来到地狱门口,人家又问他这一辈子做过什么坏事没有,他说没有。于是他又被地狱拒绝了。这个人大概以后就成了永远流浪的孤魂野鬼,游荡在天堂和地狱之间。但孙绍振认为这个用墨水瓶砸玻璃门的学生和纪伯伦笔下的那个倒霉蛋大不同,他正因为可爱,所以才可恨,也许正因为他可恨,因此才更加可爱。孙绍振很自信地认为,该学生日后不可能落到在天堂和地狱之间流浪的下场,他无疑是一个天堂和地狱都受欢迎的家伙。

无处不幽默的孙绍振,连吃饭都成了他幽默的话题。他认为"人口"这个词,顾名思义,人就是口,口就是人。好像人只剩下了一张嘴,除了嘴巴什么都没有了,连脐下三寸都成了空白。同理,诸多话题都与此有关,比方夫妻两人就叫成了"两口子"等等。

从"人口"这样意味深长的构词法引申开来，就把什么事情都和吃联系在一起了。一般草民，问他是做什么的？他常常会这样回答：挣口饭吃的，好像除了吃饭什么也不干似的。旧时上海一些流氓，坦然宣言自己是"吃白相饭的"。"白相"，是上海话，就是无所事事，整日游逛。西方留学生在中国学中文，总是弄不明白，为什么用大碗吃饭叫作"吃大碗"，到食堂吃饭叫作"吃食堂"。他们的想象力不行，无法解释食堂被千万大学生"咬噬"多年，如何仍旧能够傲然挺立？他们更不能理解的是，家住农村，青山绿水之妙不在养眼，空气新鲜之优越不在养肺，而是有利于口腹之欲：叫作"靠山吃山，靠水吃水"。吃水的样子还马马虎虎可以想象，无非是嘴巴张得大一点牛饮。"吃山"怎么吃？如果真"吃"起来，说不文雅是轻的，说其姿态恐怖，半点不为过。

孙绍振把话锋一转：这不能说明中国人特别馋，相反，吃在中国人心目中绝对不仅仅是口腹之欲，而是与人的生命质量息息相关的。精神品位档次最高的人物叫作"不食人间烟火"，屈原的品质是高贵的，所以他吃的东西就不一样："朝饮木兰之坠露兮，夕餐秋菊之落英。"品质特别恶劣的人却叫作"狗彘不食"，而特别凶残的人则叫作"吃人不吐骨头"。饥荒年月，树皮、草根、观音土，因为暂且可以解除饥饿的痛苦，也用来充饥。早在西汉时期，司马迁《史记·郦生陆贾列传》强调说："民人以食为天。"原义就是人民以粮食为生存的根本，形容食物的重要。

战争年代，敢于献身革命，意志坚定者，也与吃有关，在30年代的红色根据地，就有民歌唱道：

要吃辣子不怕辣，
要当红军不怕杀。

革命者视死如归的英风豪气和吃的联系一目了然。

吃不但意味着人的生理功能，而且还可以阐释人的心理素质。胆子大叫作"吃了豹子胆"。最富于情感成分的要算"吃醋"，女人吃得特别认真。比如林黛玉，她的大部分审美情操都由"吃醋"而来。不切实际的空想叫作"癞蛤蟆想吃天鹅肉"。在汉语里，阐释人的命运也由吃来承担。孙绍振说他在昆山念中学时，班上有个男同学同时和两个女同学谈恋爱。一个密友私下问他，你究竟要哪一个。他回答"两个全要吃吃"，也就是"通吃"之意。苏南地区曾有这样的谚语："牛吃稻草鸭吃谷，各人自有各人福。"

因为吃与命运有关，所以吃的语义就和人的一切成败得失联系在一起。外部形势严峻，或者手头的钞票不够用，叫作"吃紧"。"吃一堑，长一智"，用吃来形容倒霉与智慧之间的正比关系。对于外来的横逆威武不屈，叫作"不吃这一套"。"吃香"，"吃得开"，说的是这样的人处处游刃有余，能够受到广泛的欢迎。

以上仅仅是孙绍振《论国人之吃》一文中的部分内容，通篇无一句不让人印象深刻，因为无一句不幽默。

孙绍振的幽默代表作《美女危险论》是一篇幽默中不无伤感的文章，故事让人唏嘘不已。说是当年在华侨大学有个中文系的女生，美得如同童话中的白雪公主，甚至还比白雪公主多了两个酒涡。一旦笑起来，不但比眼下的那些女影星灿烂，而且还比她们高贵，纯洁。这样，不但理所当然地成为系花，而且男生们无法管控地纷纷爱上了她。但60年代的大学是禁止大学生谈恋爱的，华侨大学的禁令尤烈，还警告男女生恋爱"不得转入地下"。然而，这位系花还是被包围在汹涌的爱的暗潮之中。她年纪尚轻，不谙世事，春心荡漾中不能自持。于是她满园里拣瓜，拣得眼花，只要驯顺者她都拥之则安，伴之则暖。男生们在趁隙插足中，不期而然地展开了驯顺的锦标赛，冠军由此不断更迭。其结局终是惨剧，在一枚手榴弹的爆炸声中，她香消玉殒。

善良的孙绍振，曾经在悲伤中总结出他后来传扬甚广的名句"美女危险论"，说道：美是可以害死人的，西施因为美被无奈地当成政治工具，而丑陋的东施却活得好好的；王昭君因为美而被弄到内蒙古"插队"；当年欧洲的海伦之美，冠绝希腊，为了争夺这世上最漂亮的女人，引发了长达十年且死了十几万人的"特洛伊战争"；神话故事中的潘多拉，因为打开了装满邪恶的魔盒子，把全世界的精神都污染了一下，这不是没事找事的惹祸？

类似因为美女引发的人间悲剧，在世界传说与神话故事中还少吗！

生来厌恶平庸的孙绍振,天生的、自然而然的伶牙俐齿,总是情不自禁地要把话说得精彩有趣,再加以调皮的色彩,力求与众不同。就这么几点,再加上特有的智慧,就形成了他独具一格的幽默。承蒙天赐的幽默感,他的幽默方式和幽默水准也就节节攀升。"语不惊人死不休"的特质,让他在无话不幽默的生平中,获得了广泛的赞誉,也成就了他讲坛上的地位。但是他在口出幽默的不平凡中也遭受到"不平凡"的磨难,长达二十年的坎坷命运,断断无法从记忆中抹去。

60年代初期充满了饥饿的岁月,当他从北大"荣调"华侨大学后,即便困难局面已有所好转,但仍然在定量供应的大米之外搭配有百分之二十的地瓜一类杂粮。三年困难时期一过,饥饿感稍有缓解,人们渐渐地不那么重视地瓜等杂粮的存在了。剩余的地瓜干便晾晒在走廊栏杆上,常常让风一吹,就掉落在地上,散落于地的地瓜干难免遭受众人的踩踏。几乎与此同时,一位女同事发现反复蒸了三次的一盒饭,闻闻有发馊的怪味,于是在无奈中倒了。更可惜的是,此饭中是埋藏有几块罐头猪肉的。孙绍振闻知,灵感便神差鬼使一般地出现了,于是对那女同事张口就把杜甫的名句改成:"你是'朱门酒肉臭',我们是'路有地瓜干'!"在众人的哄笑中,孙绍振的荣誉感顿时得到满足而喜不自胜。

然而,就这句只属于滑稽,还达不到幽默高度的玩笑话,却埋下了祸根。要么被系主任叫去查问,要么在多次莫名的批判会上这句"路有地瓜干"的名言都要拿出来示众一番。阶级斗争的紧箍咒,使孙绍振在心惊肉跳中难挨其痛苦的岁月。同时也迫使他苦苦地思索,细细地反思,久久地反刍,给自己下的结论是:这张嘴不好。意识到常常追求新异的、与众不同的表达词语,是万恶之源。尽管意识到了,但如何地"脱胎换骨""夹起尾巴做人",也实在太艰难了。于是自我修炼,就成了那个时期的要务。他常常把一顿饭宁静地吃完,既战胜了自己舌根发痒的冲动,还能做到不附和任何人说的俏皮话。这种自我保护的措施,强制压抑着自己幽默的天性,实在也是一种痛苦。

后来,孙绍振终于感觉到思想打胎术的成功率和政治安全系数成了正比。他痛苦地体会到,在特定的某些时期幽默是一种危险的追求。有很长的一段时间内,孙绍振特别痛恨自己这张快嘴。怎么办呢?思想斗争之后,上下两唇用针线缝起来是不可能的，闭嘴应该是可以做到的。于是在非常时期中孙绍振不再高谈阔论，尽可能让自己的言谈变得平庸、平淡且枯燥。冬寒过后，大地回春了。一段时间"冬眠"后的孙绍振，舌头恢复了舞蹈的感觉，更加勇毅地追求着即兴发挥的机会。

幽默让孙绍振的演讲赢得了广泛的听众。有一次他被邀请到福州大学演讲，题目就叫"雄辩与幽默"。但那天该校在举办"青年歌手大奖赛"，恰巧演讲厅与赛场面对面，主办方担心演讲因为此赛而少了听众。但历经风雨的孙绍振决定日期照旧，按原定时间演讲，无论听讲者多寡，照讲不误。到了时间，孙绍振一登台便满脸挂笑地说："看到这么多小伙子与姑娘们站在走廊里，不由得由衷地感动。因为你们一定在年轻的歌手和这个老头子之间作过比较，在说的和唱的之间，选择了说的。因为你们坚信，说的肯定比唱的好听。"一段开场白瞬间就让走廊内外的听众都笑了，哗啦啦的掌声腾空冲出，不多时，教室里的空位就被填满了，甚至连走廊里都人头攒动。孙绍振和他们之间的情绪沟通了，一种互相鼓舞的氛围也就形成了，哪怕是他一个简单的动作，甚至一声咳嗽都赢得听众们的掌声。

有些外国人认为中国人不幽默，中国人真的缺乏幽默感吗？一个加拿大朋友说，中国人只是在正式场合不敢幽默，孙绍振认为这还相对公道一些。有不少同胞也会认为西方人更幽默，甚至还有黑色幽默，到了绞刑架下还幽默得起来。有一个故事这样描述，说一个绞刑架下的死刑犯人，对着那在风中飘动的绞索，一本正经地问行刑吏：这玩意儿会不会断啊？还有一个死刑犯人，走上受刑台，把大衣领子竖得很高。执行者请他把领子放低一点，以免影响绳子的效果，他却一本正经地拒绝了，说：把领子放低，会感冒的。根据这些事例，中国人有这份超脱吗？

其实，中国人哪里会缺乏这样的雄浑与气魄？最著名的莫过于清初文学批评家金圣叹了。他临刑时还和刽子手开玩笑。此前他拿了一包东西给刽子手，叮嘱说："做好看些。"刽子手掂掂，很沉，以为是银子，就把刀磨得很快，执行得干脆利落。等到回家，他打开包一看，原来是一块砖头，还有一张纸条，曰："好快刀也！"

金圣叹的笔下还写过一个姓邢的进士，他身材很是矮小，人称邢矮子。

他在一方地盘上当县令，劫贼抢了他的钱财还要杀他。正当劫贼举刀的时候，他说："人家称我为邢矮子，如果你再把我的头砍掉，我不是更矮了吗？"劫贼听后大笑，这一高兴，也就放下了刀子。一般人在死到临头的时候，对于死亡的恐惧会压倒一切自由的思绪，这个进士级别的县令，居然能超越死亡的痛苦和绝望幽默了起来。由于超常的幽默，挽救了自己的性命。类似这样的故事，难道还不够精彩？

孙绍振还从中国古人的幽默说到现代人的幽默，说有一位福建师大中文系的学生，有一册文集请他作序。孙绍振在审看书稿时，发现文中有这么一则，看后，自己终生难忘。这位学生说他当兵时有一个战友在国家需要的时候上了前线，临行前交代他，如果回不来，请他代为整理遗物。结果是，战友在前线牺牲了。他去整理遗物时，发现有一包香烟，上面还有一封信。打开一看信上只有一行字："谢谢你为我整理遗物，请抽烟。"在生死关头仍然幽默得起来的，这是让我们敬仰的英烈。

孙绍振认为，在中国现当代文学史上，幽默散文的遭遇可谓是大起大落。早在五四时期，幽默散文的地位就很高。那时，高耸于文坛的鲁迅，无疑是一个幽默散文大师，幽默就是他杂文风格的显著特征。

博览群书的孙绍振，知晓中国古代文人不管写诗还是写散文，一般是以追求美化和诗化为主的，而自我丑化的少之又少。以自我丑化为文的，金圣叹应当算得上数一数二。他在批注《西厢记》"拷艳"一折中，一连写了几十个"不亦快哉"，不追求美化和诗化，坦然自我"丑"化。看人家放风筝，线断了：不亦快哉！幸灾乐祸本来是不登大雅之堂的，却堂而皇之地写在文章里。再如，"闷热天气，前后庭赫然如洪炉，汗出如注，苍蝇纷飞。饭不能食，忽尔大雨倾盆，身汗尽收，苍蝇尽去，饭便得吃。"于是他率性高呼："不亦快哉！"猫抓了老鼠去，他欢呼："不亦快哉！"私处有癞疮，以热汤澡之，他也欢呼："不亦快哉！"这种事情本来似乎与诗意的美化距离很远，甚至有点丑的，但他的率性却是真性情，可以说是一种丑中之美。

这在幽默中属于"自我调侃"一格。

"真性情的自然流露是抒情诗的特征"，英国诗人华兹华斯就是这样主张的。抒情是美化和诗化的，本来是与幽默的调侃搭不上界的。若是真性情流露到不怕丑的程度，就有点儿荒谬感。世间事与书中语言一旦荒谬，就有点好笑了，也就有了幽默的性质了。越是荒谬，越是好笑，也就越是有幽默感。例如，金圣叹说他老早就想当和尚，又苦于不能公然吃肉。如果能既做和尚，又能公然吃肉，那么夏天里拿热水、快刀，把头发剃干净了，不亦快哉！这种幽默中的自我调侃，在幽默理论中，当属于幽默的上品。

孙绍振认为自我调侃，是一种以丑为美，但必须要有分寸感，不能太温，又不能太火。不管多煞风景的事，不能有伤大雅，不能给人品质恶劣的感觉。金圣叹说他有一天早上起来，听说城中有一个人死了，他居然也幸灾乐祸地"不亦快哉"。如果是针对心地善良的人，就太恶毒了，但是，他事先问明了此人乃"一城中第一绝有心计人"。于是，这一说，这种坦荡就能引起读者会心的微笑了。

诸如此类，金圣叹在《不亦快哉》一文中，多达三十三则的"不亦快哉"，涵盖了思想与生活等人生的方方面面。就是十分隐秘的私生活，也呼之为"不亦快哉"，因此有人说金圣叹有道不尽的"不亦快哉"。孙绍振为之叹服的是，金圣叹在自我暴露，化丑为美方面所把握的分寸感，绝非一般人所能及。身为封建士大夫，能够事事坦率到自我暴露的程度，坦然地把自己的私事主动、公开地披露，并觉得由此而得到解放，这是要有一点勇气的。

梁实秋先生就模仿这种"不亦快哉"的笔法，在《来台以后十二大快事》中，一连写了十二个"不亦快哉"。但是，梁先生毕竟是绅士，并不模仿金圣叹的自我暴露，而是继承他的自我调侃。其中有写到吐甘蔗渣的，不过梁实秋先生不是暴露世人的不知清洁，而是转而作自我嘲讽："于烈日之下，口干舌燥，遂于路旁，小摊之上，随手购得甘蔗一支。随嚼随吐，既可立解口渴，又可为扫地者创造就业机会。不亦快哉！"林语堂也有《不亦快哉》之作，不过不如梁实秋的潇洒。自此"不亦快哉"之风遂风行海内，绵延不绝。李敖作《不交女朋友不亦快哉》《不讨老婆不亦快哉》等等，极尽嬉笑怒骂之能事，以玩世的姿态写他的愤世之情。他认为仇家不分生死，不辨大小，不论首从，从国民党的老蒋到民进党的小政客、小瘪三，都聚而歼之。倘能如此，不亦快哉！又说：看淫书入迷，看债主入土，看丑八怪入选，看通缉犯入境，不亦快哉！李敖虽然不满柏杨，但是其幽默和柏杨有一点相同，那就是不怕丑加不怕赖，故意把自己写得很不堪（看淫书）、很顽劣（以快速和慢速放影碟）、很无聊（和小狗咬来咬去）、很散漫（用脚趾开水龙头）。然而就是在这种无聊和顽皮中，显示了他在政治和学术上的原则性和坚定性，以自己的极其藐视世俗的姿态而自豪。他的幽默好在亦庄亦谐，以极谐反衬极庄。

自我调侃之要诀乃尽写自我之尴尬，越是把自己写得傻乎乎，越是显得心胸开阔坦荡，也就越是可笑：盖笑乃心灵间最短之桥梁也，与读者心照不宣地相传于最短的桥梁上，越是能与读者心心相印，进入共享"不亦快哉"的境界。对于类似苦涩中的幽默，孙绍振不吝笔墨地予以赞赏。

孙绍振在时时事事中都尽情地挥洒幽默，因此，在自己的岁月中总感觉到每天都是灿烂快活的日子。90年代初，孙绍振圆满地结束了在美国南俄勒冈大学英语系的课程，准备开始向往已久的环绕美国之旅。在南俄勒冈大学英语系与孙绍振合作的桑德拉教授，热情地开着车子把孙绍振送到了机场。到了梅德福机场，看看离登机的时间还早，便在候机大厅里面东南西北地闲谈。桑德拉教授是个女权主义者，曾经跟随丈夫马可先生在香港教过大约八年书，对中国文化一点都不生疏，尤其是对花木兰式的女英雄相当崇拜。但是这并不妨碍她又是一个善解人意的女性，她是犹太血统，善于理财是不必说的。在美国生活久了，也知道许多可以省钱的窍门。这次来机场，她提出由她开车，既是友好，也是为孙绍振省去至少十美元的出租车钱。她虽然没有明说，却能让人心领神会。

在他们候机的过程中，忽然扩音器里传来一则通知：由于工作不慎，本次航班多卖出三张机票，如有旅客自愿推迟一天出发，航空公司方面将立即奉上三百美元支票。对于这个意外的创收机会，孙绍振不可能充耳不闻。但看了一下这位美国女教授，却什么表情也没有，不得不让孙绍振怀疑自己是否听错了。但不久，那让人心骚乱的广播又响了起来，孙绍振再次倾耳细听。千真万确！只要愿意推迟一天，立刻能获得三百美元，机会实属难得。于是又看了看这位女教授的反应，仍然是让人悲催的一脸漠然。第三次广播以后不久，孙绍振已经绝望，只好悻悻然随大流登机。

从候机室到登机舱梯前，仅仅三分钟的路程，孙绍振分分钟都在期盼这位平时善解人意、善于理财的美国女性能够向自己看一眼，以表示征询，让自己有个机会，先是作犹豫不决状，尔后作认真沉思状，作极不愿意状。然后她再以美国犹太人善于算账的精明，热情地为优秀的合作者打算：比如，在南俄勒冈大学旁租赁的那间公寓，一个月也不过二百美元；一个月的伙食，也不会超过一百五十美元；从旧金山到中国厦门单程的机票，在减价期间，也就是三百美元左右。何乐而不为呢？那时，自己则可以从容不迫地装作出于人道主义的精神，由于被怂恿着、被推搡，勉强地、被动地，虽然反抗，却力不能胜地，怏怏然地走向机场办公室。由于她不容分辩地代为说明，迫于情势，别无选择，考虑了机场方面的窘境，又因为四周包围着的美国人反复恳求，为了给他们解困，不得不勉强同意。

然而，这个"糟糕"的女人，平时尽管心窍玲珑，这时却形如枯木，心如死灰，脸色比修道院里的洋尼姑还要缺乏生命应有的鲜活。虽然双脚登上了飞机，但关于奖励三百美元的广播还在响。每分钟都由希望和失望交织着的孙绍振，觉得自己的心脏仿佛变成了一面鼓，每一声广播都引起自己从腹部到臀部的强烈震动。可恨可怪的是，美国乘客大都把脸埋在报纸里，简直是像在看《花花公子》那么入神。此时犹在耳畔的广播声似乎已演化成一种魔咒，念得孙绍振烦躁不安。此时又算起了三百美元的账，这笔款相当于二千多人民币，也就是相当于自己心仪的、但掏不出银子购买的录像机，甚至还是一台电视机的价钱啊，眼看就这样付诸东流。

看看在自己前后左右的那些美国人，原本常常为了每一个硬币，愿意坦然地与对方据理力争的。可是今天却换了一副面孔，个个都假装成资财雄厚的阔佬，在三百美元的诱惑面前无动于衷。如果不是真大款，难道就是为了和自己这个中国人作精神层面的较量？难道他们就放弃了美国作为立国之本的实用主义？孙绍振实在不能甘心让这样的煎熬继续，就对身边的一个美国人说了这事。这个家伙立刻以乔丹空中投篮的灵敏，从座位上跳了出去，连向这位中国来的"施主"道谢一声都来不及，还抢在一位女士的前面接过三百美元的支票。粗野的美国人哪，完全没有英国绅士的那种骑士精神。这必定是粗野的西部牛仔的后代，临下飞机还向着已相隔一小段距离的孙绍振，还不至于那么忘恩负义地回过头来吹了一声口哨。但这声口哨又让孙绍振刚离开的失落感再度回归，他想这声口哨原来应该是自己对他吹的，却让一个老美白捡了个便宜。自己那没有吹出来的口哨，可能是世界上最为昂贵的。

更加值得的是，那一次"吃亏"的感觉，化作多少次心理治疗的良药。除此之外，它还能成为和朋友在一起吹牛的资本，大笑的主题。由此孙绍振认为自己的心理健康水平提高了许多，还有无价的寿命又由此而延长了。

孙绍振认为，"三百美元事件"的发生，除了上述的收获之外，还有一点意外的收获。因为在此之后，自己显然大方得多了：每当为一件比较贵重的衣物的价格而犹豫的时候，一想，不过是几块钱的一件T恤衫，何必为之斤斤计较呢？老子连三百美元都不在乎！在众多围观者的瞠目诧异之下，战略决策就在分秒中确定了，一件名牌衬衣的发票就很潇洒地到了自己的口袋里。从买名牌衬衣延展到去豪华酒店用餐、到购置家具等等，每当觉得因为花费不菲而犹豫不决时，那三百美元又跳将出来，提示自己当机立断。屡试不爽后，孙绍振觉得那三百美元常常让自己海阔天空。

以上多达二千多字的幽默故事，是孙绍振在美国梅德福机场的一次遇见。这种遇见，只要经常乘坐国际航班的人并不鲜见。在"三百美元事件"中，孙绍振既有普通人的普通感受，又能产生一般人产生不出来的思绪。即便是心动或是心疼、抑或是后悔，都离不开君子之风。原本是可以遵古训"君子爱财取之有道"的，但他又不是一般的君子，有着自己独有的气度和解决问题的方式。特别是善于把当时免不了要激烈起来的思想斗争，转化为幽默。这种幽默虽然同样包裹着常人的各种感受，但又不乏君子之道。让自己在这种别一样的幽默中获得了思想上的解放、精神层面的升华，这种幽默之道也就是孙绍振之道。

在孙绍振戏说动物的文章中，最逃不脱的就是狗。每每看到让主人牵扯着满大街溜窜的狗，孙绍振就无比困惑：为什么爱洁成癖的德国、美国漂亮女人，能够如醉如痴地抱着狗亲吻而不觉其脏？1990年他在德国看到有报道说他们前一年全国增加两万人口，就认为是一伟大成就，乃大肆庆祝，原因是他们那里的人口已是负增长。孙绍振曾经和一个德国教授探讨，他讲了一大车子话，怪新一代德国青壮年缺乏家庭责任感，根本懒得生孩子。孙绍振当即反驳说，他们看来还是有责任感的。许多青年家庭都有一条以上的狗，每天早上把狗屎盆上的小石粒倒掉，晚上带着狗去河边遛。他们还像香港人

"孝顺"孩子一样,挖空心思选择贵族化的名校训练它们作各种乖巧动作,并且还有考试成绩。这不就是责任感?

孙绍振说这段话是有根据的,因为他在德国当访问学者时,他的房东西蒙夫妇的狗菲力克斯戴着颈圈皮带的考试成绩是两分(最高分是一分),不戴皮带也是两分。最后以优异的成绩毕业,获得贵族狗校文凭一张,不过封面上的照片不是狗的,而是西蒙先生的。西蒙太太很为菲力克斯的文凭而骄傲,把它和自己的结婚证书一起放在一只镶满珍珠的古董盒子中。孙绍振对此大为惊异,突然想起一个波恩大学法律系的中国女留学生曾经告诉过自己的一句话:德国人养的狗比他们养的孩子还多。他脱口而出复述了这句话后立刻深深为自己失言而脸红,然而西蒙太太不但没有嗔怪之情,反而颇为自豪地说,这就是德国人可爱的地方。

后来孙绍振到了美国,仍然到处都是狗。美国的狗更受主人们娇宠,你一进门,它就扑过来,对你显示那西方美人般的热情。还把柔软的然而脏得发黑的前爪伸给你握,完全是一派古典浪漫主义的诗人风范。有时还不以用冰凉的鼻子摩擦你的脸颊为满足,还要像契诃夫在《文学教师》中所写的一只狗那样,在你吃饭的时候把头搁在你的膝盖上,并且把它的馋涎,毫不吝啬地留在你特为做客而买的名牌西服裤上。最令人恼火的是你不能粗暴地一脚把它踢开,因为早有同事提醒过你,做客讨好女主人最好的办法就是夸奖她家的狗比她家的孩子更聪明。

好容易把一餐饭吃完了,终于摆脱了那狗过度的浪漫友情,逃到沙发上喝咖啡。这时的孙绍振松了一口气,因为那狗感觉到对客人的热情大概已经表现过分,也许为了对女主人表达它是怎样一碗水端平的,乃去"猴"在女主人的大腿上。女主人也乘势将它如婴儿、如情人一般搂在怀中,作包括亲吻在内的爱抚。此时一身轻松的孙绍振为自己的解脱十分庆幸,狗吐唾也好,狗自身的腥味也好,反正是远观他人嗜痂之癖,陡增自身爱洁之优越感,同时又不无虚伪地称赞她家的狗很"热情"。回家以后隐隐感觉到自己身上有种可疑的狗腥气,虽把沾有狗唾味的裤子换了仍然无效。仔细钻研之后,原来那天做客时,孙绍振不幸穿的是毛衣,竟把朋友家沙发上的狗毛沾带了回来。足足花了几个小时,才把毛衣上的狗毛一一肃清。由于虚伪地称赞了朋友的狗，此家美国朋友便真诚地又来孙绍振的住处，再次邀请去他家做客。出于礼貌，孙绍振把先生和他的太太让上沙发后，就立时感到恐怖，唯恐他们身上带着的狗毛留在沙发上。但又不得不做出心花怒放的表情，欣然应允；然后绞尽脑汁，到临去前两天声称感冒。然而美国朋友说，可以开车来接自己。此时孙绍振急中生智，即兴胡编说自己侄儿的未婚妻与一位印度的妇人同住。那时印度正发生可怕的鼠疫，此种病会通过空气扩散导致被传染，得赶紧帮她去检查消毒。自此以后他看见那美国朋友就更虚伪地微笑，不过比较费劲就是了。

对狗不无同情的孙绍振说道：狗在汉语中占有什么地位呢？很低！因为其名在原始意味中就包含着卑贱的意思。用不着怎么形容，只要说"你这条狗"就是很带侮辱性的话。至于说"狗东西""狗家伙""狗儿子"，那就更狠毒了。若是说"狗日的"，那就可能引起武装斗争了。在中国人潜意识中，不管什么东西，只要跟狗一发生联系就坏了，至少贬值了。比如你的脸长得慈眉善目的，头部像神佛一样。可是一旦和狗有一点点相似，就叫作"神头狗面"，那就很叫人自卑的了，比獐头鼠目还低一等。汉人不知为什么那么恨狗，有时恨得专横，只要是不赞成的事加上个"狗"字，就能把香的变臭："狗主意""狗德性"。有时则恨到狗的每一个部分，从头到脚："狗头军师""狗腿子"；从眼到嘴："狗眼看人""狗嘴里吐不出象牙来"；从脑到肺："狗头狗脑""狼心狗肺"。中国古代解剖学并不发达，但在诅咒狗的方面却是大放异彩。庖丁解牛，世称绝技，而以狗骂人，没有一个不是天才。把狗的每一个零部件都拿来损人，连狗尾巴也逃不过："狗尾续貂。"最不堪的是，小时候曾见狗在街头巷角交尾，竟有人用竹竿把它们从中间抬起来，像听摇滚乐一样听其惨叫。

善良的汉人对狗实在成见太深，而且毫无道理，完全忘了孔夫子的"忠恕"之道。就算是狗有《圣经》上强调的"原罪"，也该允许救赎吧？但偏偏从古至今都流传着这句话："狗性不改。"这还算是文雅的，还有一句粗俗的话叫作"狗改不了吃屎"。哪怕狗抓了兔子，立了大功，其结果还是被放在锅里煮，叫作"狡兔死，走狗烹"。一旦碰巧，发了财，中了六合彩之类，没人会称赞竟然走了鸿运，而说的是"走了狗运"。至于狗倒了霉被主人家赶出了门,就被嘲笑为"丧家狗"。弄到了走投无路落了水,够惨的了,是时候该可怜它一下了,但是还是不能饶恕。因为要"痛打落水狗",给痛打者增添了明显的快意。

这实在是中国的特殊国情,与狗的情仇到底从什么时候开始的?面对落水狗,要是在欧美看到湿淋淋的、发抖的狗,如不把它抱起来亲个吻送到"动物流浪中心"去,不但要受到道德的谴责,而且可能受到动物保护法官的追查。因此孙绍振不无遗憾地揣想:不管中国什么人,如果跑到德国莱茵河上去痛打落水的狗,试试看会有什么后果。别说一般的旅游者,即便是享有什么威望或很大名气的人,也是要被罚款,甚至坐洋牢的。不要说狗,就是对被钓起来的鱼,如果有什么中国人在德国开饭馆,像在台湾、上海那样去活活地刮鳞、慢慢地破肚,以至于放在油锅里还在跳,那是非被动物保护者把你的房子烧了不可的。德国的法令规定,凡钓到的鱼只许一锤子打死再杀,不许仿效《水浒传》中的阳谷县太爷处死为潘金莲、西门庆拉皮条的王婆那样,用凌迟法,亦即一片肉一片肉地割到死去。

说了上面那些话之后,孙绍振的语调不仅平和了许多,还欣欣然地写道:话虽如此,汉人对孔夫子的中庸之道还是很虔诚的,因而对于狗也就不那么绝对地深恶痛绝。也许在汉语语义形成初期,狗不但和鸡鸭而且和龙马都是平等的,同样很受到宠爱的。它和德国人痛恨的龙同属十二生肖之一,即为雄辩的证据。全中国十几亿人口,即便平均起来,也有将近一亿人属狗。有多少属狗的当了大官,发了大财!有多少属狗的勇猛地为国捐躯,大义凛然地为民请命!又有多少属狗的是大慈大悲的慈善家!每每轮到狗年,会有千万个中国孩子出生,其中将要出现多少英雄豪杰,这是谁也不敢怀疑的。

正因为这样,不走极端的中国人,有时对狗比西方人更宠爱,比如把自己的孩子称为"阿狗"之类。发誓要超英赶美的中国人,就在狗的情感上也绝对来一个超越。你们愿意把狗当作朋友,我中国人就把它当成骨肉。最为突出的是张贤亮在《男人的一半是女人》中的一个看守所长,他对一切惹他喜爱的、令他高兴的人都称为"狗儿子",连他自己的孙子也不例外。这一点很令人惊异,但这种惊异也并不太持久,因为孙绍振后来想起自己也曾把自己视若命根子的唯一女儿叫作"小狗"。有时还叫她"小笨狗",以表示特别的亲热。这样一叫就是六年，直到第七年，女儿突然反抗曰："我是小狗，你是什么？"这时的孙绍振才如五雷轰顶，由此想到自己身为教授，而且钻研过因果律，居然不知道自己犯了差不多两千天的逻辑错误。也就是说，骂了自己两千天，而且还骂得乐滋滋的。由此他从中体会到：自己骂自己骂得有点如痴如醉，如同白痴。似乎只有这样，才具有人伦之乐。一旦清醒了，因果律明确了，就只能像《水浒传》英雄初吃蒙汗药那样："心中暗暗叫苦。"

然而，在几乎无人不说孙绍振是幽默大师的浓烈气氛中，竟然有人要评论"孙绍振老师并不幽默的一面"。不仅说了，且还写了出来，又居然把那句不无"逆向"的话当作标题，堂而皇之地刊载于《小说评论》上。那么，谁有胆量说孙绍振"并不幽默"，一看署名，再次让人惊讶的是，此人竟是孙老师关爱下的门徒。

这是一篇谢有顺写孙老师的文章，虽然文章标题有点"反其道而行之"，但还好标题之后有"一面"两个字，于是引起了人们的兴趣，想知道并不幽默的一面是哪一面。然而，认真看了此文，文中的"并不幽默"，其实几乎通篇都是幽默，有的幽默还更加深邃和深沉。

一开篇，谢有顺就说孙绍振老师是公认的大智慧和有趣。不仅谈吐之间笑点多，而且还研究幽默理论，写有多本关于幽默答辩的著作。谢有顺在大学期间，只要是孙绍振的课是断断不可疏漏的，即便有女友相约也不会缺席。有一天，孙老师在师大文科大楼开讲座，头几排落座的大多是老师级别的听讲者，之后就是满满当当的学生辈。讲堂内苦无虚席，于是，学子们就站在门外，甚至趴在窗户上聆听。孙老师一登上讲台，先清清嗓子。此时给孙老师端茶送水的机会不可错失，谢有顺当机立断，很识时务地给泡了杯浓茶。然而，让谢有顺不无失望的是，一场讲座下来孙老师居然一口没喝。后来才知道孙老师晚上是从不喝茶的，怕影响睡眠。其实不仅仅是睡眠问题，真正的原因是满堂讲座都讲得激情澎湃，根本无暇喝水。

谢有顺还记得那天孙老师可能有点感冒，讲座间隙他擤了一次鼻子，响声太大，顿时全场肃静，面面相觑。倘若讲台上是另一位老师，或许会有些尴尬。而孙老师却能够从容地擤完鼻子，抬起头，镇静地说："我发现自己刚才犯了个错误，擤鼻涕时不该对着话筒。"于是全场大笑，这一笑，哪里还会有尴尬？由于孙老师的讲座实在精彩，讲足三个小时也停不下来，以致管理文科大楼的老大爷只好以关灯表示抗议。最后几分钟，大家是在一片漆黑中听完的。

这就是幽默之师的魅力！

他的讲座、课堂如此，他的家里也常常高朋满座，似乎各色人等都可以去他那并不宽敞的客厅高谈阔论。谢有顺至今还快活地说，孙老师面对来家的学子们，大概每隔几分钟就来一句调侃之类的话，气氛一轻松，连在场的小辈们说话也都放肆起来。很多人喜欢叫他"老孙头"，他也毫无意见，照单全收。因为他既不喜欢人家板着脸孔说话，更不会让自己拿什么架子吓唬人。在他看来，只有心灵自由了，才轻松得起来。有一次，孙老师到学生宿舍来找谢有顺，那时正流行穿文化衫，孙老师也很赶时髦地穿了一件前面写着一行"别理我，烦着呢"的文化衫。一位大教授，就这样毫不在意地闯到学生宿舍来，着实让大家欢乐了好一阵子。

但凡是孙老师的弟子，就读师大时都会有很多的美好记忆。谢有顺说，那一大摞的美好都和孙老师有关。谢有顺后来在他任教的中山大学，高兴地听到中大的老校长黄达人先生的这么一个观点：大学就是教授。这话是真理，一所大学有怎样的教授，就会给人留下怎样的印象。福建师范大学并不是什么名校，但在文学界却是很有名的。这"有名"两个字，难道不是孙老师"题写"的？很多认识并崇拜孙老师的作家、学者，一听说谢有顺毕业于福建师大，大多会以孙老师作为交谈的话题。每每与谢有顺说起孙老师，间或说一两段孙老师的趣事，兴味就四溢了。

大家都觉得，这真是一个幽默的老头。但谢有顺却认为孙老师并不总是欢乐的，他不幽默的另一面，有时更让自己着迷。只有在人很少的时候，你才会碰到孙老师沉思的甚至是沉重的这一面。他这一代人，所经历的是出了那么多怪事情的年代，是那么地让人匪夷所思的岁月。然而，在那非常时期，在那走投无路都不足以刻画其难的处境，孙老师依然还能大笑得起来，的确是一般人难以企及的。能够坚持幽默的孙老师，内心该是如何的坚韧和强大！他自己的人生，有过惊涛骇浪，命悬一线的时候也已有过多次，但孙老师内心很清楚现实的残酷和虚无。很多时候，他其实是在冷眼地看着这个世界。

在他的心里，永远有一块自己的领地，孤傲地存在着。

孙老师虽然幽默，但从不游戏人生，他表面好玩，内心却在善良中沉重，他的深刻正源于此。

十几年前，谢有顺陪同孙老师去华东师大开会。中午的时候，他对谢有顺说："下午我们逃会吧，你和我去一个地方。"于是师生二人打车去朱家角，路上才知道，他曾经在朱家角读过小学，已经五十多年没有回去过了。到了朱家角，他还能记起每一个地方，当时开的是什么店，什么人在那，他在哪读书，在哪理发，记忆力真是超群。然后，师生二人循着一个并不清晰的地址，去找他当年的语文老师，好不容易找到了。那是一间小矮屋，满目的破旧和荒凉，足见他老师的生活是怎样的一种困境和窘态。老师的多病和穷困，让孙老师于心不安，就时不时寄些"银子"去资助。此次相见，见昔日的老师贫病交迫，孙绍振内心涌出难言之苦楚。为了缓和气氛，脸上虽堆上些许笑意，内心却不无伤感。临走前，他倾囊而出把自己口袋里所有的钱都给了老师。回去的路上，话少了很多，大概是老师的际遇，想到了生活的不易、人世的多艰。孙老师在与他当年的老师言语之时，虽然也不乏幽默上一句两句，但这种幽默的另一面却是沉重的。

还有另一面，就是孙老师对生命的看法，既宽容，也执拗。那些表面的风华，他并不看重，生命走到终点的时候，能留下什么，别人如何评价，也许更重要。说到底，他推崇的是要活得有尊严，不苟且，不随波逐流。他一生因为敢说话，惹祸不少，但也不能不说话。仗义执言、拍案而起，在孙老师那里是常事。因为在任何时候他都不想匍匐在地，"自信人生二百年，会当水击三千里"。

孙老师成了名师之后，也总是站在弱者一边，竭力保护才华、保护学生。奥古斯丁说："同样的痛苦，对善者是证实、洗礼、净化，对恶者是诅咒、浩劫、毁灭。"孙老师就是一个经过痛苦洗礼的人，他当然希望自己的学生、晚辈不再经历那些不公和痛苦。他为学生的合理权益据理力争、为弱者负重承压，每每在那时，总会想到自己年轻、孤立无援的时候，特别渴望的就是这种精神扶助。人总要有个精神安居的地方，一个心灵解脱的地方。他看重一个作家的艺术才华，每当他为一部作品、一个作家的艺术世界争辩的时候，都是他最较真、最神采飞扬的时候。他的争辩，其实是在捍卫一个灵魂的栖息地——假若无它，灵魂往何处归依？谢有顺认为孙老师的这份情怀，如同他乐呵呵的表情下那份不太为人所知的孤独和沉重，标识出了孙老师的另一面。这并不幽默的一面，却有着更真实的精神光彩。或许可以这样说：孙绍振先生的幽默是充满人性化的，有了这并不幽默的一面，才让他的幽默更加全面，更让人景仰。

孙绍振自谦说自己的幽默只是一种谐趣，仍然希望大家以自我调侃来表现智慧，以笑来缩短心理距离的古今中外幽默人为榜样：钱锺书冷峻、尖峭的幽默，居高临下，世人皆醉，而他则"欣然独笑"；鲁迅的幽默则很丰富，对敌手是冷嘲，对于长妈妈那样的小人物，是宽厚地欣赏其愚昧中的善良；最高贵的幽默大师乃是俄国的契诃夫，在洞察对方的愚昧时仍然不动声色，自我贬抑，把对方从虚荣中解放出来。天下的幽默人，不胜枚举。从近处看，就在他自己的朋友圈中，幽默声也不绝于耳。诸如孙绍振已故的挚友张毓茂教授，是东北人草根式的幽默；而畏友洪子诚教授则有点接近钱锺书，在幽默学中，叫作干幽默，不动声色，坏坏的笑；舒婷的幽默，则挖苦得人家好不痛快；南帆的幽默，不动声色，平静而隽永，内涵丰厚……

孙绍振写了《孙绍振幽默文集》《幽默答辩五十法》《幽默逻辑探秘》等相关幽默方面的著作，启发人们说"幽默也是可以培养的，不必哀叹自己没有幽默细胞，不要把幽默神秘化了"。当然，觉得只要会开玩笑，会打情骂俏，就有幽默感基因，那也显然不是这样。要把普通的一句话说成有趣可笑，又意味深长且风趣诙谐，不仅需要天生性格的乐观，而且还要深邃的文化或学问。还有，滑稽幽默的类型也不一样。孙绍振说自己的幽默，追求的是一种谐趣，以自我调侃来表现智慧，以笑来缩短心理距离。自己追求的只是有点道家的顺其自然，加上儒家的独善其身，藐视争名夺利，守住清高底线，向往武侠小说中那种侠义精神。

在他八十三岁高龄的那一年，一位学生瞒着他，替自己的老师申请了一个账号，进入"哔哩哔哩"（B站），孙绍振因此成了年龄最大、也是第一位在哔哩哔哩当UP主的文学教授。

一向随和的孙绍振知道自己"荣升"为哔哩哔哩UP主，便也乐呵呵地接受了。从此顺其自然,觉得自己既然进入其中了,就要"乐享其成",和孩子们欢快地交流。古有成语叫礼贤下士,眼下就应当礼于孩子们,他们才是未来真正的希望。为了能交流出一定的水准,他在自己极其宝贵的时光中划拨出时间,尽可能在游戏性的节目中渗透学术性,在幽默中保持学术方面的严肃性,在通俗中不庸俗,在易懂中不低下。

与孩子们一起对话时,孙绍振有了一个意外收获,那就是感受到了孩子们的天真、纯净、乐观,享受着一种返老还童的幸福。非常让孙绍振欣慰的是,自己居然很受孩子们的欢迎,还有自称是孙绍振粉丝的。他的博士女儿孙彦君有天在无意中告诉父亲说:虔诚的粉丝已经过万。当然,其中不乏甜言蜜语,清醒的孙绍振也姑妄听之。他有一种警惕:有些好话是人家鼓励你的,如果盲目地自鸣得意,那么自己的思想就有可能腐败。孙绍振希望听众对自己苛刻一点,不时有质疑的声音,刺激刺激自己的思考。没有一个人的话是完全正确的,明明有错误人家不敢讲,或者不忍心讲,就是对你的不信任。他在文章里喜欢骂骂高水平的人,但是取与人为善的态度,因而,也期待有人骂骂自己。如果人家都懒得骂你了,就太寂寞了。即便有幽默的灵感,也找不到对象和场合,总不能对着镜子自己幽默。

第三节 访问学者之路

孙绍振作为福建师大中文系的学术带头人和业务骨干,进一步培养和深造成为学校和省教育主管部门的共识。时光进入 90 年代,已经出类拔萃的孙绍振,被遴选为欧洲和北美洲有关国家和大学的访问学者。于是,孙绍振从 1990 年起,就以中国学者的身份在德国特里尔大学进修,又于 1992 年在美国南俄勒冈大学英语系讲学,1995 年前往香港岭南大学访问的同时进行教育研究。无论在境内、境外或国外,在教学中,孙教授始终坚持以激起学生思考、探索和挑战的热情,以启发创造能力为宗旨。他所创造的幽默、雄辩、深邃的风格,已成为国内外课堂讲授的著名品牌。

在上个世纪，历史的脚步刚刚跨入 90 年代，能够运用多国外语，特别是英语方面具有童子功的孙绍振，戴上了访问学者的桂冠腾空而起，飞向远方。走到哪都能把多彩见闻演化为诗画一般文字的孙绍振，是一定会在访问学者的旅程中产生出自己人生经历之系列故事书的。

初到西德特里尔大学，孙绍振遇到一件自己讨厌的事，那就是延长签证。本来国家给他的经济担保是半年，可是西德不管是谁入境都只先给三个月，似乎在"逼"着你去续签的时候还会再找你的茬子。即便找不出你的什么茬子，再交三十马克的签证费是免不了的。还有体检复查，不管走进哪家负责复检的医疗机构，都得白白花去四十五马克的复检费。说不心疼是违心的，因为在德国，申请一架电话也不过六十马克。孙绍振为了节省开支，申请电话前就与一个西德大学生商议合用，只掏了三十马克。而多此一举的体检复查，便超过了装置电话的开支，让孙绍振很是无语。这种多余的复查，花冤枉钱不说，还把他吓唬得够呛。缘由是他年轻时代在胸部留下了一个小小的钙化点，认真得过头的德国医生竟然为了这个"点"研究了三个晚上，且先后三次通知孙绍振去复查了再复查，真有瞎折腾之嫌。

在续签费用方面，特里尔大学的乔教授很讲情义，明里暗中出手帮忙。不声不响地在介绍信上把孙绍振的访问学者的身份写成了客座教授，身份一变，其他方面也就跟着变。这样的改变不仅仅是称呼上的改变，因为西德人对于教授是相当尊重的。例如，去移民局报到的时候，一看到中国来的孙先生的职务原来是教授，移民局的官员就立即肃然起敬起来，马上站起来用英语对孙先生说："行，在三个月期满之前再延长签证。"但客座教授的保险费紧跟着称呼的升级而提高，每月要收走六百六十马克，可国内每月一共才给孙绍振一千一百三十马克，保险费相当于月费用的百分五十以上。后来几经周折，终于找到另一家保险公司，听说这家保险公司也许只需要二百马克左右。几经辗转，不懈争取，结果以每月九十马克就支付了这保险费，有了一个完美的大结局。

孙绍振第一次到美国大学英语系课堂里给学生讲中国新诗，心中不免惴惴，内中有这两大原因：首先，他对自己的英语是否可以五十分钟一节课从始至终，流畅到滔滔不绝的程度，还是没有绝对的把握。然而，上课滔滔不绝是自己的习性，倘若强迫自己逐字逐句或慢条斯理地给学生上课，对他来说，那是很痛苦的。其次，开头那几节课，讲的是早期郭沫若和徐志摩的浪漫主义爱情诗，不要说那些浪漫主义的激情喷射在美国人心里，或许会被当成别一种陈词滥调，因为一直都很浪漫的美国人哪里会缺乏浪漫，即便是戴望舒那些略带象征主义色彩的诗，在美国诗坛也早已过时了。

怎么给美国人讲课？特别是上好第一堂课，特别是语言的表述，多年来在国内讲坛上口若悬河的孙绍振当然信心满满。至于讲课内容，也肯定不会出现"贫乏"二字，大不了再用点功，把讲稿写得详细一些。一旦卡壳，就拿出自己在国内讲课的表情和肢体语言，特别是人无我有的神采来，即使照着稿子念也不至于缺乏魅力。为了上好国外课堂这第一堂课，孙绍振真是铆足了劲，光是讲义就写出了二十六页。这满纸英文的二三十页，哪一页都少不了带有西方语调的中国文化特色。看着那一张张如同抽象派画作一般的讲稿，孙绍振感谢自己早年在英语上所下的功夫。但凡读过孙绍振有关散文的读者，就会明白毕业于北大中文系的孙绍振之所以能够精通英文，是因为他从小学四年级就开始学英语，初中、高中前后近十年都在学，未曾中断过。正因为深厚的外文功底，他大学生时期就能通读英文原版的《简爱》。70年代初期，孙绍振曾经为一所中学的学生上英语课，可以潇洒地把两手插在裤袋里，不拿课本，无须讲义，却能够一节课又一节课流畅地进行教学。

孙绍振拥有如此厚实的英语基础，给外国人用英文讲课，也就底气十足。但如何才能在连贯通畅中组织美妙幽默的语言，让聆听者不但知其然，还必须知其所以然，这就仍然要把每一堂课都看作是一种挑战。结果，第一堂课良好的课堂秩序和听讲者的专注度，已经告诉孙绍振：他成功了！大受欢迎的第一堂课，成功的原因应该是多方面的。其中有一点可以肯定，那就是在话语中夹杂不少幽默的词句。孙绍振曾经在国内的中央电视台讲了二十集的《幽默漫谈》，知道自己天性中有着美国人宁愿缺少一只眼睛也不愿缺少的幽默。他天性倾向于软幽默，然而更喜欢自嘲。美国一位幽默理论家把自我调侃列为幽默之最上品，这不一定准确，但却很符合孙绍振的天性。

孙绍振在第一堂课上讲了一些常识性的历史知识，介绍了中国五四时期的浪漫主义诗潮和中国古典诗歌的某些联系。浪漫的爱情诗在中国古典诗歌中有着深厚的传统，一般以绝对化、永恒的情感为特色。例如唐明皇与杨贵妃的爱情，在历史上是有波折的，但在白居易的诗中则是绝对心心相印的。"在天愿作比翼鸟，在地愿为连理枝"，这从哲学上来讲，就是不受空间变化的限制，哪怕你到了北冰洋或者撒哈拉大沙漠，我的心都永远和你在一起……当孙绍振讲到这些句子时，他注意到一些男同学开始猛记笔记，那种速度显然是不愿意遗漏什么，台上说多少他们就记多少。而女同学则开始喝彩："Great!"能够喊出这个词的女同学们，一定是被讲台上这位先生的话语所深深感动到了。

如此课堂情境，让已经洋溢着激情的孙绍振更加有激情了。他又讲到中国古代的诗人们不管孔夫子的教条，常常表现出对恋人的无限深情。有一句诗这样表述：因为我的恋人的裙子是绿的，所以我爱世界上所有的青草——"记得碧罗裙，处处怜芳草"。运用古诗的恰到好处和美好的形象化的比喻，让讲台下学生们的情感飞翔起来了，有的女同学则直接欢呼起来。

这样的讲课效果，既在孙绍振的意料之中，又在意料之外。因为他联想到在国内的几所大学里也讲过同样的内容，甚至发挥得更加详尽，而且还带着幽默感，但没有一个女大学生对自己发出过欢呼。没有比较就没有差别，孙绍振带着一个问号去询问一位专攻英语的中国学者。这位学者回答说：这很自然，因为自60年代以来，美国青年人受到性解放思潮的影响，从中学时代就把性关系看得比较随便了。因而你孙老师讲的那种古典浪漫主义情感，对于美国姑娘来说，好像是《天方夜谭》里才有可能发生的故事。因此，她们听高兴了，自然要纵情欢呼。

孙绍振对给美国大学生讲课是持认真探索态度的，课前课后都略有关注美国教授到底是怎样给学生们上课的，以便从中取长补短。但出乎意料的是，一位女教授一走进课堂，并不去理会那讲台背后的椅子，而是一屁股坐到了讲台上。那种在国内课堂上见所未见的场景，很是让人瞠目结舌。那天，这位女教授讲的是中国小说，她竟然只花了四五十分钟就把中国现代历史从五四讲到了"文化大革命"结束，直至改革开放。这对于孙绍振来说真是难以认同，因为在他的理念中，这包含着多种内容的课程，至少得有若干个四五十分钟才能讲个粗浅的轮廓。倘若是细讲，那就得双倍甚至更多的时间。

而讲台下的那些学生，随意得一塌糊涂。有带着饮料、水果的，也有女学生带着布片、衣物来缝纫的，五花八门。教师一边讲，学生一边发问，也不举手，也不必站起来，整一个是谈天闲聊的味道。下课铃一响，也不管教师有没有宣布下课，学生就可以自动离去。美国人做什么都强调轻松，课堂上也如此随意，算是见识了。

与美国大学课堂完全不同的是德国的大学课堂，一上课，就严肃得似乎让人透不过气来，那种氛围不无压抑。美国与德国的大学课堂氛围，似乎在一"左"一"右"地走极端。

但经过亲历，孙绍振发现不是所有的教师讲课都是同一种情景。比如他自己在美国大学第一天上课就不一样，他一边讲，一边和学生聊，才讲了六页讲义，就已经下课了。按照国内的习惯，孙绍振又继续讲了四五分钟。下课以后，合作的桑德拉教授告诉自己说：你讲得太成功了，下课了，居然没有一个学生站起来就走。

课上多了，便不免有一些女学生前来求访，其中之一就是那位在课堂欢呼的姑娘。她有时头上戴着一顶草编的牛仔帽来，除了谈诗以外，有时也谈别的。她告诉这位中国教授说：她养了两匹马。接着说，如果有兴趣，她可以请老师到她家的草场去遛一遛马。她的邀请，让孙绍振想起曾经看见过她戴着那种西部草帽，在郊外围着护栏的草地上遛马，确实让人觉得挺浪漫。虽然也想去体验一下这种浪漫情调，但是出于中国人特别是中国学者的含蓄，孙绍振便不置可否地笑了笑，算是一种婉拒。

后来孙绍振把这事告诉一位早自己一年到这所学校的朋友，他很紧张地问："有没有去和她一起遛过马？"他的神情是那么紧张严肃，让孙绍振觉得可以延伸这个话题，于是故作神秘地说："是呀，我还和她骑在同一匹马上呢。"于是他大惊失色，一副惊悚的表情。直到孙绍振坦诚相告这是在吓唬他。他这才松了一口气，以十二万分的慎重告诫说，以后千万要小心，不要和女学生往来。要知道，这在美国大学是一个敏感问题。每一个学期，校长都要重申一切男女教师都不得与异性学生约会，这是一条纪律。违反者，弄不好会被开除。

这以后，孙绍振也注意到了美国社会生活中有一个字眼叫性骚扰，从表面上看有一点接近汉语中的"调戏妇女",但实际上不尽相同。因为调戏妇女是低级流氓活动,而性骚扰往往来自衣冠楚楚者,甚至上流阶层。凡握有权力,面对异性有所企图者均属此类。教授对学生的分数和毕业生之工作推荐握有绝对权力,因而学生即使内心并不愿意,可是口头上无法作出拒绝。这在大学中是典型的性骚扰形式,尤其敏感的是男教授与女学生之间的关系。从此以后,孙绍振开始有意识地对美国女大学生,尤其是邀请自己遛马的女学生保持着有分寸的接触。

然而她仍然在孙教授上课时,兴之所至,高声喝彩。而且时常戴着那顶草编牛仔帽,在办公时间和孙教授谈论中国新诗的浪漫主义,尤其是爱情诗中的浪漫主义问题。看得出来,她对中国的古诗词特别是蕴含着爱情内容的古诗词表示了无限的神往。

当然,有时她也谈马,说她的马微微斜着身子以舞蹈步伐踏过雨后的草场,能带给她十分美好的感觉。然而,不管怎样掩饰,她都已经看出这位来自中国的教授对马没有太多的兴趣。或许是得不到呼应,她说着说着也就索然无味,不再有兴趣说马了。自此之后,她还是来,只是频率没那么高了。有时在学生的聚会上会遇到她,她挽着男朋友的手,拍拍孙教授的肩膀,亮着嗓音说:"我很喜欢你讲的课!"说了这句话,她脸上漾起笑意,双双甜甜而去。

那个学期结束了,孙教授给这个班级的学生上最后一堂课。她高兴地跑到课堂里来,送给孙教授一个手工缝纫的布垫子,还有一块天然石英石。还复印了一页类似于说明书的文字给了教授,专题说明这种石头是象征品性坚定与真诚的。

在北美洲与欧洲当访问学者的孙绍振,所见所闻所感当然不仅仅在课堂教学上,其他方面的见闻也十分丰富。

与孙教授合作的女教授桑德拉是一位女权主义者,第一次见到她时是在飞机场,当时她和七八个美国朋友来迎接远道的中国教授。她曾经十分热情地告诉孙教授,她十分喜爱中国的香港,当她应邀前来福建师大英语系为研究生们讲课时,还带来了儿子,因为她希望自己的儿子也能像她一样热爱中国文化。美国西部知识分子穿着大多比较随便,就连大学教授上讲坛都有穿着牛仔裤、旅游鞋的。绝对不像东部教授那样神态庄严，更不像纽约第五大道上来去匆匆的上班族那样衣冠楚楚，连夏天也打着领带、穿着黑色西装去上班。这在西部人看来是刻板的、可笑的。一位西部教授曾经对孙教授说："那些纽约佬真像天天都要赶着去参加葬礼似的。"又说世界上最薄的书，是德国的幽默书，而最厚的则是美国的幽默书。

南俄勒冈大学英语系主任凯斯比尔先生，有着西部美国人特有的风度。他就常常穿着牛仔裤，在校园里进进出出。50年代，他作为军人到过朝鲜参战。孙教授知道后不禁哑然失笑，因为他的大哥就曾经穿着中国人民志愿军的戎装走上战场的，不知有没有与凯斯比尔先生面对面作战过？凯斯比尔先生也算是节约型的，买了一大堆一个美金就能买六包的那种快食面放在自己卧室，每顿吃一包。在打开之前，他总要用他那又粗又大的拳头就着塑料包装袋把面条稍稍捶碎，因为他不会用筷子，光是叉子是无法把很长的面条控制住的。把完整的面条捶碎了，虽然有点可惜，但对于使用叉子进食的凯斯比尔先生来说，也不失为一种好办法。

初到马克思的家乡特里尔市，因为租房不顺，孙绍振应邀在波恩一个原本不认识的朋友的朋友家里住了几天。后来终于成功租到了西蒙先生的房子，西蒙先生有心脏病，一旦发作，不说生命堪忧，也必定是痛苦的。于是，他不经常出门，居家为多。而西蒙太太则曾经罹患过什么癌症，接受过手术治疗。夫妇俩都退休了，虽然拥有充足的时间，但他们要照顾自家的两个花园。花园里有些庄严的树是刻上了名字的，都是为了纪念他们死去的朋友。这种活的纪念碑，让孙绍振为之感动。同时，花园里还种着生菜、草莓、玫瑰、郁金香，为了照料好这两座花园，西蒙夫妇每天早上六点钟就起身。西蒙先生负责用一辆小拖拉机带着几个大水桶到花园后的莫萨河去运水，西蒙太太不无担心。西蒙先生则坚强地说："你不让我干活，我的病或许会加重。"

假期来临，孙绍振孤寂到连书本都很难读下去，差不多每过半小时就跑到花园里去转悠一次。或许是西蒙太太注意到中国来的教授神情异常，就让老先生开车把孙绍振带到附近城市去旅游，去看那里的旧货集市和地方乐队的演奏。老太太也知道孙绍振会想家，就把报纸上有关中国的报道，特别是照片剪下来，细心地夹在洒了香水的餐巾中送过来。孙绍振很惊异这位老太太对人的理解和老人那种很自然的同情心。

在德国的时候，孙绍振惊讶于处处都能看到鲜花。无论是城市的广场、街区，还是各家各户的花园，满目尽是鲜花。自不待言，就是在孙绍振租住房屋的门前门后、阳台上、窗帘下，最不缺的就是花卉。色彩总是那么的鲜艳甚至浓烈，给外来人的一种印象是：花成了欧洲生活的象征。在种花育花的同时，草坪上还种有一些姿态庄严的树。其雍容沉着的风姿，常常让善于观赏的孙绍振驻足良久。但孙绍振认为在庄严华贵的树丛中也不是绝对没有非常艳丽的，而且能够艳丽的树一旦艳丽起来，将要远远超越花的艳美，让人啧啧称奇。特别是房东草坪上的枫树，一开春就是满树绛红的新叶，嫩得都有点透明了。远远看过去就像一束硕大无朋的珊瑚，宁静地伫立在草坪上，令人不由得惊叹大自然的神奇多彩。房东老太太曾说这是来自东方的树种，她说只有东方的树种才有可能这么瑰丽。

身在异国的孙绍振，不断地发现美，但也不断地接触到东方人眼里的"丑"，抑或是无法归类于美与丑的人和事，让他感叹。

南俄勒冈大学是一所上世纪 20 年代创办于文化之都阿什兰德的一所大学，该校历史系女主任请孙绍振到她家做客，作陪的也是一个女士，名叫塞西尔。交谈中知道塞西尔在距市区五十六千米的深山老林中建了一座房屋，其中就蕴含着故事。她与丈夫结了婚，且生育了孩子，孩子长大成人后才发现丈夫是个同性恋者。她也曾经努力地与丈夫和平共处，但终于不能忍受丈夫和他男伴的亲昵行为，最后离了婚，于是她就搬到那远离尘世的深山中去居住。在这种环境中，枯枝败叶与新绿鲜花同在，很符合自己的心态。也许，她真是参透人生了，虽形体尚未如槁木，可心已如青灯古寺中的比丘了。

美国式的家宴以庭院烤肉为主，并不是大家围着桌子举杯，而是各取一盘食物，随便坐在草地上轻松地谈笑。面对美国许多同性恋者同时又是双性恋者的社会现象，说者与听者都笑了起来，可是孙绍振却笑不起来。

在美国，不得不见怪不怪。孙绍振曾经遇见一个女学生抱着非婚生的双胞胎，她不但没有丝毫遮掩或害羞之感，反而很大方地夸耀自己的孩子说："你看，他们是多么强壮呀！"住在隔壁的两个男大学生差不多每隔两三个礼拜，便换一个姑娘进来同居。电视上有一档节目，讨论在结婚之前是否应该保持处女的贞操,其结果只有少数女孩子公开表示支持。有一次一位女士在聚会中醉酒,然后就一直说话,但说着说着眼泪就流了下来。也许是酒不醉人人自醉,显然是来了疯劲,她突然站到凳子上,举起杯中酒猛喝了一口,大声说:"我想念我的丈夫,我的孩子!"她转向她的临时黑人男友问道:"你理解我吗?"那黑人点点头,走过去想安慰她,但被她拒绝了。这就是60年代性解放留给美国社会的一个遗产。

在讲学期间,孙绍振还遇到这么个让他心绪复杂的事情,回国后仍然忘不了,写成了文章。说有个女郎,原本她在汉城的一家酒吧工作。由于她很有点语言天分,英语口语相当流利,人又漂亮,很快引起当地美国驻军中一个大兵的注意,一步步地为其倾倒。她告诉美国大兵说,自己曾经受到过正规高等教育,这个经历让美国大兵为她加了分,两个人很快坠入爱河。不多久,美国大兵就把她带回国。结了婚才发现,她虽然会讲英语,可是一个英文字母也不会写,对朝鲜文同样也是目不识丁。除天赋的口才之外,这样的状态几乎就是个文盲,接受过高等教育一说显然就是个谎言。

这个美国大兵是不能忍受这种低级欺骗的,很快就和她离婚了。后来她认识到没有基础知识是会产生后果的,决心学一点简单的英语单词,后来又到了教会成人英语班去学习了两年。终于有了些底气,也由此找到了工作。一个标致的东方美人自然不愁嫁,她很快又赢得了一个美国小伙子的欣赏,第二次结了婚。但良宵美景不长,第二任丈夫或许原来就不是个正经男人,早早地接触过诸多异性。因为不到一年时间,她曾经在一个半夜打电话给自己崇敬的中国孙教授说,她丈夫死了,死因是患上了艾滋病。更严重的是医生说,她是否带上了艾滋病毒,要等三四个月以后才能断定。她虽然没有哭,但比痛哭更糟糕的是又变得冰冰冷了。对任何人的招呼,包括孙教授的,一概不理。她在公司里变成了一个只会行走的"植物人",那一双原本非常美丽的黑眼睛,变成了白天似乎没有阳光、夜晚更没有灯光的黑洞。

有一天,这位韩国女郎主动找到孙教授想请教一个问题:中国的星相术是如何预卜人的命运的。孙教授很坦率地回答说,对于这方面的学问一窍不通。后来房东老太太知道了这件事,对孙教授说:你应该多少知道一点吧,有一点就说一点。或者把你们古代的"变经"(《易经》),随便给她讲一点吧。没有研究过星相术和《易经》的孙绍振婉拒再三,但执着的老太太坚持再三。她的想法很明显,认为这或许是她一生中最后一个愿望了,拒绝她太残忍了。都说到这份上了,孙绍振只好答应随意讲一点。老太太听了很高兴,立刻站起来到地下室叫那女郎。过了不久,老太太非常抱歉地对孙教授说:那位一天天陷入绝望的冷美人,改变主意了,觉得没有必要看相算命了。孙绍振听了,心里小有震颤,一时不知该说些什么好。

过了些日子,孙绍振又去拜访了老太太,她非常哀伤地告诉他,那个韩国姑娘已经证实 HIV 阳性,这就意味着她注定要在最美丽的年华死去。从老太太家告别出来后,忧郁的孙绍振特地绕到那棵红枫树下左右徘徊了一番,觉得它还是那么嫩艳。但同时又担忧由于它的美,会不会成为其死亡之根源,可红枫并没有给孙绍振任何悲剧的暗示。说不清出于什么心情,他不由自主地狠狠猛摇了一下它的树干,一任树叶上冰凉的水滴淋了自己一脸,然后无可奈何地离去。

孙绍振在美国还遇到一位江西姑娘,她已经二十七八岁的年龄了,可看起来却像十六七岁的小姑娘。不但洋溢着满脸天真的神色,尤其是那双对任何人都充满信任的逼视着你的眼,总是那么纯洁。在结束访问学者行程后很长一段时间内,孙绍振还时不时浮动起旧的记忆,觉得当时最深的印象是她笑得特别灿烂。一个美国朋友曾说她那笑容里有甜味,想想的确是。在美国,漂亮的女性是有权利对男性任性的。美人的任性可以被欣赏、被宠爱,美人的特权就是武断甚至专制,也可以不讲理。一次聚会以后,孙绍振了解到她的丈夫是依阿华大学的研究生,她是以陪读的身份来美国的。她这么美丽,想必一定很受丈夫的宠爱。

然而很不幸,因为想错了,她竟然经常被丈夫殴打。有一天,她又一次被殴打,或许这次被打得很惨,于是想起了福建来的孙教授。当即打来电话问当地有没有一种叫"妇女救援中心"的机构,孙教授回答说有,但那是妻子遭到丈夫虐待、殴打、强奸,而又无处可逃的人才去求助的。她回答说,这几个月来她一直忍受着丈夫的殴打和虐待,但却不敢声张。

后来孙绍振了解到她原本是江西一所大学的校花,身边簇拥着连她自己也数不清的追求者,至于仰慕者写来的示爱信,几乎每周都会收到若干封。

她在诸多求爱者中选择了她当时认可的一位，对于双方来说，爱来得太轻易了，自然也就得不到珍视。跟着丈夫出国后，童话式的爱情加上神话式的命运，让她出现在任何晚会上都会受到比在国内更多的崇拜。不断的鲜花，甚至专为她写的诗篇，仿佛风一般吹到她的身边。但昏头昏脑的追求者和昏头昏脑的诗篇，都被这东方女神无一例外地丢入垃圾箱。丈夫为她的坚贞而骄傲，她也为丈夫对自己的信任而骄傲。不久，她怀孕了。

然而，爱情的结晶当然不如爱情本身更宝贵，她丈夫一年的访问期限快满了，如果要继续留在美国，那只有一条路：就是改变身份，读博士学位。而这首先必须要通过英语托福考试的关口。这样，丈夫就不能出去工作，全部生活来源得依靠妻子在实验室打工获得。而挺着大肚子工作是不可能的，于是决定打胎。但在美国，人工流产是一个极其敏感的问题，动不动就会触犯这个国家的有关法律。还真不知道她用什么方法避过了世俗的障碍，也不知道她是怎样达到了流产的目的，然而确定无疑的是她人工流产了。

不久的一天，她对一直同情自己的孙教授说："我无比的悲哀，但羞耻又超过了我的悲哀。"她悲泪横流地说："只能用一句很俗气的话来说，我的心碎了，我的脸皮也被撕破了。"当孙教授知道她选择了等待生命的慢慢凋谢，实在忍不住了，便打破了来美国以后已经习惯的尊重他人隐私的习惯，追问道："为什么不怕青春在异乡客地枯萎，却害怕回到亲人们的怀抱。难道每天晚上的皮肉之苦还没有受够？难道心灵的惨剧还不该结束！"

她喏嚅良久，最后才回答了一句："我太爱面子了。"说完她就又失声痛哭了起来。

虽然只是这一句话，却让孙教授充分理解了她。这个如花似玉的女郎已经习惯了被羡慕，她已经被世俗的虚荣宠坏了，她当即承认了这一点。并且告诉孙教授说，就在昨天，她又一次低三下四地讨好着丈夫，买了他爱吃的草莓冰淇淋等着他。他不吃，她就去喂他，然而得到的报答竟是又一次地手被反拧，嘴巴被压到沙发上，连叫喊都发不出声音。这是丈夫使用的一项折磨她的新技能。

为了让她早日脱离苦海，孙教授打通了妇女救援中心的电话，该中心的志愿者很快就把她接走了。第二天，孙教授约好几个朋友想一起去看看她。

可是一位俄勒冈州的教授突然打来一个电话，请孙教授去为他的一个研究生审阅一篇当代中国妇女文学的论文，孙教授只好当天就离开了依阿华大学。大约过了一个月，孙教授想起了那位江西美人，很想知道她的近况，便打了电话询问依阿华的一个朋友。得到的回音是，江西美人在妇女救援中心住满了一个月，不知是她自己要回去的，还是她丈夫把她接回去的。不过，从此邻居们再也没有听到深夜从她家里发出来的凄惨尖叫声。

朋友说他们的生活似乎恢复了平静，只是她的脸色越来越苍白了。她很少出门，偶尔见了人还是没有打招呼就灿烂地先笑起来，不过失去了那眉飞色舞的神采，犹似一块失去光泽的玉石。不久，她和她丈夫就搬走了，谁也不知道究竟去了什么地方，她未来的生活会是怎样的一个状况，同样未知。

1990年的夏天，在德国特里尔大学担当访问学者的孙绍振，遭遇了一个即便在梦境中都很难出现的"灾难"：孤独之苦！就因为这个孤独，孙绍振专门写了一篇很有味道的文章，叫作《电话疗法》，收入《面对陌生人》一书中。

孙绍振在该文中说，一到六月底，德国各大学放暑假了，大学生们都去打工或者旅游了，整整一座小楼只剩下自己一个人。起初，还只是感到有点寂寞，后来就觉得有点闷。过了一个星期，已经感到有点难受了。这种持续性的难受是非常可怕的，因为它还伴随着某种绝望。不管怎样，你都不可能在厨房里走廊里碰到一个人和你点头微笑，寒暄致意。从早到晚，日复一日，他像在一个寂静的无底的深渊中不断下沉，心永远悬浮得发胀、发痛。似乎永远会如此孤独，因为不可能有人会和他交谈，哪怕是谈谈孤独的痛苦也好。几个星期下来，没有机会讲任何一句话。那个时段的孙绍振，甚至怀疑自己的声带是不是开始退化了，于是刻意地大叫一声，听到房间里产生分外响亮的回音，他才庆幸自己的发音器官并没有致残。

生活因此变得十分沉重，沉重得让人窒息。早上起来，再也闻不到隔壁房间里透过来的咖啡味；中午进厨房再也看不到那个留着大胡子的温文尔雅的大学生就着矿泉水吃面包夹火腿肠；连那个很爱讲话的房东太太都和她丈夫开车到法兰克福去看儿子和儿媳一家了。屋内寂静无声，而窗户外面又是空空的花园，只是不时可以听到成熟的梨子和苹果掉在地上的声音。要是在往常，房东家那条很有灵性的小狗菲力克斯早就欢乐地叫起来，拉着房东太太的衣裙去拣果子。而他就在阳台上和房东交谈，只要讲几句夸奖菲力克斯的话，房东太太就会心花怒放地笑起来。高兴了，就把一盆一盆的苹果和梨拿来送他，有时还有自制的果酱。然而现在，连菲力克斯都走了，掉在花园草坪上的苹果和梨都开始烂了。孙绍振也没有兴趣去拣，因为苹果是不那么值钱的一种水果，特别让人失望的是苹果又不会说话。

孙绍振感叹漫长的孤独实在不亚于单独囚禁，与囚禁唯一的不同是可以自由地走到街上去。可是街上的行人也稀少，绝大多数德国人都开着车风驰电掣地来回穿梭。让他高兴的是，终于看到公共汽车站上有一个人站在那里研究公交站名和发车时刻表。为了得到一个说话的机会，他不由自主地走向车站。当他发现那个人长着一张亚洲人的脸庞时，高兴极了。很显然，此人是刚来德国的，对德国公共汽车运行并不了解。由于家家都有汽车，公共汽车很是稀少，像火车那样按固定班次运行。孙绍振准备以一个老住客的身份向此人介绍一下公共汽车的特点，想想这起码可以让自己过上五分钟讲话的瘾。

那人见到孙绍振后很高兴，随即讲了一大串话。非常可恨的是，孙绍振一句也听不懂。于是用英语试问了一下，他只能结结巴巴地说上一句两句。好不容易才听明白，原来他是个韩国来的留学生，真是让人扫兴透了。

连一个用英语交流的人都遇不上，毫无办法，只好回到房间去忍受那无边孤独的煎熬。这种煎熬是真正意义上的煎熬，其深，似乎深不见底；其苦，苦不堪言。更可怕的是心理孤独产生了一种生理反应，那就是失眠。每当夜晚到来之时，就害怕失眠症的光顾。但怕什么就来什么，它的先兆是寂静到产生一种很细微，然而又很尖锐的耳鸣，待你认真辨别它时，它又消失了。可是这时头脑却变得异常清醒，不论你是默默数数还是戴上耳机听气功催眠录音带都无济于事。孤独，变成了亢奋，亢奋变成了对自己健康的忧虑。

为了避免继续往深处想，孙绍振便坐了起来。读了一阵子书，又走出房间到花园里去散了一阵子步，一任夜晚清新的空气爱抚着自己那张有点发烫的脸庞。月色是朦胧的，已经烂了的苹果时时被踩得扑哧出声。但不大的花园，转一转只需要两分钟，他似乎转了好几十圈，当时感觉已经小有倦意了，于是速速回到房间，期待能够很快入睡。然而，当躺在床铺上时，又变得万分清醒，毫无睡意。而耳朵里那从寂静的深渊中发出来的尖锐而细微的声音，却不间断地响起，从中衍生出来的痛苦频频袭来。

孙绍振是有点医学常识的，他知道自己这种状态是得了一种神经官能症，是语言机能长期受到抑制的结果。治疗这样的毛病，最好的解决方法是找人交谈说话，但眼前没人可谈，总不能面对墙壁胡说一通。

想到找人说话，他突然脑子里闪出一个念头，何不打电话呢？但是，四周黢黑一片，半夜三更，不管是给什么人打电话，或许都会被视为犯神经病的。唯一的办法是往时差大的国家打，像中国、美国、澳大利亚。虽然，国际长途话费昂贵，但是为了缓解病情，也就把花费搁置一边了。首先是想给自己太太打，虽然太太正在上班，但接个电话还是可以的。于是，和她一面聊着，一面看着那电话机上的数字计价器飞快地闪动，也顾不得心疼钱了。虽然才聊了十几分钟，但心情却好多了，几十马克也丢给电话公司了。最奇妙的是，往床上一躺，第一个良好的感觉是耳鸣居然没有发作，不久便呼呼大睡，直到第二天十点钟才醒过来。

这种电话疗法相当见效，不就是折腾些话费吗！

第二天晚上采取一种新方法，故意晚些睡，而且不等耳鸣发作，就把电话号码拨往澳大利亚。因为有一个学生叫林茂生的，已在这个国家多年了。接到自己历来很崇敬的孙老师电话，他很惊喜。当他听说老师因为孤独而感到恐怖，立刻安慰说没关系，因为他可以在悉尼大学为老师谋到讲座的活。就这一句话，让孙绍振的精神大振，愉悦地和林茂生在电话里开起玩笑来，至于那计费器如何飞快地闪动就置之度外了。打完了，一看，二十多分钟，一百多马克的话费得往外掏，然而并不感到心疼。因为舌间还留着越洋谈话的心旷神怡之感，那是比喝了铁观音，吃了鲜荔枝还透彻的快感。带着这种愉悦躺到了床上，那种口角留香的快感还浮游在舌根上。那个晚上，孙绍振静静地享受着那快感的余韵，自然睡得十分酣畅。

然而，酣畅安睡的愉悦只维持了一个晚上。第二天一到夜间，失眠的预感又袭来了，想挡都挡不住。幸运的是从澳大利亚来了电话，说是那里东亚系的系主任克拉克，一个日本籍教授，愿意邀请孙绍振去举办讲座，正式邀请函将不日邮寄出。这一夜不但睡得好,而且还把愉快的心情延续到了第二天,居然一个人在房间独唱了好几首流行歌曲。

电话疗法虽然有效,可是毕竟代价太大了,收入的有限,是无法每天这么阔绰地打越洋电话的。倘若继续以这种模式煲电话粥,或许连吃饭付房租等等开支都要亮红灯了。为了节省开支,孙绍振试行一种新的办法,那就是自设模拟电话。一个人在房间设想着和朋友家人通话,而且把说话的声音故意放大,好像太轻了不足以越过千山万水似的。然而,非常不幸的是,由于这种模拟对话毕竟是模拟,没有对方任何的回应,舌尖上也就没有回肠荡气的快感。其结果很糟糕,因为那一天晚上又失眠了,而且还出现了不规则的心悸,后果似乎朝着严重的方向发展。第二天,起来后照了照镜子,发现自己几乎瘦了一圈,形象也很憔悴。

为了拯救自己,孙绍振作出一个最新的决定,那就是每晚到街上去散步,只要碰见路人就争取和他说说话。但是德国人一个个彬彬有礼,只要你眼睛朝他一看,他就会问候你一声"晚安",然后径自走了。那只好再往前走,但街上的行人越来越稀少了。终于有一个人过来了,正想与其搭话,却发现是个醉汉。好不容易再遇上一对正经行走的人,却又是挽着手臂的一对夫妻或情侣,连看都没有看一眼就飘然而过了。

不多久,又看到一个人悠悠荡荡地走过来了。看样子也是在散步,孙绍振心中大喜。心想这下子可要盯住此人,因为期待和他至少要说上三分钟的话。待他走近一看,更是心花怒放,原来这家伙就是那个查看公交车班次的韩国人。但令人愤怒的是他居然不认识自己了,还直瞪着眼睛走了过去。孙绍振十分恼火,心想这家伙实在是不可饶恕。哪怕是冒着和他打架的风险,先和他吵上几句,也算大功告成。于是赶紧回过头来故意碰了他一下,那家伙"哎"了一声,摇摇欲倒。在倒地之前,他一手抓住了孙绍振,孙绍振感觉他那手似火一样的烫人。正诧异之时,他也认出来原来是老熟人。于是用他那不标准的英语对中国的孙教授说:他病了,又不懂德语,也不知道该如何去找医生。孙绍振问他有没有办医疗保险,他也听不懂。

于是,很有同情心的孙绍振就把他领回到自己住处,把医疗保险合同拿给他看,他摇摇头。孙绍振便打电话叫了一辆出租车,陪他到一家私人医院去。他把孙教授的医疗保险合同拿给护士看，护士点点头，在电脑上打印了一番，就示意在候诊室等候。在医生检查的时候，孙教授替他当翻译。取了药以后，问护士要不要支付医药费，护士说暂时不用，日后会寄上账单。

这一天晚上，孙绍振把他留在自己的房间里住下，并替他烧茶弄水，一番忙碌。由于这位韩国人的英语太差，有时为了交换一个简单的信息，都弄得孙绍振满头大汗。但得到的回报是，灵活的舌头在空前的忙碌中得到了新异的快感。那晚，失眠症、耳鸣、心悸也就消失得无影无踪。

这韩国人的病折腾了一个星期，终于好了一些。正巧有另外一个韩国人经过这里，便来看望他，同时为他做些端茶弄水的服务。两位韩国人叽里咕噜，流畅地说着韩语，把主人完全晾在了一边。孙绍振怀着无可奈何的嫉妒，眼睁睁地看着他们流畅地说韩语。不长时间，这个韩国人就把他的同胞给接走了。

于是，重新回到孤独世界的孙绍振又陷入了失眠、耳鸣、心悸的忧虑之渊。但是这一次的寂寞显得有点多余，因为有一个小小的意外打破了寂寞。

原因是韩国人走后的第二天，医生的账单就寄来了，一共一千多马克，账单上写的居然是自己的名字和地址。孙绍振明白这肯定是张冠李戴了，这笔费用是自己一个月的食宿费，无法做好事不留名。于是赶紧到医院去声明：看病的不是孙某。但是医疗保险合同，却在医院的电脑中登录在案，那上面地址和姓名都是自己的，百口难辩。由于自己那种医疗保险合同是十分廉价的，只能在保险公司指定的医院就诊，随意选择门诊医院却是要自己付款的。

孙绍振向护士、医生反复说明，这是一场误会。然而德国人的文牍主义是十分可怕的，他们只相信文件，绝对不相信任何人的任何道理。而且他们看亚洲人的脸都是一样的，很难认清谁是谁。虽然申述再三，第二天信箱里寄来的仍然是医院的催款通知，只好再次去说明；他们再次通知，自己反复解释，这样的拉锯战持续了一个多月。每天早上一醒，就直接奔波于保险公司与医院之间。一个月以后，医院方面居然用中文写来了一封措辞严厉的信：如不付款至某某银行某某账户，将采取法律手段。而且这封信是从孙绍振工作的特里尔大学转来的，真是糟糕透了。于是，每天又增加了往大学去交涉的任务。他发现那些平时装着不会讲英语的家伙，这时的英语口语一下子变得滑溜溜地顺畅起来了。

　　对于这意外发生的一切，孙绍振并不感到痛苦，相反感到心情十分舒畅。因为每天都变得有目标，每一个单位时间都有一大堆重要的话要讲，而且每讲一句都有对方的反应。这比之打越洋电话不但省钱，而且话语间还充满着战斗的激情。虽然往返奔波要花不少的公共交通费，但后来买了一张月票就便宜多了。

　　由此，生命变得充实，自己的舌头也享受到发音的欢乐。他一边奔波一边愉悦地想：这样的忙碌，不仅仅有利于保护自己的存款和名誉，重要的是有利于治疗自己那可怕的失眠症。一大段时间奔忙下来，脸色恢复了红润。

　　美中不足的是持续了好几十天的奔跑又戛然而止了，因为申诉获得了胜利，医院方面终于弄清楚了两个亚洲人形象的差别。恰巧那个韩国人来看望孙绍振，又很爽快地付清了医疗费。阿弥陀佛，所幸在官司结束的同时，暑假也结束了。菲力克斯又在花园里欢乐地叫着，隔壁大学生的房间里一大早又透出了咖啡的香味，在厨房里大家又可以一边用餐，一边有一搭没一搭地闲扯了。

　　两三个月之后，很快又迎来了为期一个月的寒假，尝试过孤独之苦的孙绍振，认为自己不能在此吃二遍苦、受二茬罪，不能再度在这座空楼中忍受孤独的折磨和失眠耳鸣的摧残。可以肯定那时绝对不会再冒出一个生病的韩国人来让自己操心了，不可能再冒出那么些让自己非常期待的"麻烦"事来。想明白之后，尽管在德国的签证期还有四五个月，孙绍振却毅然决然地启程回到了福州。

第四节　眷顾无言

　　孙绍振当了大半生的大学老师，培育了无数的本科生、硕士生、博士生，人类灵魂的工程师，他受之无愧。孙绍振长达半个多世纪教书的生涯中，全身心育人之事例屡见不鲜，"春风化雨""润物无声"的言辞，肯定不足以把孙绍振的精神境界体现出来。对那些有才气的,日后可能成为大材的苗子,孙绍振不仅仅十分器重,而且如同育苗保秧一般地珍爱与呵护,以"铁棒磨成针"的耐心,日锻月炼地让学子们早日成长起来。

曾任北京大学中文系主任、教授、博士生导师的陈晓明,就是得益于孙绍振识才爱才的慧眼与无私的助力,一步步成长为"领军后现代"的高端人才。孙绍振在一篇专事描写陈晓明的文章中,第一句就如此欢呼道:"陈晓明终于被北大中文系成功引进了……""终于"两个字,蕴涵着他自己与这位学生所付出的艰辛与努力,它是成功后,深深地发出的一声欣慰的感叹。

20世纪80年代初期,陈晓明在福建师大中文系攻读文艺理论硕士学位时,并不是孙绍振带的研究生。按常理说,他无须过于用心。但孙绍振已经发现了这位学生异乎寻常的才气,于是很自然地给予了更多的关注。那时候,在思想领域里,还处于阴晴不定、乍暖还寒的状态,知识界对于思想解放的期待和倒退动向的厌恶十分明显。社会上不时传递的小道新闻,是真是假,模棱两可。福建师大坐落于东南福州,而福州显然不是全国性的文化中心,陈晓明觉得校园里的思想空间过于狭窄,对他来说,太需要扩展了。于是天生就不安分的陈晓明,思考力和想象力都过剩,在迅速度过初入学的拘谨阶段以后,就放心大胆地活跃起来。他积极参与校内外的各种解放思想的活动,且在各式各样的集会上发表高论。他不但口才了得,交际能力也不一般,曾经在一个大学生的演说竞赛中获得第一名,这种能力理所当然地让他在校内外成为活跃分子。口才与交际能力的发挥,很快在校园内外引起了人们的注意,在众人的注目礼中,他感到快意,表现出一种自我过瘾的潇洒。思想在驰骋,高论在持续,名气也就往高处走。惜才爱才的孙绍振一眼就看出陈晓明不但是位可造之才,而且还将是堪当大任的人。

就在陈晓明思想日益活跃之时,适逢改革开放思想解放的时代,这就为他提供了丰富的思想资源。此时的陈晓明并不满足于惊叹理论大厦的崩塌和重建,而是情不自禁地卷入了思想解放的热潮中去。当有人议论此人有夸夸其谈之嫌的时候,孙绍振却再次敏锐地觉察到这是一位很有特点的研究生,人才难得。面对陈晓明不断在报刊上露脸的、独具匠心的文章,孙绍振曾经如此感叹:"如此有深度的文章,那的确不是一般的研究生,甚至是当时已经是教授的人能够写得出来的……"

　　孙绍振尽管对陈晓明的才学不断肯定，但为了他的继续成长，仍然严以待之。有一天，陈晓明面呈一篇批判中国传统思想模式的论文。孙绍振阅后，并不太满意这篇文章，按自己的主见提了一些意见与建议，不知陈晓明事后有没有谨遵师嘱。可是不久，此文不仅被有关报刊发表，而且又在《新华文摘》转载了。众所周知，能够被此刊转载的文章，必须是既要有高度，又要有深度的。孙绍振开始怀疑自己对这位才子的评估是否有些保守，他说："后来不断发生的事实证明，对他估计的不足，不仅表现在学术研究方面，而且还表现在另一些方面。这个'另一方面'，就是陈晓明口头表达的不凡能力。"

　　他这种能力在什么地方体现呢？那就是孙绍振与陈晓明时常神侃的时候，每每谈天说地，孙绍振发现陈晓明总是口若悬河，在滔滔不绝的话语中，不断涌现出新异的语言，而且还层出不穷。每逢陈晓明眉飞色舞之时，就会让孙绍振想起新文学史上一位前辈对胡秋原的描述：眼花缭乱。他的语速之快，有时竟然跟不上思想。孙绍振公论是一代快嘴名嘴，但在面对陈晓明时，居然也得耐着性子，欣赏他忘情纵情的神态。

　　有一次，学生来请孙绍振做个讲座，孙绍振答应了。那天正好陈晓明在场，于是他就随口说道："那就让晓明和我一起讲吧，我可以精彩地开个头，由他主讲。"面对老师给予的机会，陈晓明很有点受宠若惊，当然不能不答应。到了那天，梯形教室里水泄不通，过道上、讲台上，坐满了红男绿女。当孙绍振和陈晓明肩并肩地走进教室时，现场的掌声如四起的鸽群。场上饱和的热情对于一个演说内行来说是难得的催化剂，受到时时卷起的掌声的鼓舞，孙绍振也就信口发挥起来。这位演讲大师开讲了近一个钟头，如痴如醉中在讲台上长时间享受着掌声，竟然忘记了陈晓明的存在。孙绍振一回头发现了陈晓明，于是有点困惑地看看他："嗯，你怎么还没有走？"就在要发生尴尬的那一刻，孙绍振想起了自己的承诺，才把剩下的时间留给了在现场技痒难忍，等得心急火燎的陈晓明。他开讲以后，从激起的掌声和欢笑中，孙绍振又觉察到他在现场瞬时反应的机敏，不能不让自己刮目相看。原来，这个令人眼花缭乱的陈晓明，也是一个相当称职的演说家！

　　对于一个有思想又有良好口头表达力的人来说，孙绍振不能不觉得福州的思想空间毕竟比较狭小，陈晓明应该有一个更为广阔的天地。到了快毕业的那年，不断扩展视野的陈晓明，已经"游窜"到北京大学的研究生宿舍里去了。这个时候，他就能够和一些只能在报纸上看到的事情和人，迅速地拉近了距离。他并不是只带了耳朵，而且带去了他那永远不想偷闲的嘴巴。他在那里发表了一些当时被认为有点惊世骇俗的见解，还引起一个重量级人士的内部批评。当他把事情告诉孙老师的时候，毫无惧色，好像在说着另外一个人的事。

当时的青年知识分子，尤其是其中的佼佼者，个个都有一种冲击旧思想的使命感。越是春寒料峭，越是勇猛精进，和一般学子不同的是，他的文章，所用的语言术语，带着某种诡异的味道。他以这种诡异而自豪，整整三年，不管旁人有什么议论，他都安之若素旁若无人。

但是，也遇到了这么一次例外。当时，陈晓明毕业论文答辩在即，万事俱备，只欠东风。

当天早晨六点钟，树枝上的飞鸟还在鸣叫，恨不能破门而入的陈晓明匆匆闯到了孙绍振的家，且直接走到床前。那一刻，孙绍振罕见地看到他有点"发绿"的脸上，失去了往常惯有的漫不经心的神色，居然满脸恐怖。原来他获得消息，从外校来的答辩主席和一位权威教授头一天晚上发出话来："陈晓明的论文，看不懂。"这无异于提前宣判了"死刑"，但是，他们还留下了一点可以挽救的余地，那就是"要听孙先生的公论"。其实，那时的孙绍振对于他文章中不少前卫的术语，也只能从感觉上去理解，有些语句，也只能说是一知半解。但是他凭直觉就能感到这位学生是有才气和胆识的，这种人才并不多见。当然，凭良心说，孙绍振说：这篇毕业论文的问题和他当年的文风多少有些生涩，对于西方文论还不能自由驾驭是相关联的。但是，在当时，具有前卫性的知识结构而文风不生涩的文章和能写这样文章的学生，到哪里去找呢？如此才华出众的学子，倘若被一句"看不懂"搁置于一个角落，岂不可惜！于是孙绍振几乎要拍着胸脯地告诉他：不管谁谁谁怎么说，我孙某都会庄严地、理直气壮地宣告：我不但看得懂，而且在我的著作《论变异》中还引用了他精彩的论点。

孙绍振之所以敢于如此发声，并不是有意要降低学术的水准和道德。而是作为一个曾经为朦胧诗"看不懂"而辩护的人，他常常禁不住对自己也不能充分理解的理论有一种神往。而且他痛切地意识到在福建这个人才并不多的地方，自己有一种保护人才，包括保护有毛病、有缺点的人才甚至是"怪才"的使命。这是一种为师为友的责任和担当！要不然，真正能够开拓局面、前行于未来的人才，怎样才能够脱颖而出呢？

那天的答辩不算太顺利，有提问者提出了什么叫作"结构"。陈晓明的回答是撰写《发生认识论导论》的瑞士人皮亚杰的那一套，而一般人所理解的是贝塔朗菲的《一般系统论》中的要素、结构、功能的观念。惊喜的是，在答辩位置上的陈晓明和孙绍振配合得很好，一问一答甚为严谨。加上主持答辩的先生是位忠厚的长者，看见这对师生像二人转似的一唱一和，而颇感兴趣。陈晓明或许因为有自己老师的支撑，也发挥得恰到好处，毫不动摇地口若悬河。答辩主席也就无心恋战，高抬贵手，放他过关了。

但是，这次成功的答辩并不意味着他立即就能得到学术体制的认可。在当时，福建师大并不像后来有八九个学科的博士学位授予权，而是连文学理论的硕士学位的授予权都尚未拥有，这篇毕业论文能否过关，还得取决于掌握硕士授予权单位的再次答辩。孙绍振没有大意，担心陈晓明越不过后面的关卡，于是动用了著名文艺理论家刘再复、何西来的权威，同时说通了中国社会科学院的研究生院。重新组织答辩委员会的时候，老问题又出现了，一些资深委员还是表示，论文难以看懂，但是，他们并不怀疑论文的深度与分量。孙绍振清晰地记得，德高望重的钱中文先生却表示：他完全看得懂，并且很欣赏。

这就足够了！

钱中文先生还请孙绍振转告陈晓明，建议他投身于自己麾下读博士。陈晓明遇到了孙绍振这样的知音，已经三生有幸了，现在又有了钱中文先生给自己的良言，真是左右逢源，吉星高照。由于有了孙绍振和钱中文先生这两位知音，由此，陈晓明迈出了人生的一大步，学术生命开始了一个敞亮的新阶段。

仍然得再说说谢有顺……

孙绍振说，这位从闽西红土地中走来的谢有顺，他的成长历程自己肯定是见证人之一。同时认为在自己半个世纪的教学生涯中，谢有顺的出现，应该说是一个奇迹。当这位学生第一次到孙绍振家中造访时，对他的才气给自己的震动一直有着很深的记忆。

孙绍振60年代初被北京大学放逐了，经过几番周折和风雨，沉浮辗转地流落到不太著名的福建师大，从中年向老年过渡的阶段，锐气已经消磨。在不知不觉中降低了对文学从业人员的要求，不管其精神状态如何，只要有一点艺术的感觉，有一点思维的活力，多少也可以从精神上获得共鸣和鼓舞。然而谢有顺的出现，他才感到这个想法还要加以补充：为师大校徽增加含金量的不仅仅是那些权威教师，而且还应该包括如谢有顺这样杰出的学生。还是应该重新亮一亮孙绍振的这几句话：如果说，在福建这个多山的省份，人们的艺术和学术的目光免不了为高耸的武夷山和太姥山所阻挡。乡土观念奇重的福建人，一辈子都把武夷山大王峰当作喜马拉雅山的大有人在。而谢有顺却以并不算高的身材，站在大学本科嘈杂的宿舍窗口，目光一下子就超越了大王峰，到达了中国当代知识分子精神危机的核心。

因此，孙绍振认为这是一个奇迹。当谢有顺早早在权威的《文学评论》上，有声有色地对当代先锋小说的前途作出分析的时候，其深邃的文风和高瞻远瞩的气度，往往使粗心的读者误以为是资深评论家的手笔。孙绍振是一位善于在萌芽阶段发现拔尖人才的导师，发现谢有顺后，立刻意识到这是一个会成大器的苗子。

谢有顺成为大才的许多年之后，孙绍振一直还在追忆：为何没有更早注意到他非同凡响的素质和才干？后来终于想明白，也许是由于他入学的时候自己正好出访欧美。对于90年代初的中国当代文学有所疏离，而这恰恰是谢有顺崭露头角的时候。正如带有传奇色彩的名作家北村在一篇文章中所评说的，孙老师并没有仔细研读他的文章，仅仅是凭着直觉仍然找到了他。北村此话，不无公道。

那几年都在物色助教的孙绍振，一直都未能如愿。但遇见谢有顺时，就想借用南宋豪放派词人辛弃疾的那句："蓦然回首，那人却在灯火阑珊处。"于是放下身段礼贤下士，当面征询他想不想留校工作。那时，孙绍振只是把他作为一个拔尖的学生，但谢有顺究竟拔尖到什么程度，还只是处于考察的阶段。后来发生的几件事终于给孙绍振以更大的震动,从而逐渐意识到他的禀赋之高。从来不怕他人"揭短"的孙绍振,说了这么句话:"在许多方面他比我当年要高出许多。"

还是在《废都》闹得满城风雨的时候,一家电视台请孙绍振和另一位教授去讲讲《废都》的长短,孙绍振带上了谢有顺。众所周知,孙绍振的口才是权威的,但是那次侃下来,普遍的反映是"那个年轻人讲得最好"。重在发现和培养人才的孙绍振听此评价后,感到无限的欢欣。从此,孙绍振就有了更加充分的理由去宣传谢有顺。孙绍振坦诚地说:作为一名还在校园的大学生,他所写出来的文章自己当年是绝对写不出来的。各有关大学里有不少的"老资格",花了许多年的努力才达到的高度,居然轻易地成了谢有顺的起点,不得不让人高看一等。当然,孙绍振所写的文章,尤其是较为冷门的文章也是谢有顺写不出来的。

有一次,《文艺理论研究》的主编徐中玉先生诚约孙绍振写一篇文章,郑重其事地写了亲笔信来。那时,孙绍振刚刚从北美回国,对于中国当代文论,一时有些生疏。在不经意间想到了谢有顺,于是就果断请他来试试,以合作的方式共同完成任务。当谢有顺交来初稿的时候,无论怎样以挑剔的眼光去推敲,孙绍振也只是小小更动了几个字。稿子寄出的时候,孙绍振不讲究师徒关系,就把谢有顺的名字放在前面。但是编辑张德林先生来信说,出于某种不成文的规矩,必须要把孙绍振的名字放在前面。孙绍振正在为难之时,以孙老师能与自己共同署名为荣的谢有顺,相当爽快地认为这是最佳方案。后来,《小说评论》的王愚先生又约请孙绍振为他们写评论专栏。由于连续出访,时间上不允许,孙绍振再次想到了谢有顺,又一次要他代笔。这一次,由于是连续性的专栏,而他当时大学本科还未毕业,用两个人合作的名义,怕在编辑部很难通过,于是就在商议之后,暂时用了孙绍振的名字。

然而,文章一经发表出来,立即引起各方面的热烈反响。最是编辑李星、李国平等立即来信大加赞扬。这些文章不短,长达十几篇的大论。好评不断,孙绍振隐隐感到不安,总想在某一场合有所说明。于是,借用学校的一次高层会议,孙绍振坦率地说:有这样一个学生,用我的名义连续性地写作文学评论文章,不但没有给我丢脸,反而为我争光。公开文章署名一事的孙绍振,不仅得到谢有顺的敬重,还得到了学校高层的赞赏。

在短短两三年的时间里,谢有顺的文章频频面世,已经覆盖了全国各种大小文艺刊物。每当孙绍振出差到外省市参加文学评论界各种学术会议,总是有一些研究生来打探:你们学校是不是有个研究生叫谢有顺的?您认识吗?这时的孙绍振深深地体会到师大校徽含金量的增加,就是像谢有顺这样的学生稳压了天平秤。莞尔而笑的孙绍振,骄傲而又从容地告诉他们:此人连大学本科都还没有毕业,他接触文学评论时间短到令人难以置信,这就是福建师大正在培养的学生。四年前,作为一所山区中等师范的学生,他除了《人民文学》和《福建文学》以外,其他文学刊物都没有见过。

造化真是待人不公,有人对文学忠心耿耿,数十年如一日,但是,或许终其一生,都难窥艺术的奥秘。却对于这位只有二十来岁的青年,赋予了这样的禀赋。孙绍振浩叹:在自己数十年的教学生涯中,出现这样的才子绝对是空前的。早熟的谢有顺,再加上他少有的勤奋,成大器的希望在他面前如早晨太阳的光芒,辉耀千万里。

孙绍振曾经把谢有顺与陈晓明作过比较,大胆地猜测他日后的成就或许在后者之上。他实际上已经成熟了,只是世俗的因素使他的名字有时在自己的盛荫之下。

终于又来了一个让自己致力于培养人才的机会,《小说评论》的主编给孙绍振写来一封信,说能否请谢有顺为他们的刊物开辟一个独立写作专栏。这个机会,不论是对于谢有顺,还是对于孙绍振,无疑都是一个庆典。这个庆典的主题是他的自我实现,虽然还是一个大学刚刚毕业的大学生,但是,他作为一个独立的文学评论家,他的一家之言已经得到了文学评论界的认可。从此以后,为师的职责就并不总是固定在自己的头上,应该是像孔夫子"三人行"中所包含的那种交互转化的关系。

孙绍振认为自己这样说,并不是出于某种礼貌和谦虚。促使自己产生这样的想法是因为在《当代作家评论》那年第 4 期上,谢有顺对自己的评论虽然有一些由于师生一场而难免的偏爱之词,但是他并没有庸俗地捧场。在所有评论自己的文章中,他是第一个提出了对自己的真善美三维错位理论体系的深刻批评。

但凡知道孙绍振文艺思想的学者们，一般都能理解其核心是：真善美并不是像传统所反复强调的那样，是天经地义统一的，也不是仅仅在量上只有某种差异（如半径不同的同心圆）。真善美三者，属于不同范畴，其主要内涵与其说是统一的，不如说是相异的。如果要作比方的话，应该是一种圆心不同，但是又不完全脱离的错位的三个圆。在不相互脱离的前提下，三者拉开的距离越大，审美的价值就越高。反之，则导致审美价值的贬值。多年来，学者们对孙绍振的这个说法，赞扬者不无夸张地渲染，质疑者则往往是顾左右而言他。孙绍振也意识到自己身边所有的朋友，都多少有一点"私我也"的意味。然而谢有顺却在他的文章中，对于自己的真善美错位理论，只在文学创作的层次上予以肯定。他指出：作为人生理想，在更高的层次上，真善美三者还是有可能达到统一的。他反问了孙绍振一个问题：那个圆心不同但又不完全脱离的错位的三个圆，它们互相重叠（即统一）的部分是什么，该作怎样的解释？

当孙绍振读到这样的文字之时，有一种从未有过的豁然开朗的感觉。孙绍振承认这是自己在理论方面的内在矛盾，因为一直没有意识到，也就没有想去寻求统一。这个时候的孙绍振，实实在在地认同中国传统师道的"亦师亦友"的阐释。

孙绍振深深地领悟到他对自己的批评并非偶然，因为它来自一个更高的精神殿堂。统观谢有顺的全部文学评论文章，其根本精神就是他从来不轻易赞成为文学本身而文学，他不像孙老师有时有某种为艺术而艺术的倾向。他的出发点和终极目标，不但有现实的苦难，而且有人的心灵的苦难。他总是不倦地对人的存在发出质疑、追询，对人的精神价值反复地探寻。他毫不掩饰在自己的心灵里有一个最高的境界，有一个渺远的精神的彼岸。孙绍振不能不一次次地感叹：他以小小二十几岁的年纪，为什么就有了对中国当代文学条分缕析、挥斥方遒的气魄？或许只有在这方面寻根究底，才能获得真实的答案。也会从中知晓他所发出的，不是世俗的人生的感叹，而是从精神天国投射向世俗人生的一道救赎之光。那个精神的彼岸，是那样纯洁、崇高、风烟俱净。

正是因为这个精神高度的存在，在谢有顺的文章中，才有不少文人们所缺失的对于精神救赎的追求。他的诚惶诚恐，抵制谎言，拒绝游戏，为真实所折磨，为怯懦所折磨，为烦恼所折磨的主题，正是他基于信念的真诚而自然而然的流泻。也正是因为自然、真诚，他的文章才有了理论文章难能可贵的激情，或者叫作情采。他那种行云流水的气势，他纷纭的思绪，像不择地而出的奔流一旦涌出，就绝不随物赋形，而是充满着浩然之气，犹如横空出世的天马，奔驰于长空，行于所当行，止于所不得不止。在他的文章中，可看出他来不及作学院式的引经据典，好像他自己汹涌的思路已经流布了他整个的篇幅，舍不得把有限的空间再让给那些已经死去了的权威哲人。孙绍振说，每当自己读到他的文章，尤其是他对于 90 年代新诗所作虽然为数不多，却引起了某些同仁侧目的篇章的时候，自己往往来不及在学术上作任何挑剔，一种心灵的宴饮和精神洗礼之感也使自己忘却了学院式的规范。

孙绍振与谢有顺的亦师亦友，让他们师徒俩常常并行于一道，不拘曾经在讲台上与讲台下、红校徽与白校徽的区别。谢有顺出名之后，有一次从穗城的中山大学回到闽省。他是闽西汀州人，当然引起了闽西文联的关注，决定不放过这个机会。于是，闽西文联与一位闽西籍的福建师大教授商议，恭请孙绍振带领一批出自中文系的、在文学上有所建树的才子们访问闽西。年过八旬的孙绍振欣然应允，带上陈章汉、傅翔、哈雷、伍明春等一行穿州过府前往闽西。这次特别的访问活动，是他们之间亦师亦友的关系又一次的有力诠释与见证。

王光明这个姓与名，在十几亿人口的大中国，名字的重复就不可避免。王光明为什么能在当年福建师大中文系毕业后得以留校，后来又能荣登首都师大中文系的讲台，并且还先后出版《散文诗的世界》《开放诗歌的阅读空间：读诗会品赏录》《二十世纪中国经典散文诗》等多部著作，在教育界、理论界成就其应有的名声？他之所以能获得这一切，是与他的恩师孙绍振先生竭尽所能的栽培分不开的。当年王光明跌宕起伏的人生与弯来曲去的奋斗之路，充满了故事和情愫，在此只是撷取孙绍振对他的赏识与无私扶植之中的某些片段。

出生于武平县武东镇的王光明，不但是地道的农民之子，所处的村落还在一个称作雷公井的群山之间。历经小学、中学的苦读，王光明终于翻山越岭地来到了省城，就读于福建师范大学中文系。在学期间，孙绍振不但发现了他与众不同的勤奋，且还洞察出他在某些方面的天赋。临近毕业那年的一天，孙绍振让他旁听一个会议，会后指示他写篇会议纪要。王光明此篇不但条理分明，且字迹清晰工整的纪要一出，孙老师边看边击掌叫好。当时，王光明压根不知道此篇出于自己之手的纪要，会让自己的人生之路转了一个大方向，开启了一扇光明之窗。

自打看了那篇会议纪要之后，从来都器重学生真才实学的孙绍振，暗暗下了一个决心：要让这个叫王光明的可塑之才留校当助教。但那年头的孙绍振，虽然学问的锋芒已有所显露，却远未达到如雷贯耳的地步，想把王光明留在自己身边当助教的愿望能不能实现，胜券并未在握。

意愿是表达出去了，从教研组到中文系，层层传递上报。果不其然，系里说已另有人选，留校名额无法增加。由于当时没有考虑王光明留校，学校组织部门也就早早把王光明的档案材料寄到了武平县教育局。那时对于工农兵学员毕业后的去向通常的原则是从哪来回到哪去。王光明本人也没有特别复杂的想法，不敢奢望留校一类的"美梦"。以为自己笃定回家乡某中学任教的王光明，根本不知道孙老师竟然一直在为自己的去向奔走。

王光明的档案材料被寄走了，留校的希望就变得十分渺茫，争取的步伐每一步都会相当艰难。但孙绍振并未因此打退堂鼓，而是以理力争：自己所在教研组严重缺乏师资，而系里所定人选的走向是并不缺教师的其他教研组。无论是中文系还是学校，在毕业生留校这一议题上，理应在重视其真才实学的基础上予以雪中送炭，而不是锦上添花。所说虽然句句在理，但那时候的孙绍振无职无衔也就无权。

如今在谁去谁留的十字路口上，知人善任又敢于担当的孙绍振决定豁出去了。怎么"豁"呢？为人才着想、为写作教学着想的孙绍振一时胆壮心雄地声明：倘若不尊重他如此正确的意见，那么他就罢课。此言一出，无论教研组还是中文系，举座皆惊。

但孙绍振的话在理上，谁也奈何不了他，于是，又阴错阳差地多出了一个"真实"的故事情节。又到孙绍振上课的那一天，系里担心他会"一言既出驷马难追"地罢起课来，于是暗中派人前往所在教室探听虚实。这位可爱的"探子"遵命来到中文系的教学楼，又来到孙绍振通常上课的教室，一看吓一跳，孙先生上课的教室果真空空如也。于是，他马上紧张地向系里如实禀报。原本心里就不踏实的"头头脑脑"们，一听孙绍振口中的罢课说话算数已成为现实，为了平息事态，有关孙绍振让王光明留校的议题，又被系里空前地重视起来。

由此，是王光明留校还是其他人留校的问题，再次摆到了桌面上。会议上争论激烈，僵持不下，还是一位系领导明智，他提议用原始的办法投票表决，投票的结果是孙绍振提议王光明留校的意见胜出。

其实，孙绍振压根就没有罢课，只是临时调换了一个教室上课。但这个戏剧性的巧合，却鬼使神差地推动了王光明留校的进程。于是，学校组织部门火速从武平县教育局把王光明的档案材料给追了回来。已打点行装随时准备"从哪来回到哪去"的王光明几乎是在回家乡的半路上，向后转，又回到了学府。

王光明留校了，在孙绍振等师辈们的引领下，一步一个脚印地前行在教学与学术研究的道路上。由于留校起点高，又有孙绍振等名师的提携和自身的努力，王光明从一个普通助教越过讲师这个环节，被破格晋升为副教授，据说是当时福建省最年轻的一位副教授。不久又从副教授的位置上坐上了教授的"交椅"。

虽然步步高升，但学无止境，进一步深造不但是王光明本人的期待，也成了孙绍振的期望。北大不仅是自己人脉资源相当丰富的母校，又是中国一流的学府，是个进修的理想之地。方向确定之后，孙绍振就亲自联系学校和导师，于是，王光明就北上迈进了北大。

进修之后，王光明积累了更多的能量，迎来了人生的最佳时期。他从福州调到北京，成为首都师范大学中文系的教授，后来又担任了中文系的系主任，同时还兼任香港中文大学英文系客座研究员、香港岭南大学现代文学研究中心客座研究员。不仅为博士生、硕士生开设专业课，还为本科生开设专业基础课、选修课等。他成为享誉国内外的著名学者，文学评论家，还是教育部国家规划教材《二十世纪中国文学史》及配套参考书《二十世纪中国文学作品选》的主要参编者，长时期主编《中国诗歌年选》。

倘若没有孙绍振先生的慧眼,以及对造就人才顶风冒雨的坚守,特别是为国家教育事业珍惜人才的情怀,就不会有王光明个人的今天。

数十年过去了,已经成名成家的王光明,只知道毕业那年,自己的档案材料曾经一度已告别了师大,回到了家乡武平县,有关孙先生为自己留校四处奔走,甚至"罢课"的故事,半点不知情。直至近年才在一次与老师相聚时,于漫无边际的闲聊中,知道当年在自己留校的过程中,竟然还有这么一桩让自己感动莫名的"历史事件"。

对人才培养方面总是眷顾无言的孙绍振先生,其功已深,其德无价。

再举一个另外一种类型学生的事例,它体现了孙绍振在培养才能卓异的学生时的锲而不舍。

孙绍振曾经把所教过的学生分成两类,一类是可爱的,大都是日后可能为自己增光的;一类是"可恨"的,日后有可能成为自己的麻烦制造者。这个学生是可爱的还是"可恨"的?在孙绍振的描述中,他应当属于可爱的一类。或许可以这样说,在孙绍振眼中几乎没有"可恨"的学生,因为他在"恨"字上加了引号。

孙绍振说,当他第一次布置作业之时,就看出此位学生的才气不凡。因为他虽然年纪不大,且清瘦得有点苍白,居然把人性描写得很有一点阴冷,写出了亲子之间一些叫人心灵颤惊的自私。他对于生活,给人的感觉是"有个人化和私有化的感觉"。在孙绍振眼中,这就是才气。上帝虽然几乎在一切方面都很大度,不惜把最美好的品行给予人类,但是在才气方面却很吝啬,不能让人人拥有。而大多稀有的才子,大抵都有一点怪,也就不为世俗所容。也正因为这样,伯乐才比千里马更为难得。孙绍振觉得自己不是什么天才,但是这一辈子只要能当回伯乐,也算是有功德了。

孙绍振回忆,当这位学生毕业的时候,因为觉得是个人才,舍不得把他放到社会上去。于是,自己是特别关照了的,专门建议校方有关部门把他留下来当助教,作为有望为学校增光的苗子加以培养。有关方面高度尊重孙绍振的建议,不几日便通知该生去考外语。谁都知道这种考试是走过场的,但由于他的外语特别不行,就以为是在故意为难他,气得当场拿起墨水瓶子一扔,哗啦啦砸碎了一扇玻璃门。他这个让人人意外的行为,当然也让孙绍振既遗憾又恼怒。事已至此，也无可奈何。其结果是被学校记了一大过，留校一说付诸东流。

于是他被分配到福州市郊区的一所中学任教，"吃"上了粉笔灰。但他的特殊性格和才智，总是让菩萨心肠的孙绍振萦绕于心，无法释怀。为了不埋没这个人才，孙绍振又向《福建文学》陪了一副笑脸，介绍之后大力推荐了他的小说文稿。编辑部的编辑很给面子，审阅后觉得不错，但必须修改提高。于是就给了他一个美差，到一个风景区去修改稿子。但他在那儿又不守规矩，把对衫的下摆打成一个英雄结，和一位"豪杰"打了一架。其结果当然可以想见，以失败收场，让孙绍振对他的关爱没能开花结果。

他或许觉得愧对孙老师的倾心栽培，也试着改变自己。过了些日子，他又找上门来，说是现在经过生活的磨炼，已经变得很正统了，极希望孙老师能以他的影响力帮他转调另一所学校。这时的孙绍振虽然觉得该生比较顽劣，但毕竟是个可造之才，也就答应了。于是就说有一所中专学校正好有自己的一个"调皮鬼"学生，他也"改邪归正"了，还在那所学校当上了教务主任。都是调皮鬼，或许都能"改邪归正"，他们在一起工作可能会有更多的共同语言，负负得正嘛。这调皮鬼自然喜之不尽，连声说非常期待。

孙绍振闻知也颇为欣慰，马上一番努力的联系沟通。但是不知为何，等了许多天，这个调皮鬼竟没有再来找自己落实此事。直到相当长一段时间后，那个在学校当官的调皮鬼来拜见孙老师，顺便提起了此前师弟求请工作一事。他不禁一番苦笑，如实报告说，接到孙老师指令后，不敢怠慢，当即马不停蹄地奔波。经上下了解，才知晓这位师弟常常有不凡的举动，曾经在那所他短暂任教的郊区中学，有这么一番颇为惊人的作为：一次他和一个顽劣的学生不知为何事发生了口角，禁不住怒火中烧，便把老拳先是表演式的一番挥舞。那学生自知不敌，好汉不吃眼前亏，落荒而逃。但他觉得让一个"恶劣"的"鼠辈"在自己手下逃掉，有损英名，便一声呐喊，脚下生风，穷追不舍。直至追到学生宿舍，几下拳脚，尚未过瘾，觉得自己的浑身解数还没有使够三分而悻悻然。哪知那学生并不经打，早已经如《水浒传》中鲁提辖拳下的镇关西，只有出的气没有入的气了。他当然不可能如此放过，又把那学生的被子以力拔泰山之雄姿扔之于数十米开外的池塘里。这才觉得出了一口鸟气，拂拂袖子，踱着方步而去。

孙绍振怎么也想象不出来，像他这样一个感觉精致而且很有审美能力的才子，怎么会有李逵的气质？虽然自己有很大的老面子，调皮鬼也相信师弟是个人才，但有这样出格的记录，人事部门是绝对不可能通过的。如此这般，此事也就不了了之，没能完成老师所嘱咐之事。今日拜望老师，一来是"负荆请罪"，二来是附带向老师进言：以后对于有才气的门生除了才气之外，还得了解其是否兼有李逵气质。

听了这令人啼笑皆非的故事，孙绍振不得不把他从可爱的一类忍痛划入"可恨"的一类。

这个武功和萧军可以媲美的才子，或许自认才气一时还没有达到萧军的水平，在国内肯定是混不下去了。一番计策，只好远走东瀛，在那里他奋勇地苦斗了六年。其艰苦卓绝，不必细问，也是可以想象的。他给恩师孙绍振历经千山万水地呈来一封信，诉说道：在刚刚去的那半年，因为找不到任何工作，也就以睡觉当成"主业"。在那一百多天的日子里，天天睡足八个小时。但在工作的五年半中，每天的睡眠时间锐减一半，大抵只能睡上四个小时左右。终于事业有成，手头有了些"银子"，也就娶妻成了个家。无论日本有关方面如何以高薪挽留，但他果断拒绝了。缘由就是忘不了他的中国文学之梦，这种梦，在日本是绝对梦不起来的。

回国后，他在文学创作上追赶萧军的雄心不死，日日闭门练笔，埋头写长篇小说以外，几乎什么也不干。终于有一天，他拿着不少于两公斤重的小说稿，又拜求恩师来了，求请恩师审阅后推荐出版。天生经不起良性三言两语的孙绍振，自然拿出最大的力量为他效劳。虽然在过程中时不时地捏着一把汗，因为按照该生的习惯，不知他还会耍出什么鬼花样来。但是，让孙绍振无比欣慰的是，这次他成功了。

由此回想过往，孙绍振不得不怀疑自己是不是对他还不够了解：当年他的顽劣，不过是因为才气得不到正常的发挥，受到扭曲而已。特别是看了他的小说，书中充满了对在日本的留学生沉迷于物欲、背离中国传统文化的价值观念的无情批判。这无疑可以充分说明，他的审美情感追求绝对是超越世俗的。从作品看来，孙绍振觉得当年对他的期待没有任何错误，自己对他的培养不存在什么问题。于是，孙绍振按照自己创造的好坏二分法，他大概还是可以归入可爱一类的。

就在他的大作即将出版之时，孙绍振在他登门拜谢时，玩笑地和他谈起当年的英雄事迹。他相当轻松地说了几句这样坦诚得让人惊诧的话："我这个人，不知怎么回事，有时会突然失去理智，或许是我在那个时间段中神经不正常。每每做出了一些相当出格之错后，也希望自己能鼓起勇气说一些表示抱歉的话，然而就是说不出。说不出也罢，竟然还'旧病复发'，不该发怒时发怒，理当道歉时不道歉。无论对待家人还是对待他人，一概如此混蛋。在很长的一段岁月中，就这样不可理喻地既折磨他人也折磨自己。"他说着说着竟然笑了起来，让孙绍振惊异的是，笑声里居然没有多少沉重感。

就在他轻松的笑声中，孙绍振又不得不把他归入"可恨"的一类，似乎这样归类才比较恰当。但后来又觉得，对这位有着鲜明特点的学生，要想进行好坏二分法的划分，显然是太困难了。因为这种想法如同扳着手指想数出第六个手指一样，是那么的多余。由此不得不再次困惑：总是习惯于把人分成可爱的和"可恨"的二分法，对于复杂的人来说是太狭隘、太可笑了。诸如此人，也许正因为他可爱，他才更加"可恨"；但又因为他的"可恨"，他才更加可爱。

最后，孙绍振这样评价这位学生：他无疑是一个天堂和地狱都受欢迎的家伙。

孙绍振到福建师大工作迄今已整整半个世纪。在这漫长的岁月中，他对学生的钟爱是有口皆碑的。他刚步入师大的那一年，学校正在招收第二届工农兵学员。以上所举的陈晓明、谢有顺和那位有"怪才"之称的学生，都是"文革"后考进师大的学生。那么，孙绍振与他最早的四届工农兵学员，又有怎样的师生情谊呢？这里就举一个孙绍振在生活上关爱学生的事例。

工农兵学员是特定年代的产物，他们大多来自工矿企业、田间地头以及军营哨所。由于他们曾经就业，年龄就参差不齐，有的甚至有了家庭、已经作了父母。所举例的这一位，虽然年岁不小，但不曾有过婚娶。在学期间，又在不准谈情说爱的紧箍咒下噤若寒蝉，于是直到毕业仍未接触过异性，然而那时候他已经靠近而立之年。因为他是孙绍振在"开门办学"中直接带出来的学生，很是知其根底，于是孙绍振就把该生婚恋老大难问题，摆上了自己的议事日程。

有一天，这位学生来到孙绍振的住所，又攀谈起此事。面对这位学生的一脸茫然，孙绍振在无限同情中猛然想起在"开门办学"中曾经在三明纺织厂与工人阶级打成一片，而纺织厂女工在棉纺车间成行成队，多乎其多。其中有一位姓叶的女工，不仅品行好，而且形象方面也在众女工中可称为佼佼者，甚至还会在工余时间写几句顺口溜。想到此女工，孙绍振顿时双眼一亮，当即兴起，随即询问说：三纺厂的小叶如何？这位渴望有个家的学生经老师的提示，立刻在眼前浮现出这个小叶的形象，那是一张端庄的面孔，高个，叠加起出自上海大都市的特有气质。这学生也就立刻来了精气神，脸上的茫然变幻成一种光芒，那时那刻，谁又愿意说个不字呢？

老师的美意与学生的乐意让此刻的空气迅速甜美了起来，高昂情致让孙绍振兴味盎然地拉开抽屉，边取出纸笔边笑呵呵地说："这个媒人就由我来担任了。"一番龙飞凤舞，已是妙笔生花，一封出自老师笔端的雁素鱼笺已成。孙绍振边粘合信函边风趣地说："在旧时有言，无谎不成媒。但我此信虽不说一字千金，却也是句句真话良言，就不知是否能感动小叶？试试吧。倘若没有特殊原因，我的面子应该会起到决定性作用。"

学生得此信件，满脸的欢欣鼓舞，接过老师如此金贵的信后，转身就想夺门而出。刚到门边，孙绍振又一声断喝："回来！"这位学生不知何故，又是一脸茫然地回到老师身边听令。只见老师再次拉开抽屉，取出一张邮票，从学生手中要回书信。开启浆糊瓶，亲自把邮票粘贴在信封口，边贴边说："一条龙服务，很是周到了吧！"老师此举，让学生好一番诚惶诚恐地感动。

承蒙老师厚意，学生得以鸿雁传书。自从把老师的亲笔信寄出后，在静候佳音的朝朝暮暮中，演化出这位学生几多美妙的梦幻。

大约一周的时光，三纺厂的小叶回了信。大意是，因为无论怎样的艰难，都必须要返回上海。一旦在福建嫁了人，这个可能的希望也就破灭了，失去希望的生活，将会黯淡人生之光。倘若那样，也会给双方的生活蒙上阴影，那将是很不幸的。大概是因为面对孙老师写给她的亲笔信，她在回信中不敢造次，所用词语让人觉得小心翼翼。

这位学生得此信后，知道刚刚吹起的肥皂泡破灭了，也就没有勇气去向老师汇报这个令人沮丧的结果。一段时间后，这对师生又面对面坐在一起，孙绍振一脸疑惑地问起此事。学生支支吾吾不敢明说，但言语的含混躲闪让孙绍振心知肚明，坦然地说道："我生于上海长于上海，知道太多的上海人就是离不开上海，无比正常。'宁要上海两尺床，不想福建一套房'，或许这是不少上海人的选择。"之后，又轻松地补了一句："塞翁失马，焉知非福？继续找，远远近近，应该会有个贤淑且美丽的靓女在等着你。"经老师如此一说，在这位学生面前又有了满天的祥云。

虽然孙绍振此次为媒未能如愿，但在这位学生心中，却铭记了数十年。如今，这位学生也已过了古稀之年。每每在已届耄耋的恩师面前，仍然有不尽的感慨和感动。

孙绍振有一位名叫商家云的学生热衷于写诗，一次，他挑选了一组描写边防哨卡的诗稿寄给孙老师。本想请老师点评一下，以利于自己长进，然而，让这位学生在睡梦中都会笑醒的是，孙绍振看后竟然转寄给著名的大诗人、解放军文艺社社长李瑛，商请给予处理一下。后来，孙绍振为这位学生的诗集写序，序中就提到这件事，说是为了让自己学生的诗"能在全国性的刊物上露露脸"。不仅如此，他还时常拨冗给这位学生写信，对于精彩的句子予以鼓励，也在败笔处批注"不能这么写"。倘若对学生缺乏爱心的人，是不可能如此费劲的。

中文系1974级另有一位学生黄宝雄，毕业后从教于闽东一所中学。有一次，他给孙老师寄了一首诗歌习作请求指点，原以为孙老师教学繁忙，况且学生无数，或许无法拨冗，因此对于是否回信没有太多的期待。然而出乎意料的是孙老师很快就回复了，回信的第一句话就是"我还记得你"。十几个春秋了，教学与写作都十分劳碌的孙老师竟然还记得当年的一个普通学生，着实让他觉得幸运与感动。孙老师说："这首诗的开头还不错，后面就太拘泥了。生活未经提炼，许多非散文逻辑可以砍去一大半。"他按孙老师的指点坚持写现代诗和歌词，不久作品便陆续见诸报刊。后来他又学习创作了近体诗、词、曲及楹联等，编录了收有近2500首作品的集子。

孙绍振不仅无言地眷顾着自己的学生，对亲朋好友以及当年的同学，特别是对那些无私帮助过自己的人，他在感情中也是"一个也不能少"。他曾经写了《寻找恩友沈剑云》一文，说的就是这么一件事。

有一回，孙绍振前往张家港出差，双脚刚刚踏上这座名城的地面，就拨通了114的求助电话。一番周折，几多问讯，资讯发达的张家港居然也无法在人海中找到自己要寻找的恩友，失落的孙绍振恨不得四处张贴"寻人启事"。在寻无结果之后，也只得悻悻然地打道回府。回到福州，快一个月过去了，张家港方面仍然杳无音信。这不但使孙绍振为之失望，而且还增添了忧虑。屈指算算年龄，他要找的沈剑云也该六十五六岁了，会不会出了什么意外？善良的孙绍振不敢往下想。

孙绍振为何要找这位沈剑云，因为他是有恩于自己的恩友，当年华侨大学工作时的一位同事和朋友。数十年了，孙绍振一直在冥冥之中想念着他，锲而不舍地寻找着他。沈剑云于自己是何等重要的一个人？因为没有他，或许就没有今天的自己了。

那是1967年的秋天，孙绍振任教的华侨大学，学生"杀"向社会差不多长达一年，把校园留给了稀稀拉拉的大字报以后，又打着血红的旗帜乱纷纷地"杀"回来了。于是，广播喇叭又惊心动魄地震动着玻璃窗，清理阶级队伍即将开始，一些"走资派""牛鬼蛇神"又被拉出来游街。在大家摇着红色语录"早请示"的时候，一些"牛鬼蛇神"就要进行所谓的"早请罪"。孙绍振说，那时候只能用心惊肉跳来形容自己的感觉，接下去，就要轮到他了，想到这样的屈辱即将降临到自己的头上，他就克制不住轻生的念头。在紧张地思想搏斗了几天之后，他默默地对自己说："在人之上，要把人当人；在人之下，要把自己当人。"

孙绍振是这样下了决心的：一旦有人来给自己如此爱国的人乱扣帽子，恣意泼污水，那就以死相争，还自己一个尊严。别看自己是一介书生，自己尊重自己的勇气，孙绍振永远都有！

提前写就的遗书寄出去了，内心与外界的一应事项都一一办妥了，一切准备就绪后，心情反倒平静了。望着那戴高帽的队伍一天天地变长变大，不少无辜的教师都被拉进那怪异的队伍中。此时的孙绍振，竟然没有一丝恐惧。正在这剧变的时刻，孙绍振从沈剑云的眼中看到了温情，他对孙绍振说："你最近脸色不好。"孙绍振听后勉强地笑了笑,内心却在说:民不畏死,奈何以死惧之。然而,漫长的一个月过去了,虽然戴高帽的队伍没有消失,却居然没有人粗暴地来敲自己的房门。

正在莫名之时,他得到了当时颇为意外的消息,有人替自己讲话了:"此时的孙绍振比较脆弱,不要动他,弄不好会出人命。"得知这个信息,孙绍振松了一口气,还有点不好意思地写信把遗书收回。学校很快解散,但当时没法落实到底是谁救了自己,但有一种感觉告诉他,必定是沈剑云。因为他知道在比较了解自己的朋友圈中唯有沈剑云有这种本钱。他出身工人,当过解放军战士,在那些特别的日子里,这位"红五类"是可以讲得上话的。更重要的是,内心善良的沈剑云也一定看到了孙绍振的善良,关键时刻站出来为自己说几句公道话,或许出自于他的本能。

后来,孙绍振下放到德化,沈剑云就调回江阴了。这么多年来,间接的信息还是有的,他在江阴一所教师进修学校教书,以他的学养和品性肯定是个不可多得的好教师。这次动身之前孙绍振是想和他照一张相的,还准备了一个相框,至今空相框还放在书桌上。每次看到空相框,孙绍振就想,如果他一切正常,该是有了孙子的爷爷辈的人了吧。

后来孙绍振终于和沈剑云联系上了,让孙绍振感佩的是,他的字还是那么工整,风格还是那样从容。从此每逢过年,他们都要在电话中互道珍重。但若干年后,他又找不着沈剑云的联系方式了。孙绍振通过种种曲折,终于又与他恢复了联系。但在通话时,总有点怪异之感,让孙绍振很觉得莫名。有一回,孙绍振又到江阴,但据说他已经有点"木"了,孙绍振明白这是老年痴呆症的委婉语。这时的孙绍振心情是沉重的,但无论如何都还要见他,果真,见面时,他已经不认识自己了。

难过得无语的孙绍振在告辞之时给了他家人一个信封,信封里的钱对于江阴一般教师家庭是不算少的。从江阴返回后,他好长时间都缓不过神来,心里相当沉重,为此责备自己为什么不早点去看看他,叙叙旧,非要顺道才去呢?难道救命之恩,不值得专程跑一趟?如今就是专程,这辈子再也不能报答他的恩情了。

《中庸》说:"大德必得其位,必得其禄,必得其名,必得其寿。"孙绍振

263

既是智者，更是仁者，"智者乐，仁者寿"这六字，孙先生受之恰如其分。

第五节　八方高评

2003 年，莫言在苏州大学出版社出版的一本书中这样说："刚才我为什么特别提起孙绍振老师？就是 1984 年到 1986 年，我在北京解放军艺术学院上学期间，孙老师给我们讲过七次或者六次课，给我留下了非常深刻的印象。孙老师在课堂上跟我们讲诗歌，讲台湾的诗歌，讲余光中的诗歌，讲唐诗，讲宋词。我虽然是写小说的，但是，孙老师的课给了我很多的启发。孙老师对很多诗歌的意境、诗意的分析，对我文学语言的改善、小说意境的营造，发挥了非常大的作用。在我们解放军艺术学院的文学系里，在我一个班的同学里边，提到孙绍振老师的课，大家都记忆犹新。在每个学期结束的时候，学校会做问卷：本学期对哪位老师的印象最深？受到教益最大？孙老师得票最高……"

2014 年的一天，《福建日报》又以《学生莫言》为题刊发了莫言评价孙绍振的一段话："我记得在军艺读书时，福建来的孙绍振先生对我们讲：一个作家有没有潜能，就在于他有没有同化生活的能力。有很多作家，包括红色经典时期的作家，往往一本书写完以后自己就完蛋了，就不能往下再写了。再写也是重复，他把自己的生活经历写完以后，再往下写就是炒冷饭。顶多把第一部书里的边边角角再拎出来写一下。新的生活、别人的生活都很难进入他们的头脑，进入也不能被同化。"

著名文艺评论家、诗人谢冕教授在 2015 年金秋时节于安徽黄山一个专事讨论孙绍振作品的研讨会上说："我们在美丽的黄山脚下讨论一个美丽的题目，讨论的对象就是孙绍振先生。他的生命犹如黄山上面的奇松、怪石、云海，非常美丽。不仅是一般的秀美，而且是极美、是奇美。孙先生的生命就是黄山奇松一般奇美的风景！"

谢冕先生一开场就说孙绍振是一个才子，或许正因为他才华横溢，始终不愿意做"驯服工具"。不想被"驯服",岂能甘心做别人的"工具"?就是做一颗被死死拧在一颗螺帽上的螺丝钉也不愿意。他早在北大念书时就提出大学生要有叛逆性格,要做一部机器的发动机,不停地转动和轰鸣。个性突出,充满奇思异想的孙绍振是一个自由的精灵,他总要找机会彰显自己的个性。那时候每天下课回宿舍,他总会在走廊里高声朗诵他心仪的诗歌;也会用尖细的、公鸡一般的嗓子唱俄国歌。他一高兴,大家都高兴,同学们都会露出笑容嚷嚷道:孙猴子回来了。谢冕先生这样的开场白,或许像当年引大家快乐的孙绍振。

谢冕先生又说天妒英才,让孙绍振年纪轻轻那黄金岁月就遭灾受罪。但他命硬,未遭天谴。解脱苦难后,孙绍振的自信,又让自己的率真和浪漫,口无遮拦。而时时的口若悬河,处处都能语惊四座。有的人的自信是狂妄,是年少轻狂;孙绍振不是,他因为博览群书,学问的功底想让他不狂都不行。他又凭着雄厚的英语和俄语基础,下苦功夫地读马列,读《资本论》。不少经典之作,读过后也就过目不忘,重要的还一读再读。他的阅读和研究涉及面都很广:文艺学和马列文论、写作学、诗学,包括新诗和古典诗学、幽默学。这许多层面的学问,通通不放过。生性活泼的孙绍振,不仅有"胆",而且有"识",他的"胆",是建立在"识"之上的。有了这胆识,加上他的真学问,让他这个天才型的学者十年寒窗无人问,一举成名天下知。

让谢冕先生惊异的是,孙绍振对于中学和大学语文教学,对于高考和教育体制的研究,还付出了那么多的力气。同时,也能在散文和诗歌的创作方面卓有成就,在诸多的领域里做出了许多骄人的成就!他这种超常的聪明才智不得不让人叹服。

孙绍振无可置疑地是一位现代派,他的祖籍虽然是在多山的福建,却成长于号称十里洋场的大上海,风流倜傥,浑身散发着洋味儿。但与他相处久了,便能发现,他的确是一位外表现代而内心传统的人,是由现代意识和儒家思想杂糅而成的"杂拌儿"。不知者以为他会几句外语,言必称希腊罗马,是一个十足的现代学者,其实,他的内心深处是一位相当传统的中国文人。

孙绍振的学术之路尽管宽广,但也有起落,他一概坦然接受。单以第二个崛起论为例,开始他向《诗刊》投稿,因为言论有悖"正确",遭到退稿。

退稿也罢，后来又来了点阴谋，要了回去。孙绍振不知是阴谋，中计了，照办。结果是被加了凶恶的"按语"，当作反面教材发表了。可见，他是一位多么没有心机的人。由于他的真性情，又心地善良，总把朋友们记在心中。当年谢冕和孙绍振等六人合作写《新诗发展概况》，六人中属殷晋培年龄最小，却是英年早逝。但孙绍振没有忘记这个"小上海"，于是就发出倡议把《新诗发展概况》的全部稿酬，送给殷晋培的家属。多情和念旧，是孙绍振的真性情。他一方面口不择言，另一方面却心如明镜；他有爱心，却也锐利。《白鹿原》名满天下时，他不以为然；有位社会地位很高的北大同窗，与他的诗歌理解有异，他就著文与之商榷；他不留情面，信守的是作为学者最重要的品质。

谢冕先生由衷地感到有孙绍振这位诤友，不但在学术上教益多多，而且给自己的生活带来许多快乐。特别对自己有帮助的是，在为人处世上也有让自己"活到老学到老"的感悟。比如，他知道谢冕的优点是从来不在背后议论别人的，只有一次，却例外地在孙绍振面前说了某人的不是，于是绍振在诧异中诘问。经他指出后，谢冕于内心感到愧疚，为此终生铭记，立誓今生不会再有第二次。人的品格，真是天知地知，正因为他是一个高尚纯粹的人，才能不时在四面八方听到这么一句话：孙绍振是一个很可爱的人。

近年来，名作家、老报人，浙江杭州的汪浙成先生不断在《收获》和《光明日报》上登载评论孙绍振的文章。这位老先生与孙绍振至少有四大共同点：他们是大学同学；都是文化艺术界的名人；同是享受政府特殊津贴的专家；且在年龄上还是同年，双双享受着米寿之福。他在一篇题为《孙绍振，诗人气质的理论骁将》的文章中就尽情地抒写了孙绍振。在文章中，他十分亲近地称孙绍振为"孙猴子"。他还强调说，孙绍振还不是一般的猴子，是敢于大闹天宫那齐天大圣级别的猴子。

他说如果提起曾经轰动文化艺术界的"三崛起"，就不能不提到孙绍振这位理论上的骁勇之将。他为朦胧诗的崛起专此著文、不遗余力地大声呐喊，赞扬这些"崛起的青年对我们传统的美学观念常常表现出一种不驯服的姿态"，"他们和我们50年代的颂歌、牧歌传统和60年代战歌传统有所不同，不是直接去赞美生活，而是追求生活溶解在心灵中的秘密"。

汪浙成回忆，有位老诗人曾在南宁召开的诗会上，提出以"人民"和"老百姓"的名义指责这些诗看不懂，孙绍振感情冲动，拍案而起，当场就回敬过去："看不懂不是你的光荣，是你的耻辱；既然看不懂还要引导人家，凭什么，难道凭你干饭吃得比人家多吗？"当时孙绍振那架势就如同孙悟空在大闹天宫。"孙猴子"这一"闹"，在会上掀起了一场轩然大波，成为我国当代文学史上的一桩"重要事件"。

其实汪浙成当时并不在场，是数月后在昆明全国当代文学研究会上跟与会几位北大老同学闲聊起来才听说的。由于他那时远在塞外，忙于自己的小说创作，对谢冕、孙绍振两位老同学正在为之抗争的朦胧诗一事不了解，隔靴搔痒地说了句："这下，孙猴可真的成为大闹天宫的齐天大圣了！"

他说孙绍振在大学读书期间，一些和孙绍振靠得很近的人，就已经叫他"孙猴"了。久而久之，或者连姓都省去就直呼"猴子"。当时的汪浙成认为按他的气质和才华横溢的特性，是富有想象力，但思维的严密性稍嫌不足。于是，汪浙成言之凿凿地说，孙绍振一定会成为诗人或者作家，但后来怎么就搞起理论来了，担心他这是否路走对了，门却迈错了。孰料几年后，朦胧诗被越来越多的人所接受，孙绍振随着这股蔚为大观的新诗发展态势理论研究上搞得越来越红火。后来，这条路子越走越宽广，成就也越来越大，有人在公开发表的文章中称他为"理论骁将"，展现出他气势如虹的学术人生。

汪浙成说，诺贝尔文学奖获得者莫言不止一次地在有关会议上，面对记者采访时，说他的创作得益于孙绍振的《文学创作论》，甚至还面对面地对孙绍振说："感谢栽培！"莫言这样言辞恳切地一而再、再而三地赞扬一位国内文艺理论家，实在是不太多见的！

汪浙成提及解放军艺术学院原院长朱向前将军，他对孙绍振《文学创作论》说得就更详尽了。据他回忆："当时还只是副教授的孙先生光荣地登上了军艺文学系的讲坛，获得了和丁玲、刘白羽、吴组缃、王蒙、李泽厚、刘再复等诸多大师大家们同台竞技的机会。他以一部60万字的《文学创作论》为教材，连讲一周，深受欢迎。他创造了在文学系连续开讲的最高纪录，至今无人打破。其中原因之一，是有一部皇皇巨著做本钱；原因之二，是他的本钱真管用。也就是说，他的理论是于创作切实有用的。事后，莫言不止一次地在不同场合谈到孙先生的理论对他创作的启发和影响；宋学武同学还直接以孙先生的术语'心口误差'为题，创作了一篇短篇小说，发表于《上海文学》。可见孙氏理论在作家中的入脑入心。这是孙氏理论的胜利，也是文学理论家孙绍振的光荣。"

汪浙成记得孙绍振在北大时就喜欢写诗，长诗短诗都写。工作后又跨界写过小说和散文，尤其是散文，写得情思独特，特别是后来提出的"演讲体散文"大都据演讲现场录音整理，现场交流，幽默、调侃、情趣、谐趣、智趣交融。孙绍振出版的多部著作皆成为文本分析的权威读本，更是中学语文教师讲解经典课文的案头必备书，其中的《名作细读》至今竟重印二十多次！孙绍振从事理论研究半个多世纪以来，成果堪称辉煌，先后出版的多部著作，涉及多个领域。由此汪浙成感悟到："人的一生，最初的美好设想，未必是正确的选择。有时生活中看去的偶遇，恰好就是我们的命运！"

汪浙成说，在日常生活中，孙绍振乐观开朗，自由散漫，心直口快，幽默风趣。60年代，从北大下放福建华侨大学十几年间，他受到来自社会和个人生活上的双重打击，内心的深重痛苦不难想见，但不论在当时还是事后，几乎没听他抱怨过。个中的况味想必是默默消化在回忆之中了，自我衍化为一种精神财富，因而没有干扰他的学术人生。汪浙成佩服孙绍振性格中显然有足够的坚韧和顽强。其实，五六十年代的中国知识分子，大都经历过政治运动的风风雨雨，倘没有足够的坚韧顽强，是难以屹立不倒的。孙绍振不仅没有落败告退，且还获得今天的巨大成就，汪浙成说这就是孙绍振的奇异风景。

后来，他又写了一篇《一道奇美的风景——孙绍振逸事》的文章。

文中说，就在2023年元旦那天，正是男女老少们在与"新冠"病毒鏖战之时，谢冕教授给老同学猴子——孙绍振发微信，祝他全家新年快乐！孙绍振面对学兄，不敢怠慢，当即回复："今年猴子不快乐，还没有转阴。胃口不好，精神欠佳……"云云。但在除夕那天，孙绍振给学兄报告了好消息：说健康状况恢复得很好。目前在家"躺平"，以逸待劳。

于是，谢教授感慨道：有生以来，几乎天天都有奇美风景的孙猴子，第一次一天到晚不读书，不看报，不看电视，看天花板，享受无聊！他这难得的空闲实为另外一道风景。借孙绍振难得闲下来的机会，谢教授就在微信上和他有一搭没一搭地聊起来。

谢教授在一番感慨中回忆起远远超过半个世纪的许多往事，想起了孙绍振在北大求学时的奇异风景。谢冕说，都说天妒英才，在孙绍振遭受厄运时上帝就会有疏忽，让他一一躲过了鬼门关。或许是他命硬，未遭天谴。这也是孙绍振的奇美风景。

那时谢冕对孙绍振最突出的印象是聪明，善辩，爱说话。他可以不吃饭，但不可以不说话。他说得比想得快，还没有想清楚就脱口而出。极为可贵的是他胸无城府，坦率真诚，心口如一。且在某些关乎前途命运之时，他"吕蒙大事不糊涂"，因此他头顶上有"保护伞"，身前身后都有保护他的好人，甚至不乏大好人。后来在编写当代文学史时，谢冕还把他提拔为诗歌组的组长。1959年谢冕又带他应《诗刊》之约撰写《新诗发展史》在《诗刊》上连载。毕业时，还把这猴子留校当了研究生。

孙绍振还没有想清楚就脱口而出的鲜明个性，使当年最亲近的人都担心他永远是个长不大的缺心眼的男孩子，而不是个能依靠一辈子的稳重男子汉。有时候，会"痛"遭同学们的围攻，他不但若无其事，且还更潇洒地把双手插在裤袋里，学着马雅可夫斯基的诗，跨着"两公尺的大步"，继续他那独有的奇美风景。一些欣赏他的人，虽然觉得他不一定有什么大才气，但还时不时地为他担心：如此不知忌讳，不通人情世故，天真烂漫，或许被55级那些班干部们宠坏了，今后行走在社会上了，是否会碰钉子？

毛病一大堆的孙绍振，思想上又不合时宜，为什么总是能够逢凶化吉，遇难成祥？这是个谜，只能从当年团支书阎国忠的话中找答案，这个答案就是"同学们的理解和爱"。这一点，并不是他个人的，也是这个班集体的心理。在庆贺孙绍振八十大寿的研讨会上，当年的党支书费振刚身患重症，托夫人带来的祝词只有一句话，"孙绍振是一个很可爱的人"。心胸坦荡的猴子，就是毛病也是很可爱的。

从北大中文系55级二班"温室"里出来的孙绍振"猴性"不改，后来，他还成了权威，把55级特别的优良传统发扬光大了。他无论在哪里，对于处境困难的学生，孙绍振总是自觉地充当起"保护伞"，尤其是对他看得上眼的有才华的苗子，多少也有点猴性的学生，更是倍加爱护，甚至保护起来可以不顾一切。于是汪浙成想，这才是谢冕所说的孙氏风景的"奇美"中最深刻的"奇美"。

吴俊先生是南京大学文学院、中国现代文学研究中心的教授、博导，主攻中国当代文学史料的研究。吴先生写下了《睥睨当世：孙老师的赤心与热爱》一文，讲述他所认识的孙老师。

他说，自己和孙老师的关系也称得上是跨世纪的交往，其密切程度可能不如南帆、谢有顺等诸位师友，但毕竟是上海老乡，关注度还是高的。有一日，他发现孙老师竟然是"B 站网红"，且还是人气播主，每次开播上线的粉丝量总在数千、几万，最多时超过十几万，真是让人倾慕。吴先生作为南大教授，太明白专业文学话题的号召力是弱小的，严肃话题一般都很小众且边缘，少有人关注。但是这位孙绍振先生，几乎没有费什么劲就撞开了这道"冷门"。

在 B 站谈文学、谈学术，是有其优势的，有着纸媒不可替代的好处。尽管有此作用，但吴俊到目前为止还没有勇气上 B 站。然而，孙老师在纸媒频出文章之余，却早就在 B 站侃侃而谈了。这位孙老师到底是怎么做到的？诚然，在 B 站高谈学术对于这方面的新人恐怕是件难事，关键的难度在思维的新颖、快捷，知识的广博、扎实，表达的准确、犀利。孙老师能够在此平台成为网红，是基于学界泰斗、文章大家，又是演讲理论和实践专家的名气，因而一入此门就红。

孙老师个人的独特禀赋，就是生性快乐，天真烂漫，做些异想天开的事就像玩儿似的，且一不小心就做成了创新高峰。吴俊当然知道孙老师是当年即便被社会鞭打后，也要"每天大笑三次"的、"钢铁炼就"的人物。在精神层面，孙老师的心性超越性早在年轻时代就已显山露水了。所以，读者们阅读孙老师的文章时，常常能在字里行间读出点儿藐视群雄之意。正因为有着不平凡的人生经历，而今又取得如此的成就，吴俊认为少有人能被孙老师高看。言外之意是能够被他高看的，也就是很不平凡的。

为什么孙老师无论在课堂，甚至在任何演讲场合都能广受欢迎，这与孙老师独特的见解有关。比如他讲鲁迅，谈鲁迅的小说艺术，就敢于说鲁迅是有艺术短板的。比如鲁迅能写死亡，却不大能写爱情，爱情叙事恐怕是鲁迅小说的一种缺失。确实，看《伤逝》这种小说，只能算是抽象的爱情小说，理念和情绪胜过具体的叙事，而基本没有爱情叙事。虽也是一种写法，但不是小说的高明写法。在鲁迅研究的专家队伍中，其实有不少的冬烘先生。孙老师很不以为然，觉得有气闷之感。吴俊猜测这会不会也是他冲上B站的动因？至少会有一点。同时，吴俊认为至少在当下，恐怕再也找不出另一个30年代出生的学者，能如此兴致勃勃做B站播主的。

孙老师当上了资深教授，就破除了大学里通常的规律。按理说，七十岁后都不会被选任为文科资深教授了，院士过了七十岁也得办退休手续。可孙老师是1936年生人，很快就是九旬之老人，再五年届满，就越过九十岁了。这在中国，应该说是绝无仅有的。孙老师之所以能够在中国当上只有第一、没有第二的文科资深教授，是因为他拥有多种魅力：学术魅力，声望魅力，生命的创造魅力。这几大魅力征服了学校，鼓励了学校敢于迈出新时代大学文科资深教授制度的第一步，也是最大的一步。但这一切发生在孙老师身上却又非常合适，换了别人，谁又担当得起呢？"博学多才的浮士德博士，睥睨生死，穷宇宙知识之极限。"吴俊在得知孙老师当上了相当不平常的资深教授的消息后，几乎第一时间给孙老师表达祝贺："孙老师众望所归！实至名归！不仅是福建师大，也是我们高校中国语言文学学科的光荣！"短信里用了三个感叹号，这在吴俊的记忆中也似乎是绝无仅有的。

孙老师从历史的视野中看明白了过去，也就看到了未来，首先是看清了现实，在其文章中，不断建立了自己的历史形象。那篇注定名载史册的《新的美学原则在崛起》，公共视野中的孙老师也就随着这篇名文而扬名。但吴俊觉得，相对于一篇文章，也许孙老师更看重文章背后的自己的世界观和实践真理论。实践为先，理论为辅，从经验中提炼出来的真正具有理论生命力的思想才是可信的。孙老师既是一个经验主义者（强调文本第一性），又是一个唯心主义者（对于哲学、某种程度上的精神先验性的痴迷），其实他更是一个辩证的、历史的唯物主义者（注重世界和思想的多重逻辑构成方法）。在他的文学理论表现方法上，吴俊认为他更像是《文心雕龙》的传人，同时兼有西方古典哲学、中国传统诗文艺术论和现代毛泽东哲学思想的显著特色。你是不能以专家、学究的眼光来看孙老师的。仰望孙老师，不少有学问的人会有一种冲动：是不是应该对孙老师进行一种全面的研究呢？应该有人专门研究孙老师的思想方法，也许他的经历、经验、思想特色，概言之他的丰富性，是贯通纸媒到新媒体时代的其他学人教授都不具备的。

吴俊敬重地说，孙老师是一种典范，一种高度；也是一种动力，一种向往。因为了解了他的人格与精神，我们才生出了更多的信心。吴俊在该篇文章的末了说道：至少在我，这个世界是值得爱的。

孙绍振与南帆的共同点实在太多，或许是志同道合，也或许是一种特别的缘分，这两位名人早早就结为挚友。尽管不在一个年龄段上，却不妨碍他们在情感上、文学上携手并肩地前行。

当孙绍振卷入朦胧诗大辩论之时，其美学理论让南帆折服，他坚定地站在孙绍振一边，率先写出了《一个坚定的审美主义卫士》一文。在此篇大几千字的理论文章中，南帆凿凿有据地说："熟悉孙绍振先生的人多半读过那篇雄文——《新的美学原则在崛起》。犀利，雄辩，大胆，率性，富有挑战性。""断定孙绍振这篇论文制造的理论漩涡，会成为当代诗歌史中的一个典故。"说孙绍振曾经花费相当多的时间、精力钻研马克思的《资本论》，并且一定程度地远溯黑格尔和康德。然而"对于20世纪之后的西方文论敬而远之。英美的'新批评'让他相当反感，阅读那些枯燥乏味的理论著作胸部会发痛。他宁可转向中国古典诗学，然而中国古典诗学背后的儒家思想或者道家思想并非他的聚焦领域，孙绍振先生毫不客气地将那些'宗经征圣'的迂腐之论抛到一边去"。

南帆认为"孙绍振先生作为一个立场坚定的审美主义卫士，才思敏捷，目光如炬，同时大义凛然"。他高度评价孙氏命题，说道："文学理论的辖区可能远远伸展到审美范畴之外。那些绕开了文学文本而另有所图的文学理论命题并非一文不值，这些文学理论多半具有哲学的性格。而且，它们的数量可能超过了文学文本审美意义的评论。"南帆察觉到一个倾向："文学理论并非单向的研究，而是展现出发散性的活跃姿态。超出了审美范畴是不是意味了抛弃审美？这个问题隐含了某些有争议的节点，譬如何谓审美以及审美的标准设置。认可这种观念：审美乃是文学不可或缺的功能。然而，审美的意义并非制造一个超然的精神空间,而是包含了激进的政治文化锋芒。"这时,审美主题如同沁人心脾的乐曲,审美的魔力很快征服了那些饱受创伤的内心。与其重复各种火药味十足的观念,不如将文学拯救出弥漫的硝烟,展示出令人迷醉的另一面。

不过,对于孙绍振先生说来,原创的乐趣也许是另一个重要的潜在原因。人们可以在"浪漫主义"或者"现实主义"的论述背后,发现无数平庸的重复与相互模仿。南帆认为,陈陈相因的理论淹没了鞭辟入里的文本分析。许多理论家可以轻松地复述尼采、德里达或者福柯的理论,但是,他们对一个真实的文学文本束手无策,或者只能毫无创意地人云亦云。至少在目前,擅长并且愿意从事文本细读的理论家寥寥无几,孙绍振先生是这个阵营之中明星一般的人物。孙氏命题的相当一部分源于文本分析的独特归纳,众多案例的实战分析极具启示意义。孙绍振先生在文本内部纵横驰骋,屡有斩获,他所赢得的成就必须同时追溯至某种个人原因——这是一个拒绝盲从和不甘平庸的性格。

南帆《背诵马雅可夫斯基的海盗——孙绍振印象记》一文中孙绍振形象生动又俏皮。文章以孙绍振走进博士论文答辩现场为开端,论文答辩即将开始,孙绍振先生双手插在裤兜里慢慢踱进答辩室,穿一件花格子西装,头上戴着标志性的鸭舌帽。于是所有的人都松了一口气,因为刚刚大家还在揣测:孙老师是不是又记错了时间或者地点?这种"习惯性"的情节,一点儿也不稀罕。

答辩正式开始,孙老师抛出了几个犀利的问题,答辩者战战兢兢地陈述,然后可怜兮兮地观察他脸上的神色。孙老师口若悬河地替答辩者回答了一大半,然后大度地挥了挥手:好吧。严重的时刻很快过去了。不再纠缠论文的时候,他的严肃和严谨立即消失了,一脸松弛地谈笑风生。他的理由很简单:人生苦短,为什么要一直板起脸孔来?

南帆有一天来找孙老师,一进门就看见长方形的客厅里东一摞、西一叠地堆放着书籍与杂志。为了表示隆重接待,孙老师亲自给南帆倒了一大杯铁观音茶。他深刻地思考了一会儿,又从茶几的糖罐里拈出一块方糖"叮"的一声投入茶杯。南帆觉得方糖似乎应当与咖啡为伍才搭配,这时的孙老师却做了一个气魄宏伟的手势：就这样了！后现代主义的"混搭"为什么不能从饮料开始？

时而深刻时而浅显的话题，让这两位相识相交了数十年的、漠视年龄的好友相谈甚欢，仿佛每一句都接上了昨天刚刚聊过的话题。

南帆熟知，作为一员理论骁将，孙老师的名声与《新的美学原则在崛起》一文分不开。20世纪80年代初期，他大咧咧地站在自己搭建的理论舞台上指点新诗形势，对于四周种种惊惶的脸色视而不见，目光炯炯，踌躇满志。

南帆对于这种理论姿态的形容是"有呼风唤雨之势，无瞻前顾后之意"，孙老师对于那一批诗人的形容至今仍然让人眩晕。

但凡熟读过《新的美学原则在崛起》此文的读者大都记得内中有这么一段话：他们不屑于作时代精神的号筒，也不屑于表现自我感情世界以外的丰功伟绩。他们甚至于回避去写那些我们习惯了的人物的经历、英勇斗争和忘我的劳动的场景。他们和我们50年代的颂歌传统和60年代的战歌传统不同，不是直接去赞美生活，而是追求生活溶解在心灵中的秘密。这篇论文早先曾经是向《诗刊》投寄的，或许因为观点偏激而被编辑部退回；但很快，《诗刊》又来信索要这篇稿子，孙老师犹豫了一下还是寄了出去。犹豫是对的。可是，当明白过来的时候已经覆水难收。不久，《诗刊》发表了这篇论文，同时附上一个不那么友好的"编者按"。果然出事，面世后众多批评蜂拥而至，麻烦缠身。

南帆不无快慰地说：时至今日，这些往事已经成为当代诗史的有趣典故。孙老师不是一个放肆的个人主义者，而是一个坚决的审美主义者。所谓的"后朦胧诗"时代，更为年轻的诗人以桀骜不驯的姿态亵渎美，孙老师又一次跳出来大声抗议。争辩再度兴起，他突然被归入了保守阵营，成为另一批激进分子的攻打对象。文学史这么快就绕了一圈，挑战权威的人突然成了权威。南帆时常觉得，孙老师并不介意革命、保守、现代、传统这些称号，他捍卫的目标是审美。哪一个家伙反对审美，他就悍然翻脸。这几年他转向了古典文学，转向唐诗宋词与四大名著。安详地沉浸于细腻的审美享受，孙老师不再为那些眼花缭乱的理论概念分神。

孙老师毕业于北京大学中文系，那儿学术泰斗济济一堂。南帆曾经与一位北大出身的学术新锐闲聊，他们共同对某种学术观点不以为然——这种学术观点的作者碰巧也是一个北大出身的学术新锐。于是南帆提议闲聊的这一位可以写一篇商榷的论文，不料他斜起眼傲然地看了南帆一眼，以似乎不容争辩的语气说道：我们北大人不批评北大人。听其这句话，南帆倏忽之间"羞愧"起来，觉得自己没见过世面，居然天真地以为学术江湖只考虑真理而不必理会种种庸俗的关系学。此时的南帆确认孙老师是一个另类，孙老师不惧得罪旧友新朋，公然发表文章，数落北大中文系的势利，比如《北大中文系：让我把你摇醒》这篇文章。

孙绍振就读北大时因为经常耍闹，孙绍振的许多同辈人——特别是他的北大同学——大多称他为"孙猴"。他不仅与大闹天宫的那只猴子同姓，而且在性格上也酷似。人们戏谑他为"孙猴"的时候，孙绍振就不无骄傲地认为自己的秉性另有渊源。自称做过考证功夫，自己是闽地一带海盗的后代。有一回南帆与他共同参加一个文学会议，孙老师称赞一位作家思想开放，大胆描写一对男女的性生活，两个主人公的身体压得床铺轰隆隆地响。那位作家是个正经人，大庭广众之下羞涩起来了，正喏嚅着辩解，孙老师竖起眉毛一拍桌子，一声断喝："别说了，就是轰隆隆！"那位作家连忙噤口。当时在场的南帆忍不住大笑起来，边笑边亮着嗓门说："海盗来了！"

某日言及一个令人讨厌的家伙，孙老师恨恨地说，他要像马雅可夫斯基的诗里描写的那样，冲上去对准那个家伙的下巴一记勾拳！南帆没有查到这是马雅可夫斯基的哪一首诗，他自己的少年时代是在一条胡同里度过的，一言不合，胡同里几个野小子就会动手打一场。但遗憾的是，没有哪一个人会在动手之前想起谁谁谁的诗句来。面对书生本色的孙老师，南帆的心里浮现出一个词：一个会背诵马雅可夫斯基诗歌的海盗。当想到孙夫人买菜的钱被贼人扒窃时，"躲"在一旁的孙老师心惊胆寒，南帆突然觉得还要增加一个定语：色厉内荏的海盗。

曾经有学生抱怨南帆过于严苛。一次讨论课陈述一个理论观念，有位学生刚刚说一句"一般地说……"南帆立即凶神似的打断他，如同踩住了一个尾巴："什么叫作一般地说？"学生顿时哑然。日后那学生不无胆怯地说："我们在孙老师那儿都可以随便说话。"南帆即刻心中一怔，立即明白了自己与孙老师之间的距离：当挥矛出阵时，孙老师一副大义凛然的表情。然而，转身看到背后的学生，他的目光立即柔和起来。此时南帆记起了鲁迅的一句诗："知否兴风狂啸者，回眸时看小於菟。"学生簇拥之下的孙老师，的确是一个好好先生。一旦走进学生们中间，就如同孙悟空回到了花果山水帘洞那般热闹。孙老师给学生们开讲座，担任学生辩论比赛教练，且还过问他们的爱情生活，向爱情跑道上的获胜者"颁发"微波炉。

原因是当年学校有一些福利，逢年过节的游乐活动可以抽签获得一个纪念品。分量最重的纪念品当属微波炉，当时的价格似乎在千元上下。据说孙老师是擅长捕猎微波炉的主，回回不落空。每每主持人捧着票箱过来，孙老师伸出两根手指夹出一个纸团，打开一看：微波炉！下一回还是微波炉！于是他家墙角的微波炉摞起来远远超出了一个人的高度。许多学生听到一个传说，结婚的时候可以到孙老师那儿领取一台微波炉。因此，南帆相信这是一批学生爱情迅速成熟的重要原因。

有一回，孙老师神色得意地告诉南帆，当年他曾经为一位才气卓然的学生硕士论文通过答辩而奔走求情。论文中一连串深奥的哲学术语噎得几位答辩的老先生眼冒金星，舆论对这位理论过于艰深的学生相当不利。在"生死存亡"的关键时刻，孙老师慨然出面斡旋，终于涉险过关。孙老师偷偷地承认，自己也读不懂甚至听不懂。但是，他坚信论文作者的出众才识——他的慧眼迅速地获得证明。按照孙老师充满感情的回忆，打动他的另一个理由是，论文作者找到他的时候，"脸都急歪了"。

多数考官总是宽容地接受孙老师的"徇私"，因为他从来不是为自己谋取什么，而是为了惜才。他的"徇私"不存在鬼鬼祟祟的气息，而是充满阳光的。职称评审会上，孙老师公开声称，他会投某人的赞成票，尽管这可能是唯一的赞成票。后辈有所求，他无法如同包公那样摆出一张令人生畏的黑脸——当然，他也不期望别人附议。这时的孙老师似乎比所有的人都要"婆婆妈妈"。

有一位外地的考生家境困难，他给孙老师写了封信陈述衷情，并且顺利地成为他的博士研究生。然而，这位研究生的基础知识缺口甚多。某一次他端坐在老师家的客厅上课，孙老师滔滔不绝地讲了一两个小时，最后问他道：

明白了吗？该学生坚定地点点头：明白！当离去在门口换鞋子的时候，他突然回头问了一个问题。孙老师气得跳了起来，怎么还有这种问题——刚才的话不是都白说了吗？坐下来，重新开始！按照孙夫人的描述，后面的课程音量超常，连"放屁"这种粗话都用上了。日后这位研究生来家上课的时候，孙夫人总要借故到客厅来，甚至干脆站到夫君旁边，因为她实在担心夫君的血压会突然升高。

后来，南帆参加了这位博士研究生的论文答辩。答辩主席是来自远方的一个著名教授，他毫不留情地指出了论文的几个问题。既然如此，其他人当然不能示弱，答辩同时是渊博的评委们孔雀开屏的时刻。众多评委竞赛似的抛出种种疑问，论文千疮百孔。投票之际，答辩主席询问孙老师的意见。南帆从未见过他脸色如此凝重。孙老师语调缓慢地说，评委的质疑是意料之中的，他考虑的仅仅是这个拿不到学位的研究生日后如何生活？会议室静默了好一阵子，几个评委改变主意签名通过答辩，包括南帆自己。当南帆签名的时候心情不无沉重，似乎还混杂着一丝羞愧。

小说界的才女林那北，她写了这么一篇文章，题为《孙大圣的孙》。一开篇就提出她当初在一所中学任教时有幸听取了孙绍振对全校师生的讲座，说道：第一次直面孙绍振如此山高水深的沉浸式表达，看上去他比听众更亢奋激动，浑身血液都奔腾上涌，浸得满脸红晕滚滚，仿佛随时会从毛孔中众箭齐发般地射向我们……

第二次见面则是有家电视台对他们的采访。在那次电视台的谈话节目中，当时就很有才气的林那北也受邀成了被采访者。那天，她到了现场，才发现另一个嘉宾居然是孙绍振老师，顿时惊得两股颤颤，一时间不知东南西北了。两人事前不曾有过任何交流，直接冲着镜头就开讲了，谈各自对电影的理解与喜欢。谁都挡不住孙老师那张嘴，他唇边仿佛装有阀门，随手一拧，精彩的话语就如同高山流水般倾泻而出了。那时，明智的林那北只能甘当配角，基本做仰望状，只在某个缝隙里插上一段对于近期所看电影的感想。其中谈论的是一部意大利电影《午夜守门人》，说此部影片所揭示的人性之复杂、幽深与多维，真的非常震撼云云。刚开口时相当的紧张，不是紧张于电视台的录像机，而是身边不远处的孙绍振。如此面对电视观众心慌慌地说了一阵子，结束后，不敢正面地看了看孙老师，这位先生竟然在认真地聆听。于是这才把紧张的心情悄悄放松下来，再看看孙老师的面部表情，其中的潜台词似乎是："这姑娘说得还不错。"

林那北借助这次做电视节目的机会，从此就与孙老师熟悉了。从此特别关注孙老师写了些什么文章，出版了什么书，以及他在哪里高论了什么。因为读他的书日渐增多，对于精彩的，都舍不得一口气看完。书看完了，就翻报刊，发现孙老师真是多产作家，印字机一般地今天一篇明天又一篇，让那时还只是文艺女青年的林那北敬佩得很。有一段时间，也就是 90 年代初，报刊上稍有平静了。一问究竟，原来他去了德国特里尔大学进修，接着又去香港岭南大学和美国南俄勒冈大学讲学，真有点满世界跑的味道。在大多数人还很难走出国门时，他却东西半球来去自如，对于一位教书匠来说，那真是一段美好的缤纷时光。让林那北不能不佩服孙老师过人的智商，因为学生时代学俄语的孙老师，居然英语也意外地流畅。

渐渐地，孙老师被冠以"幽默大师"的美誉，缘于他俯仰自如的磅礴口才。在那时，孙老师似乎到了高光时期，在不同的场合高声大气、灵光四溅地滔滔讲三国、说水浒以及所有文学范畴内外的话题，让人真是万分的羡慕与钦佩。演讲多了，就屡屡成文，于是《幽默答辩 50 法》这本书诞生了。此书进入各书店后，总是铺摆在显著位置，火热畅销。后来林那北知道这是孙老师写得最轻松的一部书，原以为不会被读者看好，没料到竟被市场如此热捧。每当说起此事，孙老师不能不因为这意外收获而仰天大笑。

没过太长时间，林那北又发现孙老师的大著新版《文学创作论》问世，这书非常厚，有五六百页，宛若一把可以打开千年宝库的巨型金钥匙。一天，林那北不无好奇地用"孙绍振"三个字在当当小程序里搜了一下，居然跳出与他有关的图书多达 3213 条，况且还是他的成果尚未达到高潮的时期，真是令人啧啧称叹。

紧接着，孙老师又有了语惊四座的声音，先是憋着一肚子气开始炮轰高考制度，高考作文当然首当其冲。他不无愤慨地说："许多考题出得莫名其妙，答案武断到荒谬绝伦，弄得语文考试比之八股文还僵化。"他认为有的出题专家"以学生为敌，而且以教师为敌。常常是当高考题目发下来的时候，没有一个语文教师有把握说出答案"。很是"孙式"的表达，真是一针见血，而且血还必须溅起。

接触多了，林那北甚至知道，这位魅力独具的孙绍振曾经在50年代的北大中文系毕业前夕竟然有去边疆、去最艰苦地方的志向。想以自己的青春和热血给那里添一份力量，让那广袤的天地变成美丽的天堂。可惜未遂，真去了，会不会仅凭不息的滔滔演说，就可以把戈壁灌溉成绿洲？从外表和性情上看，他其实比很多诗人更像个诗人，况且早年就是先以诗人出名的，旷达率性，天马行空，激情随时拔地而起。如果不是因为80年代初舒婷、顾城那一批朦胧诗人的横空出世，他应该会从小诗人一直不罢不休地熬成老诗人吧？看到别人的好，一般人会认为自己更好。孙老师却大笔一挥，用那篇《新的美学原则在崛起》的诗评送给年轻诗人一个"新美学"的美誉，顺便宣告退出诗坛，甚至不惜说出狠话，觉得以前自己写诗"简直是在浪费生命"。

林那北有个美好的回忆，孙老师曾经给她的几本书作过序，那是让自己想起来就高兴的事。在那本《三坊七巷》一书第N次再版时，要加个序，又是请孙老师出山写的。这篇序文似乎有点东拉西扯，说的大多是他对福州这座老城坊巷的记忆，对作者和此书的内容竟然半句不提。后来林那北终于悟出：这是多么的好！倘若落入俗套，一味拣出书中一些精妙的词句加以粉饰，自己的书中如此大言不惭地附上他人的讴歌，一定是心虚的表现。孙老师这样似是而非地"序"一下，于己于人都松弛了很多，免去每次翻开书时脸红耳赤的不自在。

如今林那北每每见到孙老师时，总觉得时光匆匆，一晃已是白头。然而林那北欣悦地觉得孙老师却依旧那么地澎湃激越。如果是棵树，枝仍遒劲生长，叶犹徐徐吐新芽。灵魂不老，才是活着的真谛吧？总是众星捧月一般的孙老师，仍在不间断地著书立说。不尽才华的四下飞扬，无疑装点了他寒来暑往的所有日子。

林那北年年都在祝福：孙绍振师必定松柏常青、日月长明！

谢有顺无疑应当排在孙绍振最得意的门生队伍之前列，且不说师生俩天长地久的交情如何如何，那篇《奇迹似的谢有顺》，就出自孙老师之手笔。面对一位学生，能够用"奇迹似的"这四个字的，不好说谢有顺是唯一能够享有的，但至少是相当的罕见。对于老师如此宽厚的评价，于谢有顺当然是一种激励。而谢有顺也对自己的老师有独到的理解和评价，这化作了他的《孙绍振的思想核仁》一文。

在文中，谢有顺说，孙老师之所以能够在文坛上步步登高，缘于老师面对厄运困境之时不是颓废消沉，而是一刻也没有忘记读书。他读马克思的《资本论》、恩格斯的《费尔巴哈和德国古典哲学的终结》、列宁的《哲学笔记》，读黑格尔的《小逻辑》、张世英的《〈小逻辑〉译注》；他还读《资治通鉴》《纲鉴易知录》，也读英文版的《简爱》和《贵族之家》。对于《毛泽东选集》四卷本，更是反复读了四五遍，真够孜孜不倦的了。对于有着超群记忆力的孙老师，长达十几年专心的读书将会发生怎样的思想巨变？看看孙绍振后来气势如虹的学术人生，便知道这种阅读不仅积累知识，更重要的是形成了自己的世界观和方法论。这就是孙绍振先生精神面貌、学术个性的根基。

谢有顺说，孙绍振先生有一个颠扑不破的理论，那就是"没有自己的世界观和方法论，没有中国立场，就没有灵魂"。孙绍振所形成的这种坚定不移的立场，几十年都未曾更易过，那就是一直坚信社会、自然、人类的思想，是不断发展和变化的。其动力在于事物的内在矛盾，这个矛盾在一定的外部条件下会向反面转化。而每一门科学所研究的对象，都是特殊矛盾。尤其是文学研究，光讲普遍性，就会流于理论的空谈，而无法触及具体文本中那些独特的部分，也就无法真正理解作家笔下所创造的"这一个"。先生说他写六十多万字的《文学创作论》时，就是着重抓住文学理论的特殊性，达到马克思所说的逻辑和历史的统一。

《文学创作论》是孙绍振出版的第一部著作，出版那年，已经年过半百，可"大器晚成者也，终必远至"之类的话又用不到孙绍振身上，因为在我们这些学生和熟人眼中，他似乎也从来没有老过。任何人、任何时候见他，都是热情、幽默、精力充沛、天真烂漫的，百无禁忌而又深刻善思、新见迭出。直至八十多岁了，一写起文章来仍然下笔万言、雄辩滔滔。大著一本接一本地出版，就学术的高质量产出而言，可谓无人能企及。谢有顺引用福建师范大学原副校长、博导汪文顶的话说：他是"学界的一棵不老松"。首都师范大学文学院教授、博导王光明由衷地说："孙先生培养了不少有成就、有影响的评论家和学者，或许有比他更有名气的，有比他更博学或者更严谨风趣的，但就才气而言，似乎没有超过他的。"

这样公正的评价，无论问谁都会赞同。

因此谢有顺说，但凡在文学艺术上有所成就者，都要具备天赋和才情，而最富创造力的那部分人，就是天才。孙绍振无疑是人们见过的少数具有天才的理论家，而且还是快乐的天才。因为在孙绍振身上，既有思想家的睿智和雄辩家的激情，又拥有无穷尽的幽默。难怪，诗人哈雷也有这么一句："孙老师是高于人家学问、又是超常潇洒的一位学者教授，无论在学术、人生这两方面都是相当成功的。"孙老师这种优秀的、特殊的个性，锻造出了他那种不盲从权威，不死守书本，敢于提出自己观点的无畏品质。他是一个有原创精神的学者，他的文字也不墨守成规，有着口语般的朴白，同时又闪烁着锐利的思想光泽。他在本质上是一个诗人、作家，但凡能成为大学者的人，往往都有两套笔墨，理性的和感性的。逻辑思辨是为了提出问题和解决问题，而那些模糊、暧昧、温暖或者令人惊惧的生活断片，多半只能诉诸情感的倾诉或形象的书写，以文学作品的形式来记录人生的印痕。考察孙绍振的学术成就，如果忽略了他这重作家身份，不仅不全面，而且也领悟不了他何以对创作有那么贴身的理解，对文学文本有那么细腻而独特的感受。

谢有顺断言道：几乎无人否认孙绍振才子的身价，因为其身价无价。个性飞扬的他博览群书、过目不忘，他口若悬河、辩才滔滔，不仅有胆，而且有识。在同辈人中，他的外语好得令人诧异，英语俄语尤为突出。他是一个天才型的学者，他的阅读和研究，涉及面宽广：文艺学和马列文论、写作学、诗学，包括新诗和古典诗学，特别是对于古典诗学他也有很深的造诣，举凡古典诗论、赏析、考订、文本辨析，等等，均有涉猎。近年，他对中学和大学语文教学，对高考和教育体制的研究，有更大的投入。

谢有顺认为按照现在的学科划分，涉猎面如此之广的研究是很难兼备、更难全面开花的，但孙绍振学贯中西、融汇古今，真正是天才型的学者，在艺术上更是一个通人。他有自己的方法论，善于将相应的研究方法用于各种研究对象上。他的"创作论"既然是从古今中外的文本例证中提炼的，必定能指导当下作家的写作；他的"文学文本解读学"既然能分析现当代的文学作品，也肯定能分析古典诗歌和小说。孙绍振当然不是纯技术主义者或方法论者，但他对文学创作过程的迷恋，以及他对文本内部那些细微转折的兴趣，远超一切，这就使得他不迷信任何结论，甚至对一切先从理论概念出发来诠释文学的研究都深表怀疑。

孙绍振信仰微观分析，认为多数人只能借助东西方现有的理论话语来解读文学，但这样的解读，不是从文本出发，而是从既定的权威话语出发作出的。它的局限性是把文本当作验证理论的范例，而忽视了文本自身的特殊价值。很多理论停留在概念的演绎上，无法有效解析文学作品，原因正在于此。孙绍振不愿做空头理论家，他眼中的任何权威话语都是澄明和遮蔽相交织的，接受一种思想的目的是启发自己的思想，而最好的思想启悟就是来自对具体文本的感悟、分析、理解和总结。

他说孙绍振的学术风格何以不同于现在流行的学院气息，就在于他的学问是植根于"对文学文本的悟性"上的，因为认识到那些脱离文学创作、脱离文本解读的理论预设和理论空谈，会陷入"自我循环、自我消费的封闭式怪圈"。老师也不像一些趣味单一的学院派，只迷信各类文学史著——尽管知识谱系的梳理是有意义的，但没有学者自身对文学文本的独特感悟，所谓的"史"，不过是相似的论述、相似的线索不同的人在讲述而已。孙绍振这些年一共细读了五百多篇经典文本，旨在以微观分析的方式来解读出读者感觉得到又说不出来，或者以为一望而知，其实是一无所知的艺术奥秘。他陆续出版的《名作细读：微观分析个案研究》《月迷津渡：古典诗词个案微观分析》《孙绍振如是解读作品》《孙绍振解读经典散文》《演说经典之美》《文本中心的突围和建构》《文学文本解读学》等著作，已经成为文本分析的权威读本，更是中学语文教师讲解经典课文的案头必备书，影响巨大。

这是对文学研究极具示范效应的纠偏。

不甘于做庸常教授的孙绍振，还曾经如此大声地质问一些"教授"：你们在大学课堂上，不是常常以在文本以外打游击为能事，用一些传记材料、时代背景打马虎眼吗？许多学者可以在宏观上把文学理论、文学史讲得头头是道，滔滔不绝的演说、大块的文章充斥着文坛和讲坛。在文本外部，在作者生平时代背景、文化语境方面，他们一个个口若悬河，学富五车。但是，有多少能够进入文本内部结构,揭示深层的、话语的、艺术的奥秘呢?就是硬撑着进入文本内部,无效重复者有之,顾左右而言他者有之,滑行于表层者有之,捉襟见肘者有之,张口结舌者有之,胡言乱语者有之,洋相百出者有之,装腔作势,借古典文论和西方文论术语以吓人,以其昏昏使人昭昭者更有之。

在孙绍振看来,理论如果不能和阅读经验相结合,生搬硬套,就会窒息阅读的灵性,对藏在文本细微处那些精湛的艺术设计、神妙的精神波动就会麻木无感;而有了一些艺术感悟,如果缺乏多层次进行矛盾分析的能力,也很难把那些鲜活的体悟上升到理性的层面,更不可能形成一套可操作的分析方法。孙绍振把还原和比较作为文本分析主要方法,它虽非孙绍振所原创,但他却把这些方法系统化了。还原的方法,是强调把文学作品还原到创作的过程之中,把原生状态和形象之间的差异揭示出来,打破形象的统一性,进入形象深层、内在的矛盾之中,分析这种矛盾以及矛盾的转化,就能敞开一个精微的艺术世界。比较的方法,是指多种形式的比较,就像还原有艺术感知还原、逻辑还原、价值还原、历史还原,比较也有风格、流派、心灵、历史等多层面的比较。通过比较,不但要善于在相同作品中找到相异的地方,还要善于在看起来相异的作品中找到相同的地方,找到文本内部各种隐秘的联系,在比较中磨砺自己的感受力和辨析力。

面对一种过度迷信现成理论的解读危机,孙绍振是要守护一种真正的文学性,并通过和作者、作品的双重对话创建起自己的文本解读学。他在表面上不是学问的地方做出了大学问,他建立在对大量文学文本的体悟和破译基础上的理论阐发,重构了很多人对文学的想象方式。他是真正把创作和解读融为一体的理论家。中国当代不乏知识论意义上的理论家,但实践论意义上的理论家很少,后者如同手工业者,虽然艰苦,却能为读者进入复杂的文学世界提供更为可靠的路径。

高评孙绍振先生的,又岂止以上几位名人?

早于 2015 年的十月金秋,在著名学者谢冕先生和骆英、王光明、郑家建等诸位教授的倡议下,由北京大学中国诗歌研究院、首都师范大学中国诗歌研究中心和福建师范大学文学院三家联合举办了"孙绍振诗学思想研讨会"。

学术界的知名人士张炯、阎国忠、陈素琰、骆寒超、吴思敬、朱向前、南帆、俞兆平、陈仲义等四十多位专家学者聚集于黄山参会。

研讨会之后的综述写道：从上个世纪80年代初卷入朦胧诗大讨论后，孙绍振就一直以颠覆性的姿态反抗传统和权威，孜孜不倦创设属于自己的文艺理论体系。孙氏文论思想的丰富内涵和原创意义亦成了本次会议关注的焦点。

北京大学的阎国忠：孙绍振的"创作论"和"解读学"不仅意味着重新打开了一座通向文学美和魅力的大门，一些优秀的文学作品得以焕发出新的生机；而且意味着从文学实践上对"正统"与"新潮"的文学理论提出了挑战，为文学理论的重建提供了可能。

中国社会科学院的张炯：孙绍振在系列著作中，基于文体结构分析和文本解读，使文学理论与文学历史实践紧密结合。他的文艺观虽受过康德、黑格尔美学的影响，但更多接受了马克思主义的美学思想。他的文艺观和理论成果是我国改革开放时期思想解放的产物，也是反思历史正反经验的产物，受到广大读者的重视并非偶然。

解放军艺术学院的朱向前：连日来攻读孙绍振的《文学创作论》，时而兴奋激动，时而困惑迷惘，脑子里有两个声音在对话。一个发自搞评论的我，一个发自搞创作的我。先哲有言，"理论是灰色的"，那么，一个我可以用"灰"来代表，另一个我姑且以"绿"作符号。不是借用"生命之树常青"的比喻，而是因为我是军人，军装是绿色的。

首都师范大学的王光明：孙绍振不仅是一个成功的文学理论批评家，还是一个出色的"文学教练"。从写作《文学创作论》开始，孙绍振就致力于文学创作规律和创作技巧的总结，使文学创作的技术训练充满了无限可能。

厦门大学的俞兆平：孙绍振的文论是以感悟性、洞察力为特征的感性经验层面和以抽象性、逻辑性为特征的理性超越层面的融合，孙氏文论在价值论、实践论和辩证法三个方面具有深刻的中西方哲学底蕴。

华侨大学的庄伟杰：孙绍振诗学体系是文学、美学、幽默学、写作学、文本解读学乃至文学教育等交相辉映而凝成的产物。

福建师范大学的伍明春：现象批评、文本细读和理论概括，构成了孙绍振新诗研究的三个向度。这三个向度相互勾连、相互补充，凸显出孙绍振新诗研究的鲜明个性和诗学价值。

《光明日报》的王国平：通过检索、梳理《人民日报》关于孙绍振文学活动的记载，考察了孙绍振的学术地位、研究思路与研究成果。

福建省艺术研究院的蔡福军：孙绍振是一个逻辑美学的马克思主义者，他极其娴熟地运用马克思的辩证逻辑进行理论演绎和文本解读，但在辩证逻辑无法有效阐释文本的时候他又引入了还原法、比较法，突破二元对立，提出形象的三维结构，充分显示了他在学术研究上的创新性和灵活性。散文研究是孙绍振较晚关注的领域，但也成果卓著。

华南师范大学的陈剑晖：孙绍振的散文理论研究与他的新诗理论、小说理论、幽默理论和中学语文教学改革一样，都是独树一帜、不可替代的。他的研究，不仅预示着散文从文学理论的边缘向中心发出了一种生机勃勃的挑战，而且以观念、方法与范畴建构为引领，以其富于生命激情的原创性、独特性的研究，拓展了散文研究的视野，提升了当代散文研究的地位和声誉。

首都师范大学的吴思敬：孙绍振《新的美学原则在崛起》一文，在理论界开始了自觉的人性寻求，其价值在于呼吁人的自我意识的觉醒，体现了对抹杀个性、漠视人的价值的僵化的诗歌模式的反叛，体现了对心灵自由的呼唤，对当代诗歌史的发展具有深远的影响。

诗人骆英：在《新的美学原则在崛起》一文中，孙氏展示出了扎实的学术根底，超前的学术眼光和探索者的勇气；"新的美学原则"崛起之后，中国诗歌创作才真正地融入世界诗坛。

北京语言大学的连敏：《新的美学原则在崛起》的发表及被批判的曲折过程，留下了当年看待诗歌的眼光和独特方式，反映出了特定历史时期作者、作品、读者、刊物、时代环境之间互相选择、规避的错综复杂的内在冲突，呈现了80年代初多种声音混杂、纠缠、博弈的诗歌生态。孙绍振独树一帜的文本解读学也是本次会议讨论的重点。孙绍振认为，百年来的中西方文艺理论以哲学本源论和本体论为主导，缺乏对文本的特殊性和不可重复性的解释。因此，注重文本分析和还原，成为孙绍振一贯的治学之道，亦是他区别、超越同时代学者的显征。

福建师范大学的余岱宗：孙绍振的文本解读学特别关注文本中人物情感

的特殊生成方式，是情感审美符号的微观诊断学。它对无声文字情感意脉的灵巧捕捉，对文学作品进行同类相比的超敏感辨析，最终都落实在审美符号对情感探查和书写的"唯一性"上。

福建师范大学的赖彧煌：孙绍振的"解读学"奠基于80年代以来构拟的审美价值论等美学创设，再假以近年来有针对性的、繁富且多角度的文本分析。在理论资源的援引上，孙绍振不仅以康德式的分区观念确定对象和范围，而且以黑格尔式的构型方式分疏和评判对象的具体展现。这一学说牵连着潜隐其间的作家的气质或精神，也折射着整个外部世界的多样性，它显现为物理和美学特征的错综构造。

冰心文学馆的吴励生：孙绍振细读著作《月迷津渡：古典诗词个案微观分析》一书虽然仍是围绕中学语文教育以及课本所选经典文本的话题展开，但该书从《诗经》的经典性表达讲起，也即从中国情感原则的源头讲起。尽管"典型的形态"分析仍是唐诗，但所做出的"全面超越"却是从历史和逻辑的双重视角，重新凸显中国人的情感表达方式并更彻底地贯通了他的情感逻辑变异原则。这在很大程度上打通了文学史、文学理论、文学评论领域之间的壁垒。

福建师范大学的孙彦君：孙绍振的文本解读学受到朱光潜真善美差异论、叶圣陶作家经验论、朱自清理性化和经验论相结合的细读法的影响，但又大大超越了三家的文本解读理论。特别是孙绍振采用历史与逻辑相结合的思维方法，层层深入文本的内部，又时刻结合文本特征的解读思路，是三家所不能及的。值得一提的是，孙绍振的文本解读学不是一种抽象的理论，而是有着很强的操作性，孙氏本人也带着他的文本解读学强力介入当下的语文教学改革，产生了全国性的反响。

福建师范大学的赖瑞云：孙绍振在语文教学界的影响，不仅在于其以令人惊叹的精力和毅力作了近六百部作品的个案解读，而且还在于他的文本解读法，将作品中固有的美原原本本地展示给了学生。使作品分析摆脱了支离破碎的机械拆解，彻底结束了语文教学长期处于低效、无效、负效的局面，语文教学也因此从"小儿科"变为"大学问"。

福建省社会科学院的南帆：回顾与孙绍振的日常交往和学术交流，孙绍振能够建构起自己的文艺理论体系,缘于他的博学多思。他往往能从习焉不察的文本背后发掘令人意想不到的丰富意涵。他虽然清醒地认识到了西方文论的危机,但他的学术思想与符号学、结构主义却有着异曲同工之妙。

福建师范大学的颜纯钧:孙绍振历经五十多年的学术生涯,先后涉猎写作学、文艺学、现当代文学、比较文学等领域。晚年更是转向幽默学,中学语文教学,甚至还有古典文学的研究。与此同时,他还炮轰英语六级考试,炮轰高考作文。以颠覆性的姿态,犀利的文风挑战官方制度,在表面上不是学问的地方做出了大学问。不管在哪个领域,他的发声都能产生全国性的反响,引发积极回应或者激烈论争。在学术界,更多的学者倾向于选择某个专擅的领域。做文学研究的,甚至会聚焦到更为单一的作家或作品,专注于文献资料的长期积累和学术资本的有效运作。由此成为楚辞专家,红学家,鲁迅研究专家,如此等等。相比之下,孙绍振的学术性格却有某种不太安分的特点,除了成就卓著的诗评诗论之外,还有更多的学科领域一再吸引他的目光,引发他跨界的雄心。他的一再转场,绝不是年轻学者急于寻找学术根基而无奈地左冲右突,而是个人的主动出击,从挑战未知和针砭时弊中去激发新的学术冲动。也因此,他所迈出的每一步,才显得扎实和厚重,触地而有声。孙绍振在治学上的过人之处自然和他所接受的教育以及各种智力和非智力的因素密切相关。这其中值得推崇和深入研究的便是他一贯的思想路线。这是孙绍振在治学道路上得以不断拓展探索空间,持续深入对象内里的统摄性、支配性的力量。

北京大学的陈晓明:孙绍振虽然敢于对各种理论权威和主流观念展开无情的批判,但对后辈年轻学者却充满了宽容和关怀。朱向前指出,孙绍振一直保持一种创新、探索的精神姿态,但他的创新和探索并不是盲目的,而是行于所当行,止于所当止。

中山大学的谢有顺:孙绍振是当代中国最有理论创见的学者之一,他的理论自成体系,是现代文艺理论界中不可多得的一座学术富矿,已成为一门值得深入研究的学问。

《福建论坛》杂志社的管宁:孙绍振精力旺盛、思维敏捷,他以一种开拓者的勇气引领了文艺评论和语文教改的新潮流,给福建师范大学及全国文艺理论界的学术氛围带来了诸多改变。

厦门城市学院的陈仲义：孙绍振的为人为文可归纳为"三气"：大气、锐气、霸气。这些品质使他立足本土，雄视西方，不仅"入乎其里"，更是"出乎其外"，始终对西学保持一种国内学者少有的扬弃态势，进而在趋同思维中摆脱惯性的向心力，获得越轨与出格的新意。

福建师范大学的郑家建：孙绍振先生的诗学思想是福建师范大学文学院的一笔宝贵财富，文学院的青年学者应该发扬孙绍振先生的学术精神，整理、总结孙绍振先生的学术思想，使之成为文学院的一个文化品牌。

北京中坤投资集团的黄怒波："大人，时间老人背上有个布袋，他在里面存放着慢慢将被遗忘的丰功伟绩。"这是莎士比亚的作品《特洛伊罗斯与克瑞西达》中的人物俄底修斯劝服阿喀琉斯回到战场时说的话。在重评孙绍振先生《新的美学原则在崛起》一文时，这句话有了时代的意义与现实的美感。孙绍振先生一直在"文学的坚守与理论的突围"领域建构他的诗学体系，大概再无人比他更接近本土文学理论体系的巴别塔尖了，这是一种格式塔式的美学悲情，也是一种以赛亚情结的"新的美学原则"崛起的范式召唤。在新诗将届百年之际，把手伸进孙绍振先生的布袋里，是一种寓言行为，能找到诗学的灰姑娘的水晶鞋吗？

研讨会上，各位学界、教育界的大家有一个共识：在一个据说无大师的时代，我们无意为孙绍振先生冠上"大师"的称号，但从其人之踔厉奋发、其文之高论宏裁来看，孙绍振先生无疑是当代学者中最接近大师的一个。特别是北京大学的谢冕先生，以著名诗人的身份、用诗意的语言形容孙绍振先生是"一个美丽的人"。他认为孙绍振思想前卫，敢于反叛传统和权威，在上个世纪关于朦胧诗的大讨论中，他提出的"新的美学原则"能够成为三个"崛起"之一，并经受住来自各方面的关注甚至批判，就缘于他的这一人格精神。

会议临结束前，孙绍振先生致辞作答。他对自己学术思想的渊源和构成作了阐述，并指出，与会专家学者对他的分析梳理和总结归纳，启发了他对自己理论的进一步认知。他特别感谢了与会人员对他理论中不足之处的指出，认为这是一种极大的鞭策和鼓励。

此次黄山胜境的"研究会",是名副其实的"八方高评"。

翌年的秋末初冬,社会科学文献出版社出版了由汪文顶、王光明、骆英编写的《孙绍振诗学思想研究文集》。内有数十篇论述"孙绍振诗学思想"的高端论文,收录集锦于一书。其"附录"还有孙绍振的《学术自述:我的桥和我的墙》《新的美学原则在崛起》《散文:从审美、审丑(亚审丑)到审智》《兼谈当代散文理论建构中历史的和逻辑的统一》《文论危机与文学文本的有效解读》,以及汪文顶的"代跋"《学界的一棵不老松》。此书必将成为孙绍振诗学思想研究的典籍。

此外,由孙老师"耳提面命"一般培育成才的学生知多少?在此成千上万的门徒中,无论是相聚在一起、或是面对他们的学生,都在口口相传孙老师的师恩师情师德。他们都在说:满腹经纶的孙先生那一头飘逸的、黑白相间的发丝,颇有仙人之风范。老先生无论站着还是坐着,脚下都有一峰无形胜有形的"仙境"和精神高地。

因为自足,所以长乐。这位大先生,甘于平凡却又不凡,半个多世纪如一日,晨兴夜寐,孜孜以求。在教学上矢志不渝、躬耕不辍的同时,又能虚怀若谷,谦恭自守。

时至今日,已届鲐背之年的孙先生,依然频频走进校门,不知疲倦地当大学生们的教授、研究生们的导师。如此高龄,将爱和责任播洒三尺讲台,始终诠释着师者本色。唐宋八大家之首的韩愈,战国时期的教育家荀子,春秋时期的鬼谷子,春秋末期的孔夫子……他们都有此高境界:人生朝露,艺业千秋,教书千秋伟业,育人万世丰功!古之圣贤们无一不是孙先生心目中的丰碑。因此,从教半个多世纪以来,以笔为匙,唤醒生魂。在文科领域里作出系统性、创造性的学术成就和重大贡献,在八闽内外都享有很高的学术声望和影响。"百年大师,世纪巨匠"这个顶级称号,孙绍振先生受之无愧。

跋

 为孙老师作传，是数十年梦寐以求的夙愿，但一直不敢面求。原因是自己虽然从师于孙老师，但学业平平，既无出类，更不拔萃。而孙老师门下的高材生知多少，有意撰写老师传记的或许能排成一行，自己哪能跻身其中？于是久久不敢启齿。所幸早在20世纪70年代初就已经名正言顺地成为孙老师的学生，师生之交情不算浅，能够自由进出先生的室庐。终于在一个风清气顺的日子里，又去造访老师。在笑逐颜开的言语中，撰写老师之传的火苗又重新燃起，不无怯意地提出久藏于心的大愿。毕竟数十年师生一场，也就有望缘分一生，或许老师难拂好意，当场首肯了。

 动笔前，本拟于以十天半月时间登门与老师当面采访，从祖上三代问起，直至日常的作息起居。然而，让我意外且惊喜的是，孙老师于2022年4月26日这一天，在微信上虽极简却高度信任地给我写来这几个字："你自由写！"我领悟他的意思：半个世纪了，来来往往无数，相知何其多，何须一问一答？很显然，有别于常人的孙老师，对于那种常规性撰写他的传记是不屑的。你作为这么一个多年的弟子，还不明白为师的前前后后？实在不明了的，去读读为师的作品！

 事后我想想也是，孙老师是1973年从下放地德化山城被请进福建师大的，而我是1974年就读师大中文系的，几乎是前后迈进校门来到孙老师的麾下。课堂聆听教诲、下乡各地调研、进三明纺织厂组建工人诗选组等等，都与孙老师形影相随。毕业后我有幸留校，所居楼宇又与孙老师紧挨着。若想见见面、说说话，也就是下几层楼再上几层楼的事。后来，孙老师写书出书，但凡有新作，都会签名赠予……光阴晃荡，不知不觉五十年，师生情真，厚重如斯。既然老师信得过，那就"自由写"罢。

 传记的写作各有千秋，什么"三个特点""四个步骤""五个基本""七个重心"，以及"真实性、时代性、文学性"等等举不胜举。但笔者坚守的是这句话：真实性是传记的生命！在这种认识的前提下，就有勇气打破某些条条框框，率性而行。于是，此传就独辟蹊径：各个章节既能连成一"传"，又可单独成篇，岂不快哉。当然，传记作为一种文学体裁，应当坚守真实性的基点不失其文学性，也就是其可读性。同时，还必须摒弃把此传写成"流水账"或"大事记"。因为，那样是很浪费读者时间与精力的，显然是要不得的。

诚然，撰写孙先生的传记，是要有些勇气的。所幸自己与孙先生莫逆之交，当年受其耳提面命，得之教诲。即便如此，在写此传的过程中，仍然诚惶诚恐。因为孙先生著作等身，本本著作底蕴深厚、广博精深，有哪一本敢疏漏？又不能笨拙地如数照搬。于是借用网络，涉猎其中。不承想，网上有关先生的资讯亦为海量。望茫茫"大海"，不知该先舀起哪一瓢"水"？无从下手之中，只能一瓢水又一瓢水地舀。这样也舀了年许，实在舀不尽了，就舀几瓢算几瓢罢。就这样，把这"几瓢水"，浇洒在老师的传记"园地里"，实在是太稀薄了。而把这些"水"化为文字，点缀在老师的传记中，因为根本上无法全面，也就有支离破碎之嫌。但能够领命撰写老师此传，又感到无上荣光，总觉得已经有褶皱的脸上添了不少光彩。

有资讯说，国际上有个专题研究人类寿命的机构，以七十五年的漫长时间，研究出的成果只有寥寥数字："良好的人际关系。"能拥有这七个字的人，将成为人生的赢家。根据这个结论，人际关系超常良好可能就是孙绍振先生长寿的根源。自身有着非同一般的睿智、旷达、乐观与善良，外有弟子友朋的爱戴簇拥，内有妻女外甥的亲情围裹，孙绍振先生的情感世界大如天地，心之宽畅、胸之宽阔，无限矣。体质奇好的孙先生，不仅在讲台上口若悬河、酣畅淋漓，写作时还能在电脑前一坐就是一整天。因为自足，所以长乐的孙绍振，岂能不长寿！或许已有大手笔在期待：在先生百岁之时，再写精深多彩的《孙绍振传》。

此传是砖，后传为玉，世人翘首以盼……